FREIZEITFÜHRER

Vor die Haustür, fertig – los!

MÜNSTERLAND MIT KINDERN

400 spannende Ausflüge und Aktivitäten rund ums Jahr

VON HILLA FINKELDEI

pmv

1. Auflage Frankfurt am Main 2007

PETER MEYER VERLAG

INHALT

VORWORT

»Entweder es regnet oder die Glocken läuten« – das behaupten manche über Münster und das Münsterland. Diese Vorurteile über die 1200 Jahre alte Domstadt lassen sich natürlich leicht widerlegen. Gibt es im Münsterland doch eine Menge zu entdecken, was ganz besonders euch Kindern Spaß machen wird.

Schließlich ist Münster als kinderfreundlichste und lebenswerteste Stadt ausgezeichnet worden! Luftverschmutzung? Fehlanzeige! Hier ist die Luft höchstens mal ein bisschen mit Naturduft versetzt, wenn die Bauern die Felder düngen. Zahlreiche, ausgeschilderte Radwege führen Familien durch das flache Umland. Selbst Kinder fahren im Münsterland gemütlich auch weitere Strecken, da es kaum Steigungen gibt und alle Wege sehr gut ausgebaut sind. Und wo bleibt da die »Action« für Teenager? Ihr bekommt bestimmt schon leuchtende Augen bei der bloßen Erwähnung des Namens »Titus«, der das Skateboard und die dazu gehörige Mode in Deutschland salonfähig gemacht hat. Selbst, wenn es mal ein bisschen *meimelt,* wie der Münsterländer sagt, gibt es in den spannenden Museen und bei überdachten Attraktionen keinen Grund, über den feuchten Gruß traurig zu sein. Von Wildpferden über Delfine bis zu mittelalterlichen Turnieren und Kiepenkerlen, die mit ihrer »Spökenkiererei« Alt und Jung gleichermaßen unterhalten, findet ihr im Münsterland für jede Gelegenheit den passenden Vorschlag. Doch eins lasst euch gesagt sein: Wer von hier aus keinen Abstecher auf die holländische Seite der Grenze macht, dem entgeht auch kulinarisch das Beste aus zwei Welten! Schließlich solltet ihr zumindest einmal den niederländischen *Matjes* und eine *Frikandel speciaal* probiert haben. Also hinein ins Vergnügen und Willkommen in der Hochburg der Radfahrer und Pferdesportler!

Viel Spaß bei euren
Entdeckungen im Münsterland
wünscht euch Hilla Finkeldei

Die Autorin

Hilla Finkeldei ist überall auf der Welt zu Hause, vornehmlich jedoch in Münster und Australien. Allem Fernweh zum Trotz gibt es auch vor der Haustür viel zu entdecken und so schaut sich die Lehrerin mit ihren zwei Kindern (9 und 2 Jahre) im Münsterland regelmäßig nach spannenden Aktivitäten um. Seit 2002 schreibt sie außerdem (Reise-)Mut machende Reportagen für Leute mit Nachwuchs.

Der Aufbau dieses Buches

In diesem Buch wird das Münsterland in **acht Reisekapiteln** und **zwei Servicekapiteln** vorgestellt. Die Griffmarken am Seitenrand weisen euch den Weg zu den Regionen *Münster, Tecklenburger Land, Links und rechts der Ems, Gronau & Enschede, Baumberge, Hohe Mark, Lippe – Stever* sowie *Parklandschaft Warendorf.*

Innerhalb einer Region findet ihr immer zuerst **Tipps für Wasserratten:** Da gibt es schöne Frei- und Hallenbäder und die tollen Spaßbäder, wo ihr ausgiebig toben könnt, und nicht zu vergessen die herrlichen Seen, an deren Stränden ihr euch wie am Meer fühlen könnt.

Mit Aktionen an der frischen Luft geht's weiter. Wollt ihr also wandern, spazieren, skaten oder radeln, reiten oder Tiere besuchen, findet ihr unter **Raus in die Natur** vielerlei Vorschläge sowie gute Adressen für die Naturfreunde und Umweltforscher unter euch. Zum Schluss der Frischluftaktivitäten findet sich der Winterspaß mit Rodeln (wo es geht) und Eislaufen.

Anschließend kommen interessante Ziele aus **Handwerk und Geschichte** wie Museumsbahnen, Betriebsbesichtigungen, Burgen und Museen zum Zuge, also eher Ziele, die man auch bei schlechtem Wetter ansteuern kann.

Unter **Aus dem Kalender** kommen Theater- und Musikliebhaber auf ihre Kosten. Dort findet ihr obendrein Tipps für Feste, Weihnachtsmärkte und Karnevalsveranstaltungen und andere Termine.

Das Kapitel **Info- und Ferienadressen** nennt zunächst Touristeninformationen und Anfahrtswege zu den Orten und gibt Infos zum umweltfreundlichen Reisen mit Bus und Bahn.

Danksagung

An dieser Stelle möchte ich mich für die vielen Hinweise von Freunden bedanken. Auch den unermüdlichen Verkehrsvereinen sowie meinem Verlag bin ich für ihre Unterstützung sehr verbunden. Ein besonderer Dank an meine beiden »Experten«, denn schließlich könnt ja nur ihr Kinder wirklich beurteilen, ob etwas spannend und interessant ist. Dieses Buch ist meiner kleinen wilden Tochter Marla gewidmet – Robin ist schließlich in »Cook doch mal« schon ein australischer Held.

Tipp: In den Randspalten des Buches findet ihr Tipps zum Einkehren, Einkaufen oder Feiern sowie Hinweise auf weiterführende Literatur, Kartenempfehlungen, Spiel- und Wandertipps und ... na, ihr werdet ja sehen.

Im **Kartenteil** sind alle im Buch erwähnten Orte eingezeichnet. Ein **Verkehrslinienplan** zeigt, wie ihr mit dem Bus und der Bahn ans Ziel kommt.

Alle Informationen sind sorgfältig recherchiert und ausgesucht. Sollte uns dennoch ein Fehler unterlaufen oder ein guter Tipp durch die Lappen gegangen sein, freuen wir uns über eure Leserbriefe. Auch bleibt es bei dieser Fülle von aktuellen Informationen nicht aus, dass sich Angaben wie Preise und Öffnungszeiten verändern, bis ihr hinkommt. Auch hierzu freuen wir uns über eure Post.

Schreibt an:
pmv Peter Meyer Verlag
– Münsterland –
Schopenhauerstraße 11
60316 Frankfurt a.M.
info@PeterMeyerVerlag.de
www.PeterMeyerVerlag.de

✳**pmv**-Leser sind neugierig und mobil – nicht nur in der Fremde, sondern auch in der eigenen Umgebung. Den Wissensdurst ihres Nachwuchses wollen sie fördern, seinem Tatendrang im Einklang mit der Natur freie Bahn lassen. Daher finden Sie in diesem Ausflugsführer Tipps und Adressen zu allem, was kleine und große Kinder begeistert, je nach Wetterlage und Jahreszeit. Alle Adressen und Aktivitäten wurden von den Autoren persönlich begutachtet und strikt nach Kinder- und Familienfreundlichkeit ausgewählt.

MÜNSTER

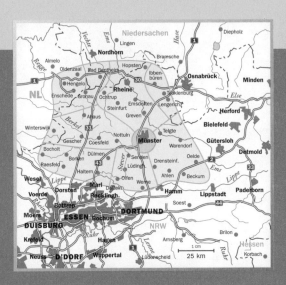

Was ist Münster nun? Aufstrebende Großstadt oder doch eher dörflich-gemütlich? Mittelalterliche Friedensmetropole oder actiongeladene Festivalbühne? Gar nicht so einfach, sich festzulegen. Denn Münster vereint den langsamen Tritt einer Verwaltungsstadt mit den modern-spritzigen Ideen seiner fast 50.000 Studenten.

So steht die Stadt ebenso für das traditionsreiche Schwarzbrot wie für hippe Skaterkultur, für einen fernsehberühmten Allwetterzoo, TV-Krimi-Auftritte diverser privater und behördlicher Schnüffler, den Preis für die kinderfreundlichste Stadt 2004, vergeben von der Initiative »Ein Herz für Kinder«, sowie den Preis für die lebenswerteste Stadt Deutschlands 2004, verliehen vom Umweltprogramm der UN und der Internationalen Vereinigung der Gartenbaumeister. Ganz zu schweigen von den Unmengen an Radfahrern, die über das Kopfsteinpflaster düsen und das Tempo hier teils rasant mitbestimmen. Museen, Spielplätze, Schwimmbäder oder schwebende Ballons, menschliche Löwen und andere Sensationen – Münster bleibt der Mittelpunkt einer riesigen Region mit einem unschlagbar großen Angebot. Mitten im Grünen und doch auch mitten im Leben – hereinspaziert und mitgemacht, hier wird wirklich an jeden gedacht!

Frei- und Hallenbäder

Schwimmbäder der Stadt Münster

Sportamt der Stadt Münster, Bäderabteilung, Friedrich-Ebert-Straße 135, 48143 Münster. ✆ 0251/492-5222, www.muenster.de/stadt/sportamt. sportamt@stadt-muenster.de. **Zeiten:** In den Ferien jeweils 2 Hallenbäder, 15. Mai – 31. Aug alle Freibäder der Stadt Münster geöffnet. **Preise:** Alle Bäder Münsters 3 €, Warmbadetage 1 € Zuschlag, Jahreskarte 100 €, Saisonkarte 60 €; Kinder 4 – 17 Jahre 1,50 €, Schüler, Studenten

MÜNSTER

TIPPS FÜR WASSER-RATTEN

Nix für schwache Nerven: Auf der Promenade von Münster tummeln sich allerlei Fahrzeuge

Jährlich neu wird in allen Bädern ein kostenloser **Bäderkalender** ausgelegt, der alle Termine und Zeiten enthält.

bis 27 Jahre mit Ausweis 1,50 €, Jahreskarte 50 €, Saisonkarte 30 €; Bonuskarten im Wert von 21, 39, 230 € für 16, 27, 125 €/Pers, Familienjahreskarte 120 €, Familiensaisonkarte 70 €.

▶ Die Schwimmbäder in Münster haben einheitliche Preise und können alle über das Sportamt kontaktiert werden.

Hallenbad Mitte

Badestraße 8, 48149 Münster. ✆ 0251/4841353 (Kasse). **Anfahrt:** Ab ↗ Münster Hbf Bus 11 – 14, 22 bis Landgericht. **Auto:** Stadtmitte/Hindenburgplatz – Gerichtstraße – Badestraße (direkt hinter Gerichtsgebäude). **Rad:** Vom Bhf über Promenade am Schloss vorbei bis Westerholt'sche Wiese. **Zeiten:** Mo 10 – 22, Mi 6.30 – 22 Uhr, Fr Warmbadetag 6.30 – 22, Sa 10 – 17, So 8 – 17 Uhr. Geschlossen 1. Jan, Karfreitag, 1. Mai, 24. – 26. und 31. Dez. **Preise:** ↗ Schwimmbäder der Stadt Münster. **Infos:** Das Bad ist behindertengerecht ausgestattet.

Di und Do sind Vereinstage im Stadtbad Mitte. Wusstet ihr, dass hier auch Kurse im **Synchronschwimmen** angeboten werden? Eine elegante Sportart ist das, bei der sich alle Schwimmer zu wechselnden Figuren im Wasser gruppieren und nach Musik exakt gleiche Bewegungen machen. Info: www.sportbildungswerk-ms.de, ✆ 0251/393933, Fax 394189.

▶ Nach seiner Renovierung und Erweiterung im Jahr 1999 ist das Stadtbad Mitte beim Landgericht unweit des Schlossplatzes ein echter Knüller geworden. Eure Eltern können im älteren Trakt das Sportbecken nutzen und ihr könnt sie dabei vom Sprungturm aus ärgern, oder aber ihr tummelt euch im neuen Anbau nebenan, denn dort gibt es ein Plantschbecken mit einer Babyrutsche und Wasserspielen sowie ein Spiel- und Spaßbecken, das in einer Grotte mündet. Die Schwimmmeister verleihen Wasserschlangen und –bretter zum Toben, es gibt Unterwasserscheinwerfer und eine große Zuschauertribüne für Schwimmveranstaltungen. Manchmal finden im Hallenbad sogar Unterwasser-Discos oder Poolpartys statt. Vom Café im ersten Stock habt ihr beim Schlemmen einen prima Blick auf beide Becken. Wer einen speziellen Benutzerausweis hat, kann im ersten Stock den Fitness-Raum benutzen.

DJK Sportbad Coburg

Grevener Straße 125 – 127, 48159 Münster. ✆ 0251/9220330. **Anfahrt:** Ab ↗ Münster Hbf Bus 6, 15, 16 bis Messkamp. **Auto:** B219 Richtung Greven, an der Prins-Claus-Kaserne links ausgeschildert. **Rad:** Vom Bhf über Promenade bis Buddenturm, Nordstraße, Wienburgstraße bis Messkamp, Grevener Straße überqueren.
Zeiten: Mitte Mai – Mitte Sep Mo, Sa 9 – 20 Uhr, Di – Fr 7 – 20 Uhr, So 9 – 19 Uhr. **Preise:** ↗ Schwimmbäder der Stadt Münster.

▶ In der Coburg, wie die Münsteraner sie nennen, wartet eine besondere Überraschung auf euch: Im hinteren Teil der Wiese des 2 km nördöstlich des Zentrums gelegenen Freibads könnt ihr eine Boulderwand erklettern. Diese künstliche Felswand ist nicht gefährlich und jeder kann sich an ihr kostenlos versuchen. Nebenan gibt es eine Ballspielwiese und Tischtennisplatten, einen Kinderspielplatz mit einem Kletternetz für die jüngeren Kinder. Jede Menge Spaß habt ihr mit dem 1-, 3- und 5-m-Sprungturm und einem großen Nichtschwimmerbecken. Für Sportler ist das abgetrennte 50-m-Schwimmbecken ideal. Einziger Nachteil für die ganz Kleinen: Das Babybecken liegt in der prallen Sonne und ist nicht mit einem Sonnensegel versehen. Dafür werden die Pommes am Kiosk noch in Tüten serviert – Vorsicht: Heiß und fettig, aber lecker nach einem anstrengenden Wasserkampf.

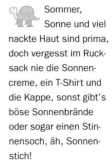

Sommer, Sonne und viel nackte Haut sind prima, doch vergesst im Rucksack nie die Sonnencreme, ein T-Shirt und die Kappe, sonst gibt's böse Sonnenbrände oder sogar einen Stinnensoch, äh, Sonnenstich!

Freibad Hiltrup

Zum Hiltruper See 171, 48165 Münster-Hiltrup. ✆ 02501/16922. **Anfahrt:** Von ↗ Münster Hbf mit Bus 342 Richtung Ahlen bis Steiner See, von dort 100 m Fußweg. **Auto:** A1 Abfahrt 78 Münster Süd, Umgehungsstraße Richtung Bielefeld, Abfahrt Hiltrup, durch den Ort bis ins Naherholungsgebiet Hohe Ward, dort ausgeschildert. **Rad:** Bhf – Schillerstraße – Kanalpromenade ausgeschildert bis Hiltruper See und Freibad, 40 – 50 Min schöne Strecke. **Zeiten:** Mo, Mi – Fr 7 –

Schon die Radtour zum Freibad Hiltrup ist ein Erlebnis, denn die meiste Zeit fahrt ihr am **Dortmund-Ems-Kanal** entlang. Hier gibt es für Naturburschen und Techniker viel zu sehen, z.B. die Schleuse, die Kähne und die wunderschöne Wasserlandschaft.

20, Di 12 – 20, Sa und So 9 – 20 Uhr. **Preise:** ↗ Schwimmbäder der Stadt Münster.

▶ Ein Riesenbad für besondere Anlässe, denn hier finden im Sommer auch regelmäßig Open-Air-Konzerte statt. Kein Wunder, denn das Bad liegt einmalig schön direkt an einem Naherholungsgebiet und dem *Hiltruper See* (in dem das Schwimmen allerdings nicht erlaubt ist) am südlichen Stadtrand Münsters. Ein 50-m- und ein Mehrzweckbecken, ein 5-m-Turm sowie für die jüngeren Besucher ein Plantschbecken und eine Kinderrutsche sorgen für Badespaß. Bolzplätze, Trimmpfad und eine Torwand stehen euch an Land zur Verfügung. Könnt ihr euch vorstellen, dass hier im Sommer manchmal tausende Badende die 30.000 qm große Liegewiese bevölkern? Hiltrup ist einfach das größte Bad – so oder so!

Schiffs- und Bootstouren

Professor Landois – die Aasee-Fähre

SPL-Verwaltung, Hans Joachim Kauer, Kardinalstraße 20a, 48165 Münster. ✆ 0251/510510-6, Bordtelefon 0173/3621941, Fax 510510-5. www.prof-landois.de. info@prof-landois.de. **Route:** Goldene Brücke – Mühlenhof – Zoo – Torminbrücke. **Anfahrt:** Ab Hbf Bus 3 bis Goldene Brücke. **Auto:** ↗ Münster, Beschilderung Innenstadt, begrenzte Parkmöglichkeiten an der Annette-Allee, empfohlener Parkplatz Hindenburgplatz, von dort zu Fuß über Promenade Richtung Aasee. **Rad:** Aaseeanleger liegt in direkter Nähe der Promenade (Fuß- und Radweg), die Münsters Innenstadt umschließt. **Zeiten:** Karfreitag bis Anfang Nov (witterungsabhängig) täglich 10 – 18 Uhr. **Preise:** 2 € bis Mühlenhof, 3 € bis Zoo, 3,75 € bis Torminbrücke, 5 € zurück bis Goldene Brücke; Kinder 4 – 18 Jahre 1,50 €, 2,50 €, 3,25 €, 4 €; Schwerbehinderte wie Schüler; Gruppen – 10 %, Kindergärten/Schulen – 20 %. **Infos:** Gruppenbuchung W. Kauer, Stettiner Straße 93, 48147 Münster.

▶ Benannt ist dieses Fahrgastschiff nach dem Begründer des Münsteraner Zoos, einem Mann mit langer Pfeife und vielen Ideen, der in Münster sehr bekannt ist und bis heute geschätzt wird.

Ihr könnt mit dem Schiff über den Aasee bis zum Zoogelände schippern. Praktisch ist es, einen Weg zu Fuß zu spazieren und auf dem Rückweg die Beine zu schonen und den Ausblick zu genießen. Die Ausstiege am ↗ Mühlenhof oder ↗ Zoo geben euch die Möglichkeit, die Schiffsfahrt mit einem Besuch im Freilichtmuseum der guten alten Zeit oder bei den Affen, Elefanten und Löwen zu kombinieren.

Kanuverleih auf der Werse

Canucamp II, Homannstraße, 48167 Münster-Angelmodde. ✆ 02535/95052, Fax 95054. www.canucamp.de. info@canucamp.de. **Anfahrt:** Ab Münster Hbf mit Bus 6. **Auto:** Ab Münster L586 bis Gremmendorf, K3 bis Angelmodde Werseufer. **Rad:** Werse-Radwege. **Zeiten:** In den Ferien täglich, sonst Sa, So, Fei 9 – 18 Uhr. **Preise:** 4 €/Std. **Infos:** Udo Barfues, Sendenhorster Straße 18, 48324 Sendenhorst.

▶ Die Werse ist ein 67 km langes Flüsschen, dass sich östlich an Münster vorbei schlängelt, um nördlich von Gelmer in die Ems zu münden. Eher gemächlich fließt das Gewässer und ist somit für Anfänger oder Familien besonders geeignet. Entlang von Wassermühlen, Ferienhäuschen und Schrebergärten, die einen Platz an der Sonne gefunden haben, geht die Fahrt mit ruhigem Schlag durchs Münsterland. Der Kanusport-Anbieter Canucamp hat nahe Münster vier verschiedene Einstiegsorte, *Angelmodde, Pleistermühle, Nobis Krug* und *Sudmühle,* an denen ihr Kanus mieten

🦋 Auf der nächsten Klassenfahrt, da könnt ihr was erleben: Kanutouren für Schülergruppen ab 8 €/Schüler, 11 €/Schüler inkl. Transporte. Lockt eure Lehrer doch damit, dass sie etwas für ihren Körper tun und als Begleiter nicht einmal berechnet werden!

Zweiter Verleih: *Restaurant Nobis Krug* (Canucamp III), Warendorfer Straße, Sa, So, Fei 11 – 18 Uhr. Ab Münster Hbf mit Bus 2, 10, R11, R13 bis Pleistermühlenweg.

Das könnt ihr auch: Kanu fahren auf der Werse

© Archiv Münsterland Touristik

RAUS IN DIE NATUR

könnt. Hier starten oder enden auch geführte Touren, sodass z.B. Camp V in Sudmühle mit einem Zeltplatz ausgestattet ist, falls ihr eine Mehrtagestour buchen wollt. Wer sich erst einmal professionell schulen lassen möchte, der kann einen Kanu- und Kajakkurs absolvieren. Da lernt ihr das Ein- und Aussteigen in die wackligen Boote, geradeaus und Kurven fahren und vieles mehr (46 €).

Spazieren, Radeln und Skaten

Einmal rund herum oder mitten drüber — der Aasee in Münster

Anfahrt: Ab Hbf Bus 3 bis Goldene Brücke oder 10 und 34 bis Bismarckallee. **Auto:** ↗ Münster. **Rad:** Ab der Kreuzung Stadtgraben/Aegidiistraße über Promenade direkt am Aasee.

▶ Fast mitten in der Innenstadt liegt der lang gestreckte Aasee, umgeben von viel Grün, Parks und Naturschutzgebieten. Am Aasee trifft sich bei gutem Wetter alles, was die Beine schwingen möchte. Hier joggt man oder spaziert gemütlich um den rund 40 ha großen und 2,3 km langen See, Studenten sonnen sich auf den Wiesen und Angler fischen außer rostigen Fahrrädern auch mal etwas Essbares aus dem Wasser. Der örtliche Segelclub hat am Westufer seinen Sitz und zwischen geübten Skippern, orientierungslosen Segelschülern manövrieren Tretbootfahrer und Ruderer. Beim Segelclub nicht weit von der Stadt befindet sich ein Kiosk, wo ihr Eis, Kuchen und eine warme Bockwurst bekommt. Dort gibt es auch ein WC. Von der Goldenen Brücke legt das Fährschiff *Professor Landois* zum ↗ Zoo und zum ↗ Freilichtmuseum ab.

Der See wird vom *Grievenbach*, der *Münsterschen Aa* und dem *Meckelbach* gespeist. Sie und die anderen hier mündenden Bäche schwemmen so viel Schadstoffe aus der Landwirtschaft in den See, dass das

Hunger & Durst

Café Uferlos, Bismarckallee 11, neben Billardkugeln und Mensa, ✆ 0251/837-9536, Mo – Fr 8.30 – 24 Uhr. Warme Küche 17.30 – 22.30, Sa Grand Café 10.30 – 17, Uferlos 14 – 24 Uhr. Mit Kaminzimmer und toller Dachterrasse. So 10 – 14 Uhr gibt es das mit Abstand leckerste italienische Brunchbüffet (mit Kinderkino), unbedingt reservieren. Im gleichen Gebäude befindet sich die **Mensa**, die auch für Nicht-Studenten mittags und abends geöffnet ist – lecker und preiswert!

Baden aus gesundheitlichen Gründen verboten ist.

Ihr könnt euch beim **Spazierengehen** zwischen zwei Möglichkeiten entscheiden: der kleinen Runde (30 Min) um den halben See herum, bei der ihr die vordere Brücke überquert, oder der großen Runde (75 Min), die euch bis zu den Wiesen am Planetarium und am Freillichtmuseum Mühlenhof vorbeiführt. Der Zugang zu den Rad- und Wanderwegen am See ist nahezu von überall möglich, von der Bismarckallee oder den Ruderterrassen an der Goldenen Brücke aus, vom Allwetterzoo oder dem Segelhafen.

Die einen spielen mit Engeln, die anderen mit Billardkugeln: Jede Zeit bringt ihre eigene Kunst hervor

Guckt unbedingt auch nach den massigen **Billardkugeln** aus Beton, die auf der Wiese vor dem See liegen. Sie sind ein Bestandteil der ersten Skulpturenausstellung von 1977, die seither alle 10 Jahre ganz spannende Akzente in der Stadt setzt. Der Künstler der Kugeln, der Amerikaner *Claes Oldenburg,* hat sich dabei einen Riesen vorgestellt, der die Kugeln an den äußeren Rand des Aasees spielen würde – eine witzige Idee, oder? Die »Giant Pool Balls« aus Beton haben einen Durchmesser von dreieinhalb Metern und sind der eindeutige Lieblingstreffpunkt der Studenten am Aasee.

Wenn ihr euch für weitere Merkwürdigkeiten der Skulpturenausstellungen interessiert, fahrt doch einfach mal die Radtour *SkulpTour* ab. Infos dazu gibt es im Verkehrsbüro oder bei StattReisen, ☎ 0251/ 4140333, www.stattreisen-muenster.de.

Promenade – Münsters grüner Gürtel

Länge: 6 leichte km mitten durch die Stadt, nur eine kleine Steigung, viele Bänke an kleinen Seen und Wasserspielen laden zum Verweilen ein, Einstieg überall möglich, praktisch ab Bhf über Windhorststraße (Spielplatz). **Anfahrt:** Ab Hbf ↗ Münster und Radstation mit dem Rad. **Auto:** Hbf, Parkhaus direkt am Platz. **Rad:** Innenstadtring, von allen Radwegen des Münsterländer Radelparks erreichbar.

Fahrradstadtplan Münster, für 3,50 € beim Münster Marketing am Stadthaus I.

Im 18. Jahrhundert hatten die mittelalterlichen Stadtmauern aufgrund der neuen Waffentechniken ihre Schutzfunktion verloren. Daher wurden vielerorts die Stadtmauern niedergerissen, man nennt das auch »schleifen«. Auf Anordnung des Staatsministers Franz von Fürstenberg wurde auch Münsters Stadtbefestigung geschleift und auf ihrem Verlauf die Promenade angelegt.

▶ Als 1200-jährige Stadt hat Münster natürlich auch eine Stadtmauer, wie es sich gehört. Doch diese sieht ganz anders aus als die üblichen Ruinen und Gemäuer alter Städte. Anstelle der Steine sind mittlerweile Rad- und Spazierwege sowie Bäume und Grünpflanzen getreten, sodass die gesamte Innenstadt von einem grünen Spazierweg umgeben ist, der täglich Horden von Radfahrern, Joggern, Skatern, Kinderwagenkutschern und Spaziergängern anlockt. Diverse Skulpturen säumen die Promenade, die durch die alten hohen Bäume auch im heißesten Sommer kühlen Schatten garantiert. Mehrere **Spielplätze** findet ihr entlang der leicht zu fahrenden Strecke, wobei der schönste wohl der an der *Windhorststraße* ist, wo ein eingelassenes Trampolin und ein Klangspiel neue Spielmöglichkeiten eröffnen. Von der Promenade zum Hallenbad Mitte oder auch zum Aasee und den Tretbooten ist es jeweils nur ein Schritt. Macht ihr mit? Am *Neubrückentor* steht auf dem Spielplatz ein Flugzeug zum Hineinklettern! Natürlich gibt es auch einige Biergärten, die die Wandervögel reizen könnten. Oder darf es vielleicht eine alte Trümmerlock sein, die nach den Räumarbeiten nach dem Zweiten Weltkrieg zuerst auf einem Spielplatz und nun an der Promenade Ecke Hindenburgplatz ihren Standort gefunden hat? Münsteraner lieben ihre Promenade und ihr werdet sie ganz bestimmt auch mögen.

Kanal und Fluss – Radeln rund um Münsters Gewässer

Länge: 32 km durch Münsters Südosten auf leicht zu erfahrenden Radwegen, Start am Hbf Münster, Abkürzungen möglich mit Bus 6 und 16 oder Bahn halbstündlich von Hiltrup und Angelmodde nach Münster. Die Tour ist bis zum Stopp am Freibad nur 40 – 50 Min lang. **Anfahrt:** ↗ Münster, Radstation am Bhf . **Auto:** Beschilderung Innenstadt – Hbf, Parkhaus am Bhf oder Engelenschanze. **Rad:** Promenade bis Hbf.

Packt die Badehose und ein bisschen Taschengeld ein, denn das Hiltruper Freibad ist eine Pause wert!

▶ Zunächst geht es von Münster aus am **Dortmund-Ems-Kanal** entlang. Ihr radelt vom Bahnhof zur Schillerstraße und folgt dem Kanal auf seiner Ostseite. Spielwiesen, wunderschöne Aussichten und große Lastkähne versüßen euch die Tour. Eigentlich geht's immer am Wasser entlang, aufpassen müsst ihr nur an der **Eulerstraße** (Ausschilderung Kanalpromenade folgen) und in **Hiltrup Prinzenbrücke,** wo ihr am Osttor links und dann nach etwa 40 m rechts zum *Hiltruper See* weiterfahrt. Hat jemand Lust auf einen Stopp am Hiltruper Freibad? Auf in die Fluten!

 Kinderlieb und fahrradfreundlich: Münster liebt seine Fahrräder so sehr, dass in der Radstation am Bahnhof tatsächlich Deutschlands erste Fahrrad-Waschanlage entstanden ist. Einfach Rad einhängen, Münzen einwerfen und fertig!

Nach der Pause geht es weiter zur **roten Kuh,** einer lebensgroßen Gipsnachbildung eines Rindviehs, dann überquert ihr am Hotel Krautkrämer den Parkplatz und radelt am Hiltruper See entlang zur **Hohen Ward.** Jetzt geht es an einem Wasserwerk vorbei, bis ihr nach 5 km zu einer Reithalle kommt. Vielleicht könnt ihr beim Training ein bisschen zugucken? Asphalt unter den Reifen? Dann seid ihr richtig. Ihr

© Torsten Rink

fahrt links nach Albersloh und vor der Tankstelle links ab zu einem *Pättken,* sprich kleinem Fahrradweg, Richtung **Werse.** Die bleibt euch nun treu, erst rechts, dann links, aber immer Wasser! Wie viele Paddler ihr wohl entdeckt? Am Ende des Wersewegs liegt die Hiltruper Straße. Folgt den roten Pfeilen Richtung **Angelmodde,** wieder an der Werse entlang. Das dortige *Kunsthaus,* der **Strandhof** oder die alte *Agatha-Kirche* sind einen Stopp wert. Aus dem Ort und über die Werse, dann rechts Am Hohen Ufer fahren. Jetzt radelt ihr den Werseweg bis zur **Wolbecker Straße,** an der ihr nochmals schöne Ausflugslokale findet. Münster ist nun nicht mehr weit und ihr könnt an der Hauptstraße entlang oder über Nebelung,

Saubere Sache: Kein lästiges Rumpulen mehr an den Speichen, sondern schnelle Wäsche

Hunger & Durst

Strandhof, Homannstraße 64, 48167 Münster, ✆ 02506/7240. Di – Sa ab 17, So ab 10 Uhr, www.der-strandhof.de. Gartenlokal an der Werse mit Kinderspielplatz.

Schmittingheide und Lütkenbecker Pättken und Weg zurück ins Zentrum fahren.

Hochburg des Skatens — Skaters Palace

Verein zur Förderung der Jugendkultur e.V., Skater Palast, Dahlweg 126, 48153 Münster. ✆ 0251/7004-556, Fax 7004-57. www.skaters-palace.de. info@skaters-palace.de. **Anfahrt:** Ab Hbf ✈ Münster Bus 5 Richtung Hiltrup bis Timmerscheidstraße, nach 100 m in Dahlweg. **Auto:** Beschilderung Halle Münsterland folgen, rechts in Industrieweg, an der Bahnüberführung am Dahlweg. Zeiten: Di – So 12 – 22 Uhr, am Wochenende telefonisch erfragen, ob geschlossene Veranstaltungen stattfinden. **Preise:** Kinder 12 – 22 Uhr 5 €, 20 – 22 Uhr 2,50 €, für BMXler 12 – 22 Uhr 8 €, 20 – 22 Uhr 4,50 €; Vereinsmitglieder frei, Träger der freien Jugendhilfe, Schulklassen etc. 2,50 €. **Infos:** Veranstaltungen, ✆ 7004/555.

▶ Nicht erst seit *Titus Dittmann* (der übrigens das Skaten in Deutschland salonfähig gemacht hat) hier in Münster in einem umgebauten Kinosaal südlich des Hauptbahnhofs sein Geschäft betreibt, befindet sich am Ort auch die Hochburg des Skatens. Im Skaters Palace, der schon von außen echt cool und graffitibesprüht daher kommt, könnt ihr Inliner und Skateboards ausleihen, euch Tricks und Kniffe zeigen lassen oder einfach nur einen kleinen Schwatz über die neueste Wundsalbe halten, denn so ganz ohne Schrammen geht es selten ab bei diesem Extremsport auf Brett und Rollen.

Münsters grüner Norden — Rad- oder Skatertour entlang der Gasselstiege

Länge: circa 4 km bis Gasthaus Wilhelmer, Rückweg Richtung City kann auch anders gefahren werden (etwa 6 km ab Wilhelmer, Radweg rot ausgeschildert), leichte Tour, auch für kleine Kinder gut geeignet. **Anfahrt:** Ab Hbf Münster Bus 6, 15 und 16 bis Dreifaltigkeitskirche oder zum Verkürzen der Tour Bus 1 bis Helmholtzweg.

@ Unter www.ska-ters-palace.de, Stichwort **Ferienbetreuung,** findet ihr tolle Skateboard-Angebote für alle Ferien. Kosten 80 – 100 € inkl. Verpflegung und Ausflügen.

Im Skaters Palace bekommt ihr Insidertipps zu den besten der vielen Skater-Angebote, wie z.B. dem Skaterpark am Berg Fidel im **Freizeitzentrum Lorenz Süd** mit Betonpool, Snakerun und Miniramp.

Die Schoppe, Gasselstiege 115, ✆ 0251/271864. Mo – Fr 8 – 18 Uhr. Stadtbekannter Bioladen. Direkt hinter dem Wohngebiet Lincolncenter. Eier vom eigenen Hof.

Auto: Ab Zentrum B219 Richtung Greven, an der Germaniabrauerei mit ihrem hohen Schornstein parken. **Rad:** Bhf – Promenade bis Buddenturm, Nordstraße, Wienburgstraße, Salzmannstraße, Nienkamp über Grevener Straße bis hinter dem Lincoln-Quartier.

▶ Für die Münsteraner, die im Norden der Stadt zu Hause sind, ist die Gasselstiege die »grüne Meile«. Schon früh am Morgen sieht man dort Jogger, Skater, Nordic Walker und Kinderwagenfahrer. Am besten startet ihr an der ehemaligen **Germaniabrauerei.** Die Gasselstiege beginnt hinter dem Parkplatz und zieht sich an einigen Neubaugebieten und Feldern vorbei. Skater können auf den nahezu autofreien Wegen so richtig Tempo machen, ohne ständig ausweichen zu müssen. Aber auch Radfahrer und Spaziergänger kommen beim Anblick von Pferdekoppeln und windzerzausten Ähren auf ihre Kosten. Kurz vor der Straße Wilkinghege wartet ein **Abenteuerspielplatz** auf euch. Ein Bolzplatz, eine Seilrutsche, Holzstämme zum Balancieren und Platz für ein Picknick nahe der Brücke über den Kinderbach laden zu einer Pause ein. Überquert dann die Straße und folgt nun immer der Gasselstiege bis zum **Landgasthaus Wilhelmer** (ausgeschildert). Ihr kommt durch einen urigen Wald und begegnet beeindruckenden Löwen, die einen See bewachen – ehrlich, schaut genau in die Seitenwege, dort lauern zwei davon! Von dem Schreck könnt ihr euch im nahe gelegenen Gasthaus-Biergarten natürlich bei Eis oder Sprudel gut erholen.

 Löwen im Münsterland? Einen gab es, wenn er auch nur so genannt wurde: der katholische Würdenträger Clemens August Kardinal von Galen, der wie ein Löwe gegen die Nazis gekämpft hat. Seine Lebensgeschichte für Kinder erzählt, gibt es beim Aschendorff-Verlag für 12,80 Euro.

MÜNSTER

Radeln, Spielen, Kuchen essen – Radtour zum Bauernhof-Café Schulze Relau

Theo und Anne Schulze Relau, Heidegrund 81, 48159 Münster-Kinderhaus. ✆ 0251/2137-33, Fax -67. www.muensterleben.de. **Anfahrt:** Ab Hbf ↗ Münster

Hunger & Durst

Landgasthaus Wilhelmer, Gasselstiege 631, ✆ 0251/213937. Mi – Fr 17 – 24, Sa 14 – 24, So 10 – 24 Uhr.

Bus 6 und 15 bis Brüningheide, ab da zu Fuß etwa 10 – 15 Min. **Auto:** B219 Richtung Greven, vor Bahnübergang links Max-Klemens-Kanal, nach 1,5 km links in den Heidegrund, Holzschildern folgen. **Rad:** Radweg Rotes Rad auf weißem Grund mit Ortsbezeichnung Greven.

▶ Eine wirklich schöne Radtour mit einem gemütlichen Spiel- und Rastziel beginnt ihr z.B. an der Promenade am **Hindenburgplatz.** Von dem großen Parkplatz aus könnt ihr schon einen ersten Blick auf das eindrucksvolle Schloss werfen – wenn euch nicht gerade der ↗ Send, der 3 Mal im Jahr hier stattfindet, die Sicht versperrt. Der Promenade im Uhrzeigersinn über die Kreuzung folgend, geht es an der alten Dampflok Richtung Kreuzviertel. Eine Skulpturenausstellung hat hier ihre Spuren auf den Wiesen hinterlassen, dann steht ihr vor dem **Buddenturm,** ein letzter Zeuge der alten Stadtmauer. Nun biegt ihr von der Promenade links in das mit schicken Jugendstilhäusern bebaute Kreuzviertel, das wohl bekannteste Viertel Münsters. Oh, Pause am **Spielplatz** gefällig? Danach geht es weiter über den Autoring hinaus in die Wienburgstraße und am Nordpark entlang. Wer Lust auf einen Abstecher hat, findet links das schöne Spaziergelände der *Landesklinik* und rechts den Zugang zum *Wienburgpark* mit seinen Spiel- und Skaterplätzen. Geradeaus aber folgt ihr dem Weg durch das Industriegebiet, schaut auf die Pferdekoppel und könnt in Titus Outlet-Center noch ein Skatershirt zu Schnäppchenpreisen ergattern. Der Radweg lenkt euch nun an der Kletteranlage **High Hill** vorbei und auf die Grevener Straße. Der folgt ihr bis zum Ortsausgang *Am Max-Klemens-Kanal.* Links geht es circa 1,5 km auf dem Radweg nach Greven, den ihr dann in Richtung **Heidegrund** verlasst. Folgt nun den Holzschildern zum Bauernhof-Café und genießt den kleinen Spielplatz, die Terrasse und das große Gelände zum Toben – und natürlich den wohlverdienten Kuchen!

Hunger & Durst
In der umgebauten alten Tenne des **Bauernhof-Cafés** könnt ihr es euch gut gehen lassen. Kuchen, selbst gebackenes Brot, Kakao und warme Bauernküche erwarten euch hier. Kinderstühle für die Kleinsten sind vorhanden und die Bedienung ist riesig nett! Besonderer Tipp: Sonntags in der Winterzeit ab 10 Uhr Frühstücksbüffet! Ganzjährig Mi – Fr 13.30 – 18, Sa, So und Fei 11 – 18 Uhr.

Natur und Umwelt erforschen

Gut Kinderhaus — Obst und mehr

Westfalenfleiß gGmbH Arbeiten und Wohnen, MDS gGmbH Betriebsleitung, Norbert Mussenbrock, Kesslerweg 38 – 42 (Verwaltung), 48155 Münster-Kinderhaus. ℭ 0251/61800-76, Fax 61800-7076. www.mds-muenster.de. info@mds-muenster.de. **Anfahrt:** Ab Hbf ↗ Münster Bus 1 bis Am Max-Klemens-Kanal, über die Straße den Schildern folgen. **Auto:** B219 Richtung Greven, am Ortsausgang beschildert. **Rad:** Radweg am Max-Klemens-Kanal ausgeschildert mit Rotem Rad auf weißem Grund Richtung Greven. **Zeiten:** Laden Mi – Sa 11 – 18, So 10 – 18 Uhr, Café Mi – Sa 11 – 19, So 10 – 19 Uhr, viele zusätzliche Veranstaltungen, auch abends. **Preise:** Zugang kostenlos.

▶ Gut Kinderhaus ist ein vielseitiges Ausflugsziel, denn hier befinden sich Lehrwerkstätten und Obstplantagen der Behindertenförderung Westfalenfleiß gGmbH. Ein kleiner **Spielplatz** lädt zum Rutschen und

Wenn eure Familie eine Party machen will, kann sie den Münsteraner Dienstleistungsservice MDS für Kuchen- und Brotbestellung nutzen. Richtig toll ist es, dass hier größtenteils behinderte Menschen tätig sind, die auf dem Arbeitsmarkt oft nur schwer eine Stelle finden. Sie betreiben unter Anleitung das Café, den Hofladen und eine Radstation.

MÜNSTER

Herzlich Willkommen: Im Gut Kinderhaus lädt der Strohmann zu Kakao und Kuchen

Schaukeln ein, euren Gleichgewichtssinn könnt ihr auf einem Wackelbrett schulen und dabei schauen euch die neugierigen Ziegen von nebenan zu. Die Hühner- und Taubenställe sind sicher einen zweiten Blick wert, und auch die preisgekrönten Zuchtkaninchen sehen imposant aus. In der Obstsaison könnt ihr zum Selbstpflücken kommen, aber der Hofladen bietet für die weniger fleißigen Besucher auch frisch geerntete Früchte und Gemüse an. Am Tag der offenen Tür lässt sich sogar das riesige Mastschwein sehen. Versucht doch einmal, sein Gewicht zu schätzen! Im gemütlichen **Café** könnt ihr im Winter am Kamin sitzen oder im Sommer draußen ein Eis genießen. Oder wie wäre es, wenn ihr euch zur Erdbeerzeit einfach auf den Feldern selbst euren Nachtisch pflückt?

EU-Vogelschutzgebiet Rieselfelder

Biologische Station Rieselfelder Münster, Coermühle 181, 48157 Münster-Coerde. ✆ 0251/1617-60, Fax -63. www.rieselfelder-muenster.de. info@rieselfelder-muenster.de. **Anfahrt:** Ab Hbf ↗ Münster Bus 7 Richtung Gelmer bis Rieselfelder, über Kanalbrücke und Fußweg parallel zu Hessenweg zur Biologischen Station. **Auto:** Schiffahrter Damm – Hessenweg – Coermühle, ab Stadtmitte auch Kanalstraße, Zum Rieselfeld, Coermühle. **Rad:** Radschilder Gelmer bis Rieselfelder folgen, ↗ Fußweg ÖPNV. **Zeiten:** Büro Mo – Fr 8 – 17 Uhr. **Preise:** Zutritt kostenlos. **Infos:** Führungen und Programme für Schulklassen, Kindergeburtstage oder Kindergärten unter ✆ 0251/161760, öffentliche Führungen kostenlos.

▶ In den Rieselfeldern rund 6 km nördlich von Münster findet ihr ein wahres Vogelparadies, denn hier, in den flachen Gewässern und Feuchtwiesen leben unzählige verschiedene Arten von Wasser- und Watvögelarten. Im Frühjahr und im Herbst erwarten die Mitarbeiter der Biologischen Station zusätzlich jährlich tausende Zugvögel, die hier eine Ruhepause einle-

Gut gerüstet seid ihr mit einem Fernglas und eurem Badezeug. Da es in Feuchtgebieten auch Mücken gibt, erfordert das gegen Abend einen wirksamen Mückenschutz.

gen. Von kleinen Holzbrücken aus könnt ihr eure Ferngläser über große Flächen des Naturschutzgebietes richten und sie leise beobachten. Zu jeder Jahreszeit ist hier etwas los, es klappert und piepst, da werden Nester gebaut und kleine Enten auf den ersten Ausflug mitgenommen, weit aufgespannte Fischreiherflügel rauschen über eure Köpfe hinweg, Möwen machen viel Lärm und Schwäne putzen ihr weißes Gefieder. Jede »Ordnung« ist mit unterschiedlichen »Familien« und »Arten« vertreten. So gehören zu den Kranichvögel außer Kranichen von der Art Graukranich auch Rallen wie z.B. die Tüpfelralle, Teich- oder Blässralle. Aus der Ordnung der Wat- und Möwenvögel sind die Familien der Schnepfen und der Regenpfeifer mit etlichen Arten vertreten. In der **Biologischen Station** könnt ihr die Unterschiede genau studieren, denn die dort ausgestellten Vögel halten schön still – es sind präparierte Tiere. Ein **Naturlehrpfad** zieht sich um das geschützte Gebiet, sodass ihr euch über die Lebensräume der Vögel auf einem Spaziergang informieren könnt. Mit dem Rad macht die Tour besonders viel Spaß, da ihr im weiteren Verlauf auch auf einen Badesee trefft, an dem sich nach dem Fern-Sehen auch das Abtauchen lohnt. **Am Rieselfeldhof,** Coermühle 100, finden regelmäßig Ausstellungen statt.

BLV Naturführer, Wasservögel und Strandvögel, Arten der Küste und Feuchtgebiete, Dr. Walter Thiede, 128 Seiten, 4,95 €.

Naturerlebnistage für Kinder sind natürlich noch besser als allein zu gucken: Ab 9 € für Kinder 7 – 10 Jahre im Sommer unter ✆ 0251/161760 buchbar. Die Rieselfeld-Grünschnäbel ab 8 Jahre treffen sich alle drei Wochen Di, schaut einfach ins Internet nach den aktuellen Veranstaltungen.

Tier- und Erlebnisparks

Sinnespark im Alexianergelände
Alexianer Krankenhaus, Alexianerweg 9, 48163 Münster-Amelsbüren. ✆ 02501/966-0, Fax -105. www.alexianer.de. info@alexianer.de. **Anfahrt:** Stündlich R41 Senden – Münster – Ottmarsbocholt. **Auto:** Münster Weseler Straße – Inselbogen – Kappenberger Damm Richtung Amelsbüren, ausgeschildert. **Rad:** Circa 8 km, am Kappenberger Damm entlang. **Zeiten:** Ganzjährig bis Dämmerung. **Preise:** Kostenlos.

▶ Der Sinnespark in Amelsbüren, keine 10 km südlich der Stadt im Alexianergelände, ist ursprünglich für die psychisch kranken Patienten des Alexianer Krankenhauses angelegt worden. Bald aber wurde er für kleine und große Kinder der Umgebung ein echtes Freizeiterlebnis. Es gibt einen Barfußpfad, spannende Hörerfahrungen mit Röhren und Hammerschlägen, Sandbilder zum Drehen und Zerrspiegel, die die Leute dick oder dünn, aber vor allem lustig machen. Probiert einmal, ein Glockenspiel ins Wasser zu tauchen und hört euch die veränderten Klänge an,

Kling, Klong: Im Sinnespark werden alle Sinne angesprochen

fahrt mit den Fingern ein Wasserlabyrinth entlang oder nutzt die Feuerstelle für ein zünftiges Picknick mit Grillwürstchen. Hier gibt es sogar eine große Fußballwiese und vor allem einen Heidenspaß ganz umsonst.

Allwetterzoo mit Delfinarium und Pferdemuseum Hippomaxx

Allwetterzoo Münster, Sentruper Straße 315, 48161 Münster. ✆ 0251/8904-0, Fax 8904-90. www.allwetterzoo.de. heinrich@allwetterzoo.de. **Anfahrt:** Ab Hbf Bus 14 bis Allwetterzoo, alle 10 – 20 Min. **Auto:** ↗ Münster, Weseler Straße folgen bis Beschilderung Zoo über Ring und Sentruper Straße. **Rad:** Rad- und Spazierwege entlang dem Aasee über Brücke geradeaus bis Naturkundemuseum/Zoo. **Zeiten:** Kasse April – Sep täglich 9 – 18, Okt – März 9 – 17, Nov – Feb 9 – 16 Uhr. Delfinarium täglich ab 10 Uhr, Tierhäuser und Delfinarium schließen eine halbe Stunde, der Garten eine Stunde nach Kassenschluss. **Preise:** (inkl. Delfinarium und Pferdemuseum Hippomaxx) 11,50 €, Jahreskarte 60 €; Kinder 3 – 17 Jahre 5,75 €, Jahreskarte 30 €, je 1 Gruppenbegleiter frei; Familienjahreskarte 120 €, Schulklassen bzw. Kindergärten je Teilnehmer 4,95 € (auch begleitende Eltern). **Infos:** Parken 2 € pro Tag, Jahreskarteninhaber können 5 Münzen für 5 € kaufen.

▶ Ein Tierpark, dessen Direktor *Adler* heißt, na, der muss ja etwas ganz Besonderes sein. Und das ist der Allwetterzoo auch. Hier gibt es ein ganz neues, riesig großes, begehbares Affengelände, Elefanten, die ihr mit Brot und Obst füttern dürft, erstklassige Spielplätze zum Austoben und als kostenlose Zugabe mehrmals täglich Vorführungen im *Delfinarium.* Das integrierte *Pferdemuseum Hippomaxx* ist genau richtig für große und kleine Pferdenarren. Hier gibt es auch ein Computerprogramm, mit dem ihr euer Wissen über eure Lieblingstiere testen könnt. Ganz neu ist 2005 noch ein *Pferde- und Kinderpark* dazugekommen, in dem eine witzige Kombination aus Streichelzoo, Erlebnispark und Abenteuerland entstanden ist. Eigentlich reicht ein einziger Tag kaum, um für alles genügend Zeit zu haben, also beginnt euren Ausflug hierher so früh wie möglich oder kommt einfach mit der Jahreskarte öfter her. Selbst bei Regen könnt ihr viel Spaß haben, denn die Hauptgänge sind überdacht und die Gehege zumeist in Außen- und Innenbereiche eingeteilt – nicht ohne Grund heißt der Zoo Allwetterzoo!

Maxi-Sand und Maxi-Turm in der City

Amt für Kinder, Jugendliche und Familien, Kinderbüro Münster, Junkerstraße 1, 48153 Münster. ☎ 0251/492-5109, -5555 (Betreuung Maxi-Turm), Fax -7913. www.stadt-muenster.de/kinderbuero. kinderbuero@

Happy Birthday!
Der Allwetterzoo bietet 3 Geburtstagsprogramme für verschiedene Altersgruppen. Ihr könnt z.B. auf Forschungsreise oder spannende Schatzsuche im Zoo gehen. Dauer 1,5 – 2 Std, 33 – 44 € plus Eintritt.

@ Unter www.allwetterzoo.de und an der Zookasse könnt ihr euch einen Fragebogen besorgen, der den Besuch noch spannender macht. Vor vielen Gehegen findet ihr ebenfalls kleine Klappen, unter denen sich Rätsel oder Dinge zum Ausprobieren verstecken.

Altes Gasthaus Leve,
Alter Steinweg 37,
Münster. ✆ 0251/
45595. Täglich 12 – 24
Uhr, Mo Ruhetag.
www.gasthaus-leve.de.
Besonders schönes
Gasthaus aus dem
Jahre 1607 mit alten
Fliesenornamenten und
kunstvoller Glasmalerei.

stadt-muenster.de. Am Syndikatsplatz und Prinzipalmarkt. **Anfahrt:** Alle Busse Richtung Innenstadt, Bült
oder Prinzipalmarkt. **Auto:** ↗ Münster, Altstadtbereich
nicht befahrbar, Parken im Aegidiiparkhaus oder an der
Stubengasse, Engelschanze oder Königstraße, ab da
zu Fuß. **Rad:** Altstadt über Promenade. **Zeiten:** Maxi-
Sand Spielzeugausgabe (ohne Betreuung) Mai – Sep
Mo – Sa 11 – 18 Uhr, Maxi-Turm ganzjährig mit Ausnahme von 3 Sommerferienwochen Mo – Fr 14 – 18, Sa
10 – 18 Uhr, Betreuung bis 3 Std. **Preise:** Kinder 5 – 10
Jahre Maxi-Turm 2 €. **Infos:** Voraussetzung für Betreuung ist die Erreichbarkeit eurer Leute über Handy.

▶ Schickt die Erwachsenen doch einfach mal einkaufen, damit ihr in Ruhe hier mitten in der Innenstadt spielen könnt. Für die Kleinen bis 6 Jahre gibt
es den **Maxi-Sand** in der Fußgängerzone am Syndikatsplatz, der ab 18 Uhr als Volleyballspielfeld genutzt werden kann, für die Größeren 5 – 10 Jahre gibt
es den **Maxi-Turm** am Prinzipalmarkt 15 (Stadthaus-
turm) mit Kinderbetreuung, der ganzjährig ohne Anmeldung als Kletterparadies zur Verfügung steht. Außer eure Kletterkünste zu üben, könnt ihr mit Lego-
steinen Burgen bauen oder in Büchern schmökern.
Da gönnt ihr den Großen doch den Einkaufsbummel
durch die Altstadt gern, oder?

High Hill — Lass uns klettern gehen

Happy Birthday!
Schwingt euch in euer
neues Lebensjahr! Die
Kletterhalle bietet spe-
zielle Geburtstagspro-
gramme an. Info:
✆ 0251/23966-77.

Kletterhalle High Hill, Verona Rensing, Dr. Roman Foell,
Salzmannstraße 140, 48159 Münster-Kinderhaus.
✆ 0251/23966-77, 0700-KLETTERN, Fax 23966-78.
Handy 0160/90644517. www.high-hill.de. verona.ren-
sing@high-hill.de. **Anfahrt:** Ab Hbf Bus 6, 16 bis Erm-
landweg, rechts hinunter bis Spargelhof und Kletterhalle oder Bus 15 bis Bröderichweg. **Auto:** Ab A1 Abfahrt
77 Münster-Nord Richtung Münster-Kinderhaus, an der
T-Kreuzung rechts in die Westhoffstraße, an deren Ende links auf die Grevener Straße, dort ausgeschildert.
Rad: Promenade bis Buddenturm, Nordstraße stadtauswärts Wienburgstraße, dieser folgen bis Ende Salz-

mannstraße. **Zeiten:** Mo – Fr 14 – 23, Sa, So, Fei
10 – 23 Uhr. **Preise:** 11 €, 10er-Karte 99 €; Kinder bis
13 Jahre 5 €, 10er-Karte 45 €, Schüler und Studenten
bis 27 Jahre 8,50 €, 10er-Karte 78 €; Familienkarte (3
Ki bis 13 Jahre) 22 €, 10er-Karte 198 €; Monats-, Halb-
jahres-, MoDo-Arrangements (1 Jahr gültig Mo – Do)
möglich. **Infos:** Leihgebühr für Schuhe 3 €, Seil 3 €,
Gurte 2 €, Kreide mit Halter 1 €.

▶ Hier geht es hoch hinaus, denn die Kletterhalle
ist nicht nur mit abwechslungsreichen Kletterwän-
den ausgestattet, sie hat auch ein imposantes Außengelände mit Hängebrücken bzw. Seilgärten, die
Tarzan würdig wären! Ist schon komisch, wenn man
gesichert durch ein Seil hoch über dem Boden hängt
und sich vorstellt, dass das allein den ganzen Körper hält, wenn man mal abrutscht. Aber es klappt,
und jemandem in der Gefahr vertrauen zu können,
ist eine wichtige Erfahrung. Daher bietet die Kletterhalle sogar Kurse für Betriebe und Schulklassen an,
in denen es Fälle von Mobbing gibt oder die Gruppe
sich nicht gut versteht. Wie wäre es also mit einer
vertrauensbildenden Maßnahme am nächsten Wan-
dertag?

Wintersport

Eispalast Münster

Steinfurter Straße 113/115, 48149 Münster. ✆ 0251/
296897, Fax 295373. www.eispalast-muenster.de. in-
fo@eispalast-muenster.de. **Anfahrt:** Ab Hbf ↗ Münster
Bus 15 bis Eissporthalle. **Auto:** Steinfurter Straße Richtung B54 Gronau, am Ortsausgang Münster/Leonardo
Campus ausgeschildert. **Rad:** Radweg entlang Steinfurter Straße Richtung Norden. **Zeiten:** Ende Aug – Anfang
April Mo – So 9 – 13, Mo – Do 14 – 17.30 und 19.30 –
22 Uhr, Fr – So 14 – 18, Sa 19 – 22.30, So 19 – 22 Uhr.
Im Sommer als Skaterbahn genutzt. **Preise:** Mo – Do
3,50 €, ab 19.30 4 €, Fr 3,50 €, Sa und So 9 – 13 Uhr

Mo – Fr 8 – 18 Uhr
bietet die Eishalle
Kinderbetreuung für
alle ab 3 Jahre an (1 €
pro Std).

Eistest: Der Aasee friert
fast nie fest zu

4,50 €, 14 – 18 Uhr 4,50, Fr und Sa 19 – 22.30 Uhr 5 €,
So 19 – 22 Uhr 4,50 €; Familie mit 2 Kindern 25 €, Mo
– Fr 9 – 18 Uhr 12,50, Fr – So 19 – 22 Uhr 15 €; 10er-
Karte 75 €, Kursteilnehmer 40 €, Monatskarte 40 €,
Kindergärten, Schulklassen 1 Begleiter frei und 9 –
12.30 Uhr nur 2,50 € pro Teilnehmer. **Infos:** Schuhver-
leih 2,50 – 4,50 €, Kindergärten und Schulen 2 – 4 € je
nach Schuhart.

▶ Da es im Münsterland ja nicht so häufig schneit
und der Aasee selten zum Schlittschuhlaufen zu-
friert, ist die Eishalle für Eiskunstlauf der ideale Tum-
melplatz. Bei richtig guter Musik könnt ihr hier eure
Runden drehen. Zu jeder vollen Stunde wird das Eis
für neuen Laufspaß und schnelle Kufen wieder ge-
glättet. Geburtstagskinder haben es besonders gut,
denn die dürfen die Fläche wieder eröffnen und die
erste Runde allein drehen. Nebenan bietet eine Fast-
Food-Kette die üblichen Burger und Pommes, es gibt
aber auch genügend Bänke und Tische für ein mitge-
brachtes Picknick. Zu Halloween und zum Schuljah-
resausklang veranstaltet der Eispalast besondere
Parties, bei denen man in Verkleidung oder zu Disco-
beleuchtung eislaufen kann. Ihr könnt hier auch Kurse belegen, um nicht so häufig auf die Nase zu fallen, oder euch im Eishockey ausbilden lassen.

HANDWERK UND GESCHICHTE

Museen und Stadtführungen

Eisenbahnmuseum Münster

Freundeskreis für Eisenbahnen e.V., Lippstädter Straße
80, 48155 Münster. ☎ 0251/662336, Fax 4956196.
www.wem-muenster.de. weminfo@freenet.de. Südöst-
lich des Stadtzentrums. **Anfahrt:** Ab ✈ Münster Hbf Bus
6, 8 und 17 bis Halle Münsterland. **Auto:** Ab Zentrum
Ausschilderung Halle Münsterland folgen, Parkmöglich-
keit am Museum kostenlos. **Rad:** Ortseigenen Radwegen Richtung Gremmendorf folgen. **Zeiten:** keine for-
malen Öffnungszeiten, Sa ist immer jemand da, der für

Führungen zur Verfügung steht. **Preise:** 1 €; Kinder 0,50 €; 50 % Rabatt mit Stadtwerke PlusCard.

▶ Was ist das bloß, dass sonst so coole Männer immer wieder mit leuchtenden Augen die Qualmwolken aus einer alten Dampflok betrachten lässt? Fernweh? Dieses metallische Kitzeln in der Nase? Oder das unverkennbare Geräusch, wenn diese Kolosse aus Eisen durch die Landschaft schuckeln? Was auch immer es ist, fast jeder Junge und auch so manches Mädchen träumt davon, einmal Lokführer zu werden. Und dabei hat auch ein moderner ICE seinen Reiz. Probiert es doch aus! Hier im Eisenbahnmuseum erfahrt ihr alles über alte und neue Loks sowie über die Zeit, in der die Städter mit so genannten Hamsterzügen aufs Land gefahren und um Essen gefragt bzw. welches getauscht haben.

Es gibt auch Sonderzüge und Charterfahrten, bei denen ihr die Landschaft per Bahn entdecken könnt. Wie wäre es zum Beispiel mit einem besonderen Nikolausgeschenk? Am 2. Advent findet alljährlich die **Nikolausfahrt** statt, die euch durch die Winterlandschaft führt. Wer weiß, vielleicht fährt der rot gekleidete bärtige Mann sogar selbst mit? Unbedingt telefonisch buchen!

Noch nicht genug? Dann gibt es eine Zugabe im **Eisenbahnmuseum der KG. Pängelanton** am Albersloher Weg in Gremmendorf. Hier könnt ihr kostenlos eine Dampflok, eine Wasserbetankungsanlage und eine Modelleisenbahn besichtigen. Bus 6 und 8 bis Pestalozzi-Schule, So 11 – 12.30 Uhr, ✆ 0251/617313, Herr Clepas.

Stadtführungen durch Münster

StattReisen Münster e.V., Rothenburg 47, 48143 Münster. ✆ 0251/4140333, Fax 4140344. www.stattreisen-muenster.de. info@stattreisen-muenster.de. **Anfahrt:** Alle Stadtbusse bis Bült, Fußweg Richtung Altstadt Fußgängerzone. **Auto:** Weseler Straße stadteinwärts, am Aasee in Aegidiistraße einbiegen, an deren Ende rechts. **Rad:** Promenade bis Aasee, Aegidiistraße, Rothenburg. **Zeiten:** Mo – Fr 10 – 13 Uhr

Die Stadt aus einer anderen Perspektive sehen: Das Schloss in einer Radkappe gespiegelt

© Torsten Rink

Urbane Lässigkeit: In den Straßencafés am Prinzipalmarkt wird weltmännischer Lebensstil gepflegt

und Mo – Do 14.30 – 16. 30 Uhr. **Preise:** Rundgänge und Radtouren 6 €, Stadtnächte 15 €, Nachtwächter-Schmäuse 35 €; Gruppen- und Kinderpreise auf Anfrage.

Erika Reichert-Maja, *Münster. Kinder auf den Spuren der Stadt,* Aschendorff Verlag, 14,80 €. Bald könnt ihr eure Eltern durch Münster führen – wer braucht da noch einen Fremdenführer?

▶ StattReisen Münster eröffnet euch die Gelegenheit, statt eines langweiligen Rundgangs von Kirche zu Kirche oder von Bauwerk zu Brunnen eine richtig spannende Einführung in das Stadtgeschehen zu bekommen. Für aktive Familien gibt es hier Programme wie »Wilsberg, Privatdektektiv zu Münster« oder »Jagd auf Mister X«, »Red Line – wissen, wo's lang geht« oder einen Nachtwächterrundgang. Speziell für Kinder und Jugendliche gibt es gleich mehrere Angebote, die von sagenhaft gruselig bis märchenhaft schön für jeden Geschmack etwas bieten. Auf 11- bis 14-Jährige wartet z.B. das Fantasy-Abenteuerspiel am Aasee »Verschwörung der grauen Ritter« und auf 8- bis 11-Jährige »Mit Köpfchen übers Kopfsteinpflaster«. Unbedingt mitmachen!

Welche Stadtführung ihr auch machen wollt, den **Dom** und die **Astronomische Uhr** rechts im Umgang der Apsis müsst ihr euch auf jeden Fall anschauen und erklären lassen. Auch das **Glockenspiel** am Roggenmarkt lohnt sich zur vollen Stunde, dann treten die Figuren dort ihren musikalisch untermalten Rundgang an.

Freilichtmuseum Mühlenhof

De Bockwindmüel e.V., Theo-Breider-Weg 1, 48149 Münster. ℂ 0251/98120-0, Fax -40. www.muehlenhof-muenster.de. **Anfahrt:** Ab Hbf Bus 14 bis Bockwindmühle. **Auto:** A1, Abfahrt 78 Münster-Süd, Weseler Straße, Sentruper Höhe, Beschilderung Zoo. **Rad:** Bismarckallee – Mecklenbecker Straße, Aasee hinter Bootshafen überqueren, Radwege bis Zoo. **Zeiten:** März – Okt täglich 10 – 18 Uhr, Nov – März Mo – Sa 13 – 16.30, So 11 – 16.30 Uhr. Führung empfehlenswert (nach Voranmeldung). **Preise:** 3 €, Führungen Mo – Fr bis 30 Pers 25 €, Sa, So 40 €; Kinder ab 2 Jahre 1,50 €, Studenten bis 27 Jahre 2 €; Familienkarte (beliebig viele eigene Kinder) 7,50 €, Gruppe bis 8 Erw pro Pers 2,80 €, ab 30 Pers 2,60 €.

▶ Wie war das Leben im Münsterland, bevor es elektrischen Strom und Dieseltrecker gab? Was ist ein »westfälischer Himmel« und warum sagt man von den Schlauen, sie hätten »was auf dem Kasten«? Fragen über Fragen, auf die freundliche Männer in Holzschuhen und blau-weißen Hemden eine Antwort geben. Diese *Kiepenkerle* waren nicht nur Händler, sondern wussten von unterwegs manche Geschichte zu erzählen. Sie waren deshalb so etwas wie eine »wandelnde Zeitung«. Aber wisst ihr, was eine Kiepe überhaupt ist? Oder warum man das »Geld auf die hohe Kante« legt? Hört den Kiepenkerlen gut zu, dann erfahrt ihr es! Neben 26 historischen Bauwerken wie der Schule, dem Backhaus, der funktionierenden Mühle oder dem Weberkotten warten an den Wochenenden Vorführungen alter Handwerkskunst auf euch, z.B. könnt ihr spinnen lernen. Schaut dem Schmied in seiner Werkstatt zu, versucht euch im Kerzenziehen, hört Märchen von Müllerstöchtern und -burschen oder guckt euch an, welchen Weg das Korn zum Brot nimmt. Woher die Redewendung »jemanden verdreschen« kommt, könnt ihr im Oktober zu den Ernteveranstaltungen erfahren und zur Winterzeit gibt es eine Märchenstunde am Herdfeuer.

 Lasst euch die selbst geräucherten, knackigen Mettwürstchen aus dem **Museums-Dorfladen** nicht entgehen. Dazu müsst ihr unbedingt den aus dem Münsterland stammenden Pumpernickel probieren.

Theo Breider, der Begründer des Mühlenhofmuseums, ist auch Autor des *Pättkesführer Münsterland,* 5,10 €. Das sind die besten Radwanderkarten für die gesamte Gegend, erhältlich im Museumsshop.

Hunger & Durst

Das Mühlenhofmuseum veranstaltet auf Anfrage abendliche **rustikale Bewirtungen** im Dorfkrug oder in den Bauernhäusern. Erst ein Rundgang mit dem Kiepenkerl und danach Sauerkraut – mmmhhh, lecker! Info über die Zentrale bei Frau Abram oder Frau Wawerzonnek.

Lepra- und Heimatmuseum Kinderhaus

Stadt Münster, Kinderhaus 15, 48159 Münster-Kinderhaus. ℗ 0251/2851-0, Fax 2851-129. www.lepramu-
seum.de. An der Josefskirche. **Anfahrt:** Ab Hbf Bus 6,
9, 17 bis Kristiansandstraße. **Auto:** B219 Richtung Greven, in Kinderhaus ausgeschildert. **Rad:** Auf der Friedensroute (Markierung Grüner Postreiter) oder ausge-
schildertem Radweg 7 – 8 km Richtung Kinderhaus.
Zeiten: So 15 – 17 Uhr und nach Vereinbarung. **Preise:**

▶ Ein »harter, schwarzer und klebriger Stein« sei der Pumpernickel,
behauptete der französische Philosoph Voltaire. Und schon die internationalen Gäste , die am Ende des Dreißigjährigen Krieges in Münster zu
Friedensverhandlungen zusammen
kamen, waren entsetzt! Der päpstli-
che Nuntius aus Rom, Fabio Chigi,
sprach von »einem scheußlichen
Fraß, den man selbst Bettlern und
Bauern nicht vorwerfen kann!« Ein Wunder, dass die Verhandlungen
1648 trotzdem vom Westfälischen Frieden gekrönt wurden. Kein Wunder aber, dass dieses schwarze Brot, das 24 Stunden im Ofen gebacken
wird, seither einen Siegeszug durch die Küchen der Welt angetreten
hat. Man kann das münstersche Schwarzbrot nicht nur über lange Strecken transportieren, ohne dass es schimmelt, es ist auch viel gesünder
für die Verdauung als Weißbrot. Auch wenn manche behaupten, man
müsse von Pumpernickel ganz schön »Wind ablassen«. Daher soll auch
der Name stammen, denn ein Pumper ist ein Pups und ein Nickel ein
Frechdachs – der Pumpernickel also ein frecher Pupsverursacher? Die
Legenden reichen von einem Bäcker, den der Teufel dazu verflucht hatte, niemals mehr helles Brot aus dem Ofen zu ziehen über einen französischen Soldaten, der es mit dem Kommentar »C'est bon pour Ni-
cole« nur seinem Pferd anbieten mochte bis hin zu den Osnabrücker
Stadtherren, die es bei einer Hungersnot schon um 1450 als *bonum pa-
niculum*, »gutes Brot«, verteilt haben sollen. Auf vielen Buffets findet
ihr Käsespieße mit Pumpernickel und Trauben. Es gibt sogar Pumper-
nickelsoße zum Braten und Pumpernickel-Quarkdessert. Am besten
allerdings schmeckt es zu einem echten westfälischen Schinken. ◀

**PUMPERNICKEL –
SPEZIALITÄT ODER
ZUMUTUNG?**

Kostenlos. Führungen 15 €, **Infos:** Führungen können bei Petra Jahnke, ℰ 0251/234689, gebucht werden.

▶ Der **Stadtteil Kinderhaus** hat seinen Namen von den »armen Kindern Gottes«, denn so wurden in früheren Zeiten die ausgestoßenen Leprakranken genannt. Für sie gab es hier eine Zuflucht, denn auf den Straßen mussten sie, wenn sie überhaupt dort erscheinen durften, eine Klapper tragen, die jedem signalisierte, dass Gefahr durch Krankheit drohte. Ihr Leben war einsam, ihre Krankheit grausam. Auch heute gibt es noch Lepra, wenn auch nicht gerade vor unserer Tür. Um so wichtiger, dass ihr hier erfahrt, wie einfach sie durch die richtigen Medikamente zu bekämpfen ist.

Im gleichen Gebäude, nur durch eine andere Eingangstür zugänglich, findet ihr das **Heimatmuseum** in Kinderhaus, in dem ihr sehen könnt, wie es sich früher hier lebte. Auch über das älteste Schulhaus des deutschsprachigen Raums und die Frömmigkeit der Gegend, altes Handwerk und die Gebrauchsgegenstände verschiedener Epochen könnt ihr hier staunen.

Lepra ist eine durch Bakterien verursachte Krankheit, die Haut und Nervenzellen zersetzt. Heute ist sie mit Antibiotika und Chemotherapie behandelbar, aber früher mussten die Menschen hilflos zusehen, wie ihre Finger oder Nasen immer schrumpeliger wurden. Weltweit sind heute noch 1,2 Mio Menschen betroffen.

Ice Age & Sternegucker
Westfälisches Museum für Naturkunde – Landesmuseum und Planetarium – des LWL, Sentruper Straße 285, 48161 Münster. ℰ 0251/59105, Programmauskunft Planetarium 5916000, Fax 5916098. www.naturkundemuseum-muenster.de, www.planetarium-muenster.de. naturkundemuseum@lwl.org. **Anfahrt:** Ab Hbf Bus 14 bis Allwetterzoo oder Wassertaxi Professor Landois ab Goldene Brücke/Ruderterrassen Aasee. **Auto:** A1, Abfahrt 78 Münster-Süd, Beschilderung Zoo folgen. Parken am Zoo 2 €. **Rad:** Bismarckallee – Mecklenbecker Straße, Aasee hinter Bootshafen überqueren, Radwege bis Zoo. **Zeiten:** Di – So 9 – 18 Uhr. **Preise:** 3,50 €, Planetarium 4 €, beides 6,20 €; Kinder bis 5 Jahre frei, Planetarium 1,60 €; 6 – 17 Jahre 2 €, Planetarium 2 €, beides 3,10 €; Familienkarten 8 €,

Happy Birthday!
Zum Kindergeburtstag oder mit der Schulklasse können eure Eltern oder Lehrer auch ein besonderes museumspädagogisches Programm buchen, bei dem ihr hinter die Kulissen schauen und selbst einmal ein bisschen forschen könnt.

Robin und Marla finden, es ist das beste Museum in Münster überhaupt!

Das Museum hat ein eigenes Café. Wer lieber picknicken möchte, der kann sich von hier auch direkt an den Aasee begeben und auf den Wiesen hinter dem Museum seine Decke ausbreiten. Schöner Ausblick und vielleicht ein paar Boulespieler auf der angrenzenden Bahn sind inklusive.

Planetarium 9 €, beides 14 €, Gruppen ab 16 Pers 3 €, Planetarium 3,50 €, beides 5,70 €. **Infos:** Schon für kleine Kinder gibt es im Planetarium besondere Programme, bestens geeignet ist es für Kinder ab dem 3. Schuljahr.

▶ Kommt rein, wenn ihr euch traut, denn zuerst müsst ihr an zwei mächtig großen *Triceratops* vorbei, die den Eingang bewachen!

Dieses **Naturkundemuseum** führt euch von den Zeiten der Dinosaurier über die Geschichte des Münsterlandes und seiner Tiere bis hin zu den Sternen, denn die ständige Abteilung und die wechselnden Ausstellungen werden durch das Planetarium im Haus ergänzt. Und das ist ein Erlebnis der ganz besonderen Art: Ihr lehnt euch in den neigbaren Sesseln ganz weit zurück und die Musik und der Sternenhimmel entführen euch ins All. Ihr könnt außerdem die Welt der Plains-Indianer Amerikas entdecken oder in Urzeiten abtauchen, aus denen eben jene »Dreihorngesichter« vorm Museum auch stammen. Dinos wie diese massigen Pflanzenfresser haben im Erdmittelalter auch die Steppen des Münsterlandes bewohnt! Größte Attraktion der Saurierausstellung ist im wahrsten Sinne des Wortes das Skelett eines *Tyrannosaurus rex:* Es ist 12 m lang und 6 m hoch. Dagegen wirken die westfälischen Mammuts richtig wuschelig.

AUS DEM KALENDER

Send Münster
Stadt Münster, 48127 Münster. ✆ 0251/492-0, Fax 492-7700. www.muenster.de, RoelverW@stadt-muenster.de. Hindenburgplatz im Zentrum. **Anfahrt:** Ab Hbf Bus 1, 5, 6, 11, 12 oder 14 bis Münzstraße bzw. Überwasserstraße oder Landgericht im 10-Minuten-Takt. **Auto:** Park and Ride an den Ausfallstraßen nutzen, Sendbusse sind eingesetzt. **Rad:** Direkt an der Promenade, Schloss. **Termine:** 3 x jährlich im Frühjahr, Sommer und Herbst, ↗ Festkalender. Do 14 – 20 Uhr 20 %

Ermäßigung für Familien, freitags ab 21 Uhr Feuerwerk, bei Sommersend ab 22.30 Uhr.

▶ Dreimal jährlich steckt am Rathaus das Sendschwert in der Wandhalterung. Das war schon im Mittelalter das Zeichen für ein besonderes Markttreiben, für das ein friedliches Miteinander angemahnt wurde. Heute ist der Send am Hindenburgplatz eine Attraktion für alle, die gern die wildesten Karussells fahren, Wildwasserbahnen hinuntersausen, Geister durch Pappmaché-Kulissen jagen und im Autoscooter ihre Fahrkünste testen wollen. Das Riesenrad zeigt Münster in seiner ganzen kurvigen Pracht, wenn ihr hoch oben über dem Platz schwebt und erkennen könnt, wie rund und klein die mittelalterlichen Gassen gebaut waren, aus denen der Stadtkern besteht. Vielleicht entdeckt ihr ja auch den Fiesling, der das Originalschwert vor ein paar Jahren aus der Halterung gestohlen hat!

Der Name Send ist von »Synode« abgeleitet. So bezeichnet man seit dem 9 Jahrhundert, die Versammlung der Geistlichen und anderer hoher Vertretern eines Bistums. In Münster schloss sich diesen Synoden im 11. Jahrhundert ein Markt an, der noch heute 3 Mal im Jahr stattfindet.

MÜNSTER

Drachenfest Münster

Hippo Shop GmbH, Heiner Steggewentz, Heinrich-Brüning-Straße 4, 48143 Münster. ℭ 0251/8515, Fax 4829887. www.drachenfest-muenster.de. info@drachenfest-muenster.de. Aaseewiesen Nähe Zoo.

Anfahrt: Ab Hbf Bus 14 bis Allwetterzoo. **Auto:** ↗ Münster, Beschilderung Zoo folgen. **Rad:** Am Aasee entlang bis Zoo. **Termine:** Wochenende im Juli oder Aug, Sa 10 – 23.30 Uhr und So 11 – 18 Uhr. **Preise:** Kostenlos.

▶ Drrrrrrrraaaaachen! So schön mit rollendem R kann das wohl nur Frau Mahlzahn sagen, der *Jim Knopf und Lukas, der Lokomotivführer* begegnen. Aber was da zum internationalen Drachenfest im Sommer in den Himmel steigt, das kann sich wahrlich sehen lassen! Auf den Aaseewiesen in der Nähe des Zoos könnt ihr die verrücktesten Lenkdrachen, chinesische Riesenlindwürmer, urige Lederhosen

Jim Knopf und Lukas, der Lokomotivführer, Michael Ende, Thienemann Verlag, 14,90 €.

FESTKALENDER

Februar:	Rosenmontag, **Rosenmontagszug:** Großer Karnevalsumzug durch die Altstadt.
März:	ab Do vor dem 4. So nach Aschermittwoch, **Frühjahrssend:** Volksfest mit Feuerwerk am Freitagabend.
Mai/Juni:	Himmelfahrt, **Eurocityfest:** Open-Air mit diversen Bühnen in der Altstadt.
	Fronleichnam, **Hafenfest** rund um den Kreativkai.
Juni:	ab Do vor dem letzten So im Juni, **Sommersend:** Volksfest mit Feuerwerk am Freitagabend.
Juli/August:	**Drachenfest** am Aasee: Windspiele der monumentalen Art.
August:	**Turnier der Sieger:** 4-tägiges Reitturnier um den Deutschen Meister vor dem Schloss, Do freier Eintritt auf allen Plätzen.
	Montgolfiade: Die verrücktesten Heißluftballons über den Dächern Münsters.
September:	**Schauraum:** Das Fest der Galerien und Museen in Münster, freier Eintritt bis in die Nacht, diverse Veranstaltungen.
Oktober:	ab Do vor dem 4. So im Okt, **Herbstsend:** Volksfest mit Feuerwerk am Freitagabend.
Dezember:	letzte Novemberwoche bis 20. Dez, **Weihnachtsmärkte** in der gesamten Altstadt.

oder schelmisch blinzelnde Kühe fliegen sehen. Und am Abend krönt ein Feuerwerk über dem Aasee das ohnehin lustige Spektakel.

Turnier der Sieger

Westfälischer Reiterverein e.V., Vorsitzender: Hendrik Snoek, Albersloher Weg 194, 48155 Münster. ℰ 0251/696-589, Fax 696-459. www.turniersieger.de. info@turniersieger.de. Schlossplatz und Westerholtsche Wiese im Zentrum **Anfahrt:** Ab Hbf Bus 1, 5, 6, 11, 12, 14 bis Münzstraße bzw. Überwasserstraße oder Landgericht im 10-Minuten-Takt. **Auto:** Park and Ride Weseler Straße nutzen bzw. Ausschilderung Schloss/Hindenburgplatz. **Rad:** Direkt an der Promenade, Schloss. **Termine:** Aug. **Preise:** Do freier Eintritt auf allen Plätzen, sonst 4 – 20 € je nach Veranstaltung und Tribüne. **Infos:** Vorverkauf durch Münster Information, Heinrich-Brüning-Straße 9, 48143 Münster, ℰ 0251/4922714.

▶ Im Münsterland dreht sich alles um den Reitsport und so ist es kein Wunder, dass die besten Reiter der Saison sich hier auf dem Schlossplatz und der Westerholtschen Wiese zum Kräftemessen zusammen finden. Vier Tage lang beweisen edle Pferde und sportliche Reiter ihr Können bei Dressur- und Springturnieren. Das ist ganz schön aufregend. Kennzeichen für das bevorstehende Ereignis sind die überall in der Stadt aufgestellten Steckenpferde. Vier Pferdeköpfe verkünden, dass die Reitelite wieder ihren Weg in die Stadt gefunden hat.

Keine Scheu, dies ist die vielleicht preiswerteste Möglichkeit, wirklich erstklassigen Reitsport live mitzuerleben. Karten gibt es direkt an der Tageskasse am Schlossplatz.

@ Alle Jahresveranstaltungen und Feste in Münster unter www.termine.muenster.org.

MÜNSTER

Weihnachtsmarkt in Münster

Stadt Münster, Klemensstraße 10, 48143 Münster. ℰ 0251/492-2726, Fax 492-7793. www.muenster.de, tourismus@stadt-muenster.de. **Anfahrt:** Ab ✈ Münster Hbf nahezu alle Busse bis Bült, Prinzipalmarkt. **Auto:** Altstadt meiden, Park and Ride nutzen oder Parkplätze Bhf/Engelschanze, ab da zu Fuß. **Rad:** Promenade bis Altstadt. **Zeiten:** Letzte Novemberwoche bis 20. Dez, So – Fr 11 – 20, Sa 11 – 22 Uhr.

Tod im Friedens-saal von Jürgen Kehrer. Verlag Waxmann, 9,90 €. Mein Tipp: Erst lesen, dann die Lokalitäten mit dem Rad abfahren. So lernt man Münster mal ganz anders kennen! ↗ Statt-Reisen bietet entsprechende Führungen an.

▶ Der münstersche Weihnachtsmarkt besteht eigentlich aus **6 Märkten,** die sich in der ganzen Innenstadt verteilen und ihr eine anheimelnde Atmosphäre voller Licht und Glühweinduft verleihen. Der größte Markt findet auf dem *Platz des Westfälischen Friedens* im Innenhof des Rathauses statt. Vielleicht wartet dort der Nikolaus auf euch? Über den *Prinzipalmarkt* kommt ihr zum *Lichtermarkt St. Lamberti* und zu dem großen Weihnachtsbaum bei der Kirche. Zum Weihnachtsmarkt im *Kiepenkerlviertel* gelangt ihr über den Drubbel (Straßenname!).

Vom Prinzipalmarkt aus könnt ihr außerdem einen Abstecher zum *Adventsmarkt am Aegidimarkt* und zum Markt gegenüber, in der *Pferdegasse,* machen. Wer bei so viel Auswahl nicht in Weihnachtsstimmung kommt – frohes Fest!

Autoscooter für die Kleinen: Auf dem Weihnachtsmarkt gibt es ein Kinderkarussell

TECKLENBURGER LAND

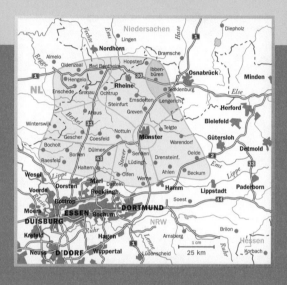

In den Ausläufern des Teutoburger Waldes, dem als »Balkon des Münsterlandes« bekannten Gebiet im Nordosten der westfälischen Ebene, herrschten einst raue Sitten. In den Wäldern versteckten sich üble Gestalten und die undurchdringlichen Büsche verbargen so manches teuflische Hexenwerk – so zumindest müssen die Legenden und Sagen über die Hexen in Tecklenburg ihren Anfang genommen haben.

Leider führten sie in unserer abergläubischen Vergangenheit zur radikalen Verfolgung der oft weisen Frauen. Heute allerdings ist es ganz schön, diese schaurige alte Zeit beim Klettern über die Sagenfelsen oder beim Spaziergang durch das urige alte Fachwerkörtchen Tecklenburg wieder aufleben zu lassen. Kommt her und vergnügt euch auf der Sommerrodelbahn, schaut dem Hockenden Weib ins faltige Steingesicht oder verfolgt die Spuren der schier endlosen Wanderungen der alten Leinweber. Diese *Tödden* verkauften ihre Ware zu Fuß und traten damit die noch heute beliebten Wanderwege der Gegend für uns aus. Und genug Kohle in der Tasche habt ihr hier auch, zumindest im Bergbaumuseum Ibbenbüren – da staunt ihr, denn nicht nur im Ruhrgebiet wurde das »schwarze Gold« abgebaut. Nicht weit von hier bekamen selbst die sonst so siegreichen Römer eins auf die Nase, denn die ansässigen Germanen ließen damals vor circa 2000 Jahren nicht mit sich spaßen. Was heute ganz anders ist, denn Spaß machen alle diese Aktivitäten bei nahezu jedem Wetter und in jedem Alter. Hex, Hex, Bibi oder hat gar Harry Potter hier einen entfernten Verwandten?

Hallen- und Freibäder

Aaseebad Ibbenbüren

An der Umfluth 99, 49479 Ibbenbüren. ✆ 05451/ 14770, Fax 899050. www.ibbenbueren.de. conny.pralat@ibbenbueren.de. **Anfahrt:** ⬈ Ibbenbüren, Mo – Fr

TIPPS FÜR WASSER-RATTEN

Große Sause: Auf der Rutsche im Aaseebad

Happy Birthday
Geburtstagskinder haben freien Eintritt und deren Freunde zahlen weniger als sonst – wenn das keine prima Idee ist?!

Gute Idee – im Aaseebad gibt es getrennte Müllsammlung und sogar die Pommes werden in essbaren Verpackungen aus Teig serviert! Wirklich nachahmenswert, also seid so lieb und sortiert euren Müll richtig ein.

Busse ab Bus-Bhf bis Bad bzw. Südring. **Auto:** B219 Münster – Greven – Ibbenbüren, Münsterstraße, Tecklenburger Damm, Südring, An der Umfluth. **Rad:** Sagenroute, innerstädtisches Radwegenetz, beschildert. **Zeiten:** Mo 10 – 21 Uhr (nur 15. Mai – 31. Aug), Di – Fr 10 – 21 Uhr, Sa, So, Fei 10 – 18 Uhr ganzjährig, 5. – 26. Dez sowie Silvester und Neujahr geschlossen. **Preise:** 6 €; Kinder 5 – 16 Jahre 2,50 €; Familienkarte (Eltern und 2 Ki) 15 €, jedes weitere zur Familie gehörende Kind 1 €, Kurzzeitschwimmen 2 Std 3 €, Kinder 2 €, 10er-Karte 35 €, Kinder 16 €, Saisonkarte 72 €, Kind 26 €.

▶ Auf 2500 qm Wasserfläche könnt ihr toben, rutschen und einen richtig tollen Tag verbringen. Wenn die Glocke erklingt, strömen alle sofort ins Wellenbad, denn dann geht es hier richtig hoch her. Das Bad ist weit über die Stadtgrenzen hinaus beliebt, selbst aus Münster kommen Familien mit Kindern hierher zum Schwimmen. Kein Wunder, denn nicht nur die Riesenrutsche und der Sprungturm sind eine Wucht. Überall stehen Tische und Stühle für ein gemütliches Picknick und auch Liegeflächen für ein Schläfchen zwischendurch. Im Sommer stehen zusätzlich ein Außenschwimmbad und ein Plantschbecken zur Verfügung. Der tollste Spaß ist aber wohl der Matschspielplatz für die Kleineren. Ein ideales Bad für Familien, die auch kleinere Kinder mitnehmen. Selbst der Wickelraum ist mit Heizstrahlern ausgestattet.

Waldfreibad Tecklenburg

Schul- und Sportamt, Sundernstraße 54, 49545 Tecklenburg. ✆ 05482/288 (Kasse), 7324 (Sportamt), www.muenster.de/stadt/sportamt. sportamt@stadtmuenster.de. **Anfahrt:** ↗ Tecklenburg. Bahnhofstraße – Ibbenbürener Straße – Pottlehmplatz – Sundernstraße (nach Ledde). **Rad:** Hinter dem Kurpark gelegen. **Zeiten:** Mai – Sep Mo 13 – 18.30 Uhr, Di – So 7 – 18.30, Juni, Juli, Aug bis 20 Uhr. **Preise:** 2 €, Saisonkarten 50 €; Kinder 2 – 6 Jahre 0,50 €, 6 – 16 Jahre 1 €, Saisonkarte 20 €; Familiensaisonkarte bis 5 Pers 75 €.

▶ Konstante 23 Grad treiben besonders viele Familien und ältere Menschen in das schön gelegene Waldfreibad in Tecklenburg. Besonders für die Ferienkinder in der Jugendherberge ist das Bad immer auch Teil des Ausflugsprogramms, denn hier könnt ihr springen und spielen unter Schatten spendenden Bäumen.

@ Unter www.stadt-tecklenburg.de/downloads könnt ihr euch den gesamten Freizeitatlas des Jahres herunterladen. Dann wisst ihr immer, welche Veranstaltungen laufen oder wo ihr unbedingt an welchem Tag sein solltet.

Wasserspaß am Badesee

Freizeitanlage Aasee Ibbenbüren

Stadtmarketing und Verkehrsverein, Ledder Straße, 49477 Ibbenbüren. ✆ 05451/54-54540, Fax 54-54590. www.ibbenbueren.de. touristinformation@ibbenbueren.de. An der Ibbenbürener Aa. **Anfahrt:** ↗ Ibbenbüren. **Rad:** Entlang Ibbenbürener Aa, Sagenroute. **Zeiten:** Ganzjährig zugänglich. **Preise:** Kostenlos. **Infos:** Monika Wrocklage, Bachstraße 14, 49477 Ibbenbüren, ✆ 05451/5454540.

▶ Praktisch, so ein See direkt vor der Haustür. So zumindest empfinden es die Ibbenbürener, da dieser hier ganz in der Nähe des Stadtzentrums liegt und mit seinen 15 ha Größe gerade richtig für einen schö-

nen Sommertag am Wasser ist. Wollt ihr **Tretboot** fahren oder segeln? Vielleicht soll es **selbst geangelten Fisch** zum Abendbrot geben? Viel Spaß auch auf den zwei angrenzenden **Spielplätzen** und auf der **Skaterbahn.** Der See kann auf Inlinern prima umrundet werden, da die Wege asphaltiert sind und schön nahe am Wasser entlang führen.

Wandern und Spazieren

Wandern und kraxeln in den Dörenther Klippen und am Hockenden Weib

Tourist-Information, Bachstraße 14, 49477 Ibbenbüren. ℄ 05451/5454540, <u>www.tourismus-ibbenbueren.de</u>. touristinformation@tourismus-ibbenbueren.de. **Länge:** 11 km, nicht kinderwagentauglich. **Anfahrt:** R20 und 163 ab Münster oder Ibbenbüren bis Sommerrodelbahn/Münsterstraße. **Auto:** ↗ Ibbenbüren, Ausschilderung Sommerrodelbahn, Wanderparkplatz an der B219. **Rad:** Sagenroute.

▶ Wenn ihr vom Parkplatz aus der Beschilderung folgt, führt euch diese leichte Wanderung zu einer Felsformation, die von weitem wie ein hockendes Weib aussieht. Die **Dörenther Klippen** sind etwa 4 km lang und 20 m hoch. Sie entstanden vor rund 150 Mio Jahren als Sandbänke des Urzeit-Meeres. Es geht stetig bergauf, der Weg ist ausgeschildert. Knorrige Wurzeln bilden die Treppe zu dem Sitzplatz

WER HOCKT DENN DA?

▶ In alter Zeit strömten die Fluten des Meeres oft tief ins Land bis an die Berge. In einer Hütte am Fuße der Dörenther Klippen wohnte eine Frau mit ihren Kindern. Als nun die Flut nahte, nahm sie ihre Kinder auf den Arm und trug sie auf den Berg. Mit Entsetzen sah sie, wie das Wasser wei- ter stieg. Als es bis an ihre Füße reichte, hockte sie sich hin und befahl den Kindern, auf ihre Schultern zu steigen und fing an zu beten. Als sie sich aufrichten wollte, war sie zu einem Felsblock geworden, der aus den Fluten ragte und die Kinder trug. ◀

Quelle: Stadtmarketing Ibbenbüren; Foto: Torsten Rink

des Steinweibes, wo ihr toll herumklettern könnt. Das **Hockende Weib** ist die größte Felsformation der Wanderstrecke. Ein **Gesteinslehrpfad** bringt euch die Felsenlandschaft näher und im weiteren Verlauf der Tour 11 gibt es sogar noch Steinbrüche und einen Kalkbrennofen zu bestaunen. Weniger begeisterte Wanderer können den kleinen Spazierweg nehmen, der ist schon für Grundschulkinder gut geeignet. Nehmt am besten ein Picknick mit oder kehrt nach der Rückkehr in der Gastronomie der Sommerrodelbahn ein.

 Echte Radelfreunde können diese Tour auch zur Terra.trail Tour 11 ausweiten. Sie umfasst 43 km und verläuft zumeist auf Asphalt. Mittelschwer, kein Rundweg.

Hexenpfad in Tecklenburg

Länge: circa 4 km, Einstieg überall möglich, Hexenpfad mit kleiner Hexe bzw. schriftlich gekennzeichnet. **Anfahrt:** ↗ Tecklenburg. **Auto:** Bahnhofstraße, Parkplatz an der Post. **Rad:** 100-Schlösser-Route, Hermannsweg, Töddenweg. **Zeiten:** Ganzjährig. **Infos:** Tecklenburg Touristik, 49545 Tecklenburg. ☎ 05482/93890, www.tecklenburg-touristik.de. info@tecklenburg-touristik.de.

▶ Oh schaurig war's im Mittelalter! Schlaue Frauen, habt Acht, denn euch wird der Garaus gemacht! Kaum zu glauben, dass der Hexenwahn dieser abergläubischen Zeit zwischen dem 15. und 18. Jahrhundert viele begabte und kenntnisreiche Frauen das Leben gekostet hat. Wer sich richtig schön gruseln und mehr über diese finstere Zeit wissen will, der sollte in Tecklenburg den Hexenpfad erkunden, der durch die Altstadt und ein Waldstück führt. Dabei zeigen euch kleine Schilder die Stationen der Hexenjagd, ihr klettert entlang der Verstecke und Waldeinsiedeleien bis zur Hexenküche. Hier könnt ihr in die Hexenkunst Einblick gewinnen, denn an dieser Stelle wurde der Sage nach der Zaubertrunk zubereitet. Vier spannende Kilometer, die Wahrheit und Legende geschickt miteinander verweben. Es gibt reichlich

 Macht mit bei einer geführten **Wanderung** des Kneipp-Vereins Tecklenburg. Wandert zum Beispiel zur Walpurgisnacht zu den Hexensteinen oder wandelt an Halloween auf Satans Spuren zur Hexenküche und zum Heidentempel! Anmeldung erforderlich, Preise je nach Veranstaltung. Kneipp-Verein Tecklenburg, Markt 8, 49545 Tecklenburg. ☎ 05482/309, Fax 6407. www.kneipp-verein-tecklenburg.de.

Gelegenheit zum Klettern und die Aussicht auf die Freilichtbühne und das gegenüberliegende Tal ist bei klarem Wetter sehr schön. Zwar könnt ihr den Besenstiel zu Hause lassen, feste Schuhe braucht ihr aber allemal, wenn ihr den Hexenpfad erwandern und erklettern wollt.

Wandern um den Drei-Kaiser-Stuhl bei Tecklenburg

Länge: 3,6 km, Einstieg beim Wanderparkplatz Zu den Klippen im Norden des Ortes, Markierung Weißes H auf schwarzem Grund. **Anfahrt:** Ab Bhf Ibbenbüren oder Lengerich stündlich Bus R45 bis Brochterbeck Kirche. **Auto:** ↗ Tecklenburg, L591 Richtung Brochterbeck, Dorfstraße – Im Brock – Zu den Klippen. **Rad:** Sagenroute. **Infos:** zum Hermannsweg unter www.hermannsweg.de.

▶ Diese Wandertour könnt ihr auch schaffen, wenn ihr keine Olympia-Läufer seid, denn sie ist insgesamt nur 3,6 km lang und bietet reichlich Gelegenheiten zum Gucken, Verweilen und Klettern. Schließlich darf der Spaß nicht zu kurz kommen, wenn ihr auf dem Rundwanderweg A2 ein Stückchen des berühmten **Hermannswegs** lauft. Gegenüber dem Wanderparkplatz geht es los, und schon nach 250 m erreicht ihr die Beschilderung H für Hermannsweg. Kompass gezückt, es geht in nordwestlicher Richtung weiter bis zum Naturdenkmal **Drei-Kaiser-Stuhl.** Könnt ihr daraus drei Kaiser erkennen? Vielleicht erspäht ihr aber auch nur einige Abseiler, denn hier befindet sich das Übungsgelände des Alpenvereins Münster. Mit dem Fernglas lohnt sich der Ausblick ganz besonders! Holadiho, ihr Flachlandtiroler! An der Weggabelung gibt es eine **Schutzhütte,** da solltet ihr euer Picknick auspacken und euch erst einmal stärken. Ihr folgt nun dem A2 Richtung Waldrand. Erratet ihr die verschiedenen Baumarten? Vor dem **Wetterpilz** lauft ihr rechts und werdet bald in den Waden merken, dass ihr hier die Ausläufer des Teutoburger Waldes vor

Hermann wird seit dem 19. Jahrhundert Arminius, der Cherusker genannt, dem 9 n.Chr. in der Varusschlacht der entscheidende Sieg gegen die Römer gelang. So geschah es, dass der Norden Germaniens jenseits der Mittelgebirge nie von den Römern besetzt wurde. Mehr dazu erfahrt ihr im ↗ Römermuseum Haltern.

euch habt. Hier wird es nämlich hügelig! Die Landschaft sieht schön aus und fordert eure Muskeln ein wenig mehr als das flache Münsterland. Am **Quellbach** könnt ihr die Schuhe ausziehen und ein wenig herumwaten oder die Insekten am Wasser beobachten. Über den Bach und die Bahnschienen hinweg, trefft ihr bald wieder auf den Hermannsweg. Jetzt links und nochmals an der Kreuzung links, dann geht es zurück zum Ausgangspunkt.

Hunger & Durst

Gasthaus zu den Klippen, Andreas und Claudia Ventker, Moorstraße 33, 49545 Brochterbeck, ✆ 05455/1049. Täglich 12 – 23 Uhr. Mit Terrasse und Hotelbetrieb.

Natur und Umwelt erforschen

Naturerlebnispark Ibbenbüren-Dörenthe

naturagart, Natur und Garten GmbH & Co KG, Riesenbecker Straße 63, 49479 Ibbenbüren-Dörenthe. ✆ 05451/5934-0, Fax -19. www.naturagart.de. **Anfahrt:** Bus 163 Ibbenbüren – Riesenbeck bis Birgte, Botanischer Garten, 200 m zu Fuß Richtung Riesenbeck. **Auto:** A1, Abfahrt 73 Lengerich-Tecklenburg, Richtung Ibbenbüren – Brochterbeck, B219 in Riesenbecker Straße gegenüber Kalkwerk. **Rad:** Sagenroute. Vorsicht, die B219 ist stark befahren! **Zeiten:** Garten ganzjärig, außer bei Schnee und Frost, Mo – So 8 – 20 Uhr bzw. bis zur Dämmerung. **Preise:** 1 €

▶ Wenn jemand seine Gartenprodukte gut verkaufen möchte, ist das ja nicht unbedingt für Kinder interessant. Wenn dabei aber ein herrliches Gartengelände entsteht, das einen Unterwasserpark und einen 150.000 qm großen Naturerlebnispark beinhaltet, wenn ihr dort eine Wasserwildnis mit Schiffkanal bewundern könnt, und wenn dort Frösche quaken sowie eigens angebautes Obst genascht werden darf – dann ist das nicht nur eine ganz besondere Verkaufsidee, sondern für Kinder sehr wohl interessant. Und darüber hinaus ohne Frage einen Ausflug wert. Im Laufe des Jahres 2007 werden dort noch einige Kubikmeter Erde versetzt und etliche Ideen zum Blühen gebracht.

Hunger & Durst

Café Seerose, Riesenbecker Straße 63, Ibbenbüren-Dörenthe. Hier könnt ihr auf großen Trittsteinen durch das Wasser balancieren und einen Kakao im Wintergarten genießen, die vielen Seerosen in den Teichen bewundern und am Kuchenbüffet schlemmen. Mo – Fr 14 – 18, Sa 10 – 18 und So 12 – 18 Uhr.

Der ANTL bietet **Wanderungen** durch das Bentheimer Land an, bei denen ihr z.B. einen Schäfer bei der Arbeit begleiten könnt. Bei YOUTH, der Jugendgruppe des ANTL, geht's »Rund um das Schaf«: ✆ 05482/929290.

Ferienprogramm: Naturerlebnis-Camp

ANTL – Arbeitsgemeinschaft für Naturschutz Tecklenburger Land e.V., Bahnhofstraße 73, 49545 Tecklenburg. ✆ 05482/9292-90, Fax -93. www.antl-ev.de. antl-ev@t-online.de. **Anfahrt:** ↗ Tecklenburg. **Rad:** 100-Schlösser-Route, Sagenroute. **Zeiten:** Sommerferien, jährlich. **Preise:** 180 € inkl. Unterkunft, VP und Eintritte. **Infos:** Vorheriger Elternabend zur Information.

▶ Ferien ganz besonderer Art könnt ihr in den Sommer-Naturcamps im Tecklenburger Land erleben. Für eine Woche geht es ins Zeltlager, bei dem neben Spaß, Lagerfeuer und Spiel natürlich auch viele Umweltthemen auf dem Programm stehen. Im Bach könnt ihr keschern, ihr könnt mit der Lupe Heuschrecken begutachten, Fledermäuse über eure Köpfe sausen sehen und Frösche quaken euch abends in den Schlaf. Öko-Rallye oder Biobauernhof? Für Kinder von 10 bis 12 Jahre gilt: Zelt und Fahrrad bereit halten und raus in die Natur!

Sommerspaß & Winterfreuden

Sommerrodelbahn und Märchenwald Ibbenbüren

Münsterstraße 265, 49479 Ibbenbüren. ✆ 05451/3226, www.sommerrodelbahn.de. Südlich von Ibbenbüren. **Anfahrt:** Bus R20 und 136 stündlich ab Bus-Bhf Ibbenbüren. **Auto:** A30 Amsterdam – Osnabrück Abfahrt 11 Ibbenbüren, 800 m Richtung Münster. **Rad:** Sagenroute. **Zeiten:** April – Nov täglich 10 – 18 Uhr. **Preise:** Sommerrodelbahn 0,50 €, Kinderautoscooter 1 €, Oldtimer-Express 1 €, Reise um die Welt 2 €, Märchenwald 3,50 €; Kinder bis 3 Jahre frei, danach wie Erw; Schwerbehinderte haben kostenlosen Zutritt, Schulen und Kindergärten Märchenwald 2,80 €, Reise um die Welt 1,50 €.

▶ Besonders für Kinder bis 5 Jahre ist der große Märchenwald ein Muss! Die Zwergengrotte, in der

ein Bergwerk und eine ganze Zwergenlandschaft bewegt dargestellt werden, ist die schönste Attraktion. Schaut mal, was der freche Zwerg ganz links am Bach treibt! Für die älteren Kinder lohnt sich die urige Sommerrodelbahn und die Reise um die Welt, in der ihr mit einem Schienenfahrzeug entlang der nachgestellten Szenen aus Ägypten und anderen afrikanischen Ländern, China, Amerika sowie vom Nordpol und zuletzt vom Mond geführt werdet. Hier müsst ihr den Löwen genau »im Auge« behalten. Was ich damit meine, findet ihr heraus, wenn ihr es ausprobiert. Im Gelände der Sommerrodelbahn könnt ihr am Kiosk und draußen an Tischen etwas essen und trinken. Viel Spaß in dieser schönen, alten Märchenwelt direkt am Wandergebiet ↗ Dörenther Klippen.

Da fliegen die Fliegenpilze vorbei: Bei der Sommerrodelbahn geht's ein bisschen nostalgisch zu

 Ihr könnt locker an einem Tag die Dörenther Klippen erwandern und danach euren Spaß im Märchenwald haben. Der Einstieg in die Wanderung zum ↗ Hockenden Weib beginnt genau unterhalb des Märchenwaldgeländes und ist gut ausgeschildert.

Ibbenbüren on Ice

Stadtmarketing und Tourismus Ibbenbüren GmbH & Co. KG, Bachstraße 14, 49479 Ibbenbüren. ℅ 05451/5454-540, Fax -590. www.ibbenbueren.de. touristinformation@tourismus-ibbenbueren.de. Eisbahn auf dem Neumarkt. **Anfahrt:** ↗ Ibbenbüren. **Rad:** Sagenroute. **Zeiten:** 1. Adventswochenende bis Anfang Jan. **Preise:**

Schlittschuhverleih 2 €, Nutzung 2 €/Std; Kinder 4 – 16 Jahre 1,50 €/Std.

▶ Alle Jahre wieder … könnt ihr euch in Ibbenbüren zum wohl größten Open-Air-Eisspektakel des Münsterlandes die Schlittschuhe anschnallen. Für Profis und Anfänger heißt es in der Weihnachtszeit »Eislauf ohne Grenzen«. Naja, ein paar Grenzen gibt es doch, aber 660 qm Eisfläche sind sicherlich genug, um darauf auch weite Sprünge zu absolvieren. Der **Weihnachtsmarkt** am Unteren Markt lädt am Eröffnungswochenende 10 – 18 Uhr zum Bummeln ein.

HANDWERK UND GESCHICHTE

Mit Volldampf unterwegs

Teuto Express – Nostalgische Eisenbahn

www.eisenbahn-tradition.de. Strecke: Ibbenbüren Bhf – Ibbenbüren-Aasee – Brochterbeck – Tecklenburg – Lengerich – Höste – Lienen – Bad Iburg – Bad Laer Bhf und zurück. **Anfahrt:** RB Rheine – Osnabrück, Bhf Ibbenbüren. **Auto:** A1, Abfahrt 11 Ibbenbüren, L832. **Rad:** Sagenroute. **Zeiten:** ganzjährig, an ausgewiesenen Wochenenden. Broschüre beachten. **Preise:** 12,50 €; Kinder 4 – 12 Jahre 6,50 €; Familienkarte 2 Erw, 2 Ki 32 €. **Infos:** Fahrkarten bei den Schaffnern im Dampfzug oder der Tourist-Information Tecklenburg, ☎ 05451/929182.

Wie wäre es zu Nikolaus mit einer Fahrt durch das eventuell schon verschneite Tecklenburger Land? Zustieg an allen Adventswochenenden möglich.

▶ Zwischen dem Aasee in Ibbenbüren und Bad Laer fährt an manchen Sommertagen der Teuto Express. Mit seiner alten Dampflock, ihrem typischen Zischen und Qualmen des Schornsteins und der gemächlichen Geschwindigkeit, mit der es durch die

wechselnde Landschaft des »Teuto« geht, könnt ihr alte Zeiten aufleben lassen. Die Haltestellen und exakten Fahrtage sind im Internet unter <u>www.tourismus-ibbenbueren.de</u> oder beim Verein selbst nachzuschauen. Wer eine Strecke mit dem Rad fahren möchte, der kann seinen Drahtesel in den ehemaligen Viehwagen für Schafe kostenlos mitnehmen. Im Sommer ist die offene Plattform zwischen den Waggons natürlich am beliebtesten. Wind im Haar und Nostalgie pur!

Ausstellungen und Museen

Skulpturengarten Tecklenburg

Matopos e.V., Holthausen 31, 49545 Tecklenburg. ✆ 05482/6015, 9389-0 (Stadt), Fax -19. <u>www.tecklenburg-touristik.de</u>. info@matopos-art.de. **Anfahrt:** ↗ Tecklenburg, **Auto:** Felsenstiege – Am Weingarten – Holthauser Weg. Richtung Ibbenbüren, hinter dem Ortsausgangsschild rechts Bismarckturm-Parkplatz, direkt gegenüber dem Waldlehrpfad – 700 m Fußweg zum Anwesen Wilmer. **Rad:** Sagenroute, 100-Schlösser-Route. **Zeiten:** Nach Voranmeldung. **Preise:** Kostenlos, Spenden für Simbabwe werden gern angenommen. **Infos:** Ansprechpartner: M. Vallbracht, Südbrede 17a, 49369 Saerbeck, ✆ 0170/9026535.

▶ Afrika in Tecklenburg? So weit hergeholt ist das nicht, denn der Verein Matopos e.V. setzt sich für afrikanische Skulpurenkunst ein und hat deshalb einen wunderschönen Garten angelegt mit glatten, schwarzen Steinmonumenten, die von weit her kommen. Schaut euch um und fühlt einmal über die Oberflächen und entdeckt dabei, dass Figuren nicht unbedingt immer die Augen oben im Kopf haben müssen, dass sie auch keinesfalls immer gerade stehen oder aussehen müssen wie im richtigen Leben. Obwohl sie aus Stein sind, sehen die Figuren richtig warm aus, so schimmert die dunkle Farbe.

 Das **Bearbeiten von Steinen** ist eine handwerklich schwierige Kunst. Und das können ältere Jugendliche und Erwachsene in Workshops über 3 – 5 Tage bei Bildhauern aus Simbabwe lernen. Auskunft: B. Neumann, ✆ 05451/ 971934.

Tipp: Wie wäre es mit Ferien direkt im Wasserschloss? Im Haus Marck könnt ihr eine Ferienwohnung mieten, <u>www.hausmarck.de</u>.

Für Freunde der klassischen Musik weht ein Hauch edler Klänge beim **Euregio Musikfestival** vom Schloss: www.euregio-musikfestival.de.

Naturexperimente im Haus Marck
Kulturkolleg Tecklenburg e.V., Von Diepenbroick-Grüter, Haus Marck 1, 49545 Tecklenburg. ✆ 054821/97159, Fax 925774. www.hausmarck.de. info@hausmarck.de.
Auto: ↗ Tecklenburg, Richtung Ibbenbüren, am Kreisverkehr rechts Richtung Tecklenburg, nach Bahnübergang rechts, wieder rechts. Im Navigationssystem

▷ Ihr habt sicher in den Nachrichten schon von Kriegen irgendwo in der Welt gehört. In der Regel streiten sich dabei zwei Länder um Besitz, Gebiete, Religion oder Macht.

KRIEG UND FRIEDEN

Im Jahre 1618 war das nicht anders. Zu Beginn standen sich Katholiken und Protestanten gegenüber, doch im Laufe der Auseinandersetzungen traten religiöse Kriegsgründe immer mehr in den Hintergrund. Auch in diesem Krieg ging es letztlich um Besitz und Macht. Der **Dreißigjährige Krieg** glich einer Feuerwalze, die nach und nach viele unterschiedliche Gegenden und Hoheitsgebiete umfasste: Böhmen, die Pfalz, Niedersachsen, Dänemark, Frankreich, Schweden … er war wie ein Flächenbrand, der sich nicht löschen ließ. Die einfachen Bauern wurden als Soldaten eingezogen und kämpften mit Mistgabeln und oft ohne Verpflegung um das blanke Überleben. Klar, dass die hungernden Krieger sich während ihrer Heerzüge durch die Ländereien alles von den Feldern und Bauernhöfen klauten, was sie essen konnten. Und neue Ernten konnten nicht eingebracht werden, da alle Arbeitskräfte in den Krieg gezogen waren. So hungerten die Menschen, wurden schwach und krank, Seuchen verbreiteten sich, ganz Europa versank im Elend. Dreißig lange Jahre nahm dieses Sterben kein Ende. Man schätzt heute, dass 3 – 4 Millionen Menschen während der Auseinandersetzungen und besonders im Seuchenjahr 1643 starben.

So versteht ihr sicher auch, warum der **Westfälische Friede,** der 1648 nach langen und zähen Verhandlungen in Osnabrück (für die protestantische Seite) und Münster (für die katholische Seite) endlich zu einem Ende des Gemetzels führte, so bedeutsam war. Noch heute ziert der Friedensreiter, der die gute Nachricht damals im Umland verkündete, Gläser und Dekorationen im Münsterland. ◁

Apfelallee eingeben. **Rad:** 100-Schlösser-Route, Töddenroute. **Zeiten:** April – Okt Sa 10 – 11 und Gruppen ab 10 Pers nach Vereinbarung. **Preise:** Je nach Gruppe und Veranstaltung (Waldschule etc.) variierend.

▶ Das **Haus Marck** aus dem 14. Jahrhundert ist eine kleine, aber vollständig erhaltene Schlossanlage. Am Ende des Dreißigjährigen Krieges wurden hier wichtige Vorverhandlungen für den *Westfälischen Frieden* abgehalten, der endlich 1648 in Münster und Osnabrück ein Ende der Kämpfe besiegelte. Die **Waldschule** des Hauses ist für Kinder ab 6 Jahre besonders interessant, denn hier könnt ihr Experimente und spannende Geschichten rund um die Natur erleben.

Bergbaumuseum Ibbenbüren

DSK Anthrazit Ibbenbüren GmbH, Osnabrücker Straße 112, 49477 Ibbenbüren. ✆ 05451/899617, Fax 513397. www.dsk-anthrazit-ibbenbueren.de/bergbau-museum. bergbaumuseum-ibbenbueren@web.de. **Anfahrt:** ⤢ Ibbenbüren. Eingang Werkstor 2. **Rad:** Sagenroute. **Zeiten:** Mai – Sep 2. und 4. Sa 14 – 16.30 Uhr. **Preise:** Kostenlos. **Infos:** Gruppen auch außerhalb der Öffnungszeiten nach telefonischer Anmeldung, Führungen nach Absprache.

▶ Wie wichtig das Licht ist, wenn es kaum welches gibt, das erfahrt ihr im Bergbaumuseum, denn natürlich war die Grubenlampe das wichtigste Hilfsmittel des Bergmanns unter Tage. Aber auch einen Streb mit Holzausbau könnt ihr euch

Stillgelegt: Grubenwagen auf dem Bolzplatz am Aasee

Am **Tag der offenen Tür** im Okt (10 – 17 Uhr) gibt es Mitmachaktionen, die die Arbeit unter Tage noch anschaulicher machen.

anschauen und erklären lassen. Schon seit hunderten von Jahren gibt es Kohle in der Gegend um Ibbenbüren und so hat das Museum viele alte Grubenpläne, Werkzeuge, Maschinen und Malereien rund um den Kohleabbau vorzuweisen. Besonders schonend für die Geldbörse ist dieses kostenlose Abenteuer obendrein.

Puppenmuseum Tecklenburg

Wellenberg 1, 49545 Tecklenburg. ✆ 05482/703700, Fax 938919 (Stadt). www.puppenmuseumtecklenburg.ev.ms. puppenmuseumtecklenburgeV@web.de. **Anfahrt:** ↗ Tecklenburg, ab Bahnhofstraße – Wellenberg zu Fuß. **Auto:** Über Bahnhofstraße, Parkplatz an

🍏 **Ziegenhof Haus Hülshoff,** Gaby und Cadé Peikert-Harms, Haus Hülshoff 2, Tecklenburg. ✆ 05482/1096, www.haushuelshoff.de. Di – Fr 10 – 18, Sa 10 – 13 Uhr. Auf diesem Bioland-Hof könnt ihr leckeren, selbst gemachten Ziegenkäse, Salami oder eine der anderen Spezialiäten des Hauses erstehen. Während der Öffnungszeiten dürft ihr in die Ställe schauen. Besichtigung und Verkostung nach Anmeldung.

der Post. **Rad:** Z.T. radtaugliche Wanderwege: Hermannsweg oder Töddenweg, 100-Schlösser-Route, dann Richtung Altstadt. **Zeiten:** April – Okt Di, Do, Sa, So 14 – 17 Uhr, Nov – März nur Sa und So 14 – 17 Uhr. **Preise:** 2 €; Kinder 4 – 14 Jahre 1 €; Familien bis 5 Pers 4 €, Gruppen ab 10 Pers 30 %. **Infos:** Postanschrift: Puppenmuseum Tecklenburg e.V., c/o Heiner Schäffer, Am Himmelreich 10, 49545 Tecklenburg.

▶ Puppen, Puppen, Puppen, aus Holz, aus Porzellan, aus Stoff. Die älteste von ihnen ist schon mehr als 150 Jahre alt. Es ist sicher besonders interessant, wenn ihr euch vorstellt, wie die Kinder wohl ausgesehen haben, die diese alten Puppen so lieb hatten wie ihr heute eure Teddys und Puppen. Puppenstuben und Kinderwagen erwarten euch dort, Kulleraugen und feinste handgemalte Lockenköpfchen. Allein die Kleidung der Puppen verrät viel über die damaligen Zeiten. Schließlich spielte man mit ihnen ja auch Haushalt und Familie, da sahen auch die Spielküchen und das Geschirr aus wie die echten Vorbilder. Ganz nebenbei erfahrt ihr so einiges über den Leinenhandel, der in Tecklenburg eine große Rolle spielte. Außerdem könnt ihr ein wenig in das Leben der Biedermeierzeit schnuppern. So nannte man eine Stilepoche vor 150 Jahren.

 In der Biedermeierzeit (1815 – 1848) besannen sich die Bürger auf ein idyllisches Familienleben. Kein Wunder, hatten doch bis 1815 die Kriege des Kaisers Napoleon für alles andere als Ruhe und Frieden in Europa gesorgt.

So ein Theater

Freilichtbühne Tecklenburg

Freilichtspiele Tecklenburg, Schlossstraße 7, 49545 Tecklenburg. ℂ 05482/220, 227, Fax 1269. www.buehne-te.de. info@buehne-te.com. **Anfahrt:** ↗ Tecklenburg, Burg/Altstadt zu Fuß. Ausschilderung Burg/DJH. **Rad:** Sagenroute, 100-Schlösser-Route bis Burg. **Zeiten:** Kasse Mo – Fr 10 – 12, Mo – Do auch 14 – 17 Uhr. **Preise:** 17 €; Kindervorstellungen 7 € auf allen Plätzen; Schwerbehinderte gegen Ausweis, Gruppen ab 21 Pers 10 % Ermäßigung.

AUS DEM KALENDER

Ein Musical ist wie ein Theaterstück, in dem die Handlung durch Schauspieler dargestellt wird. Diese tanzen und singen allerdings mehr, als dass sie sprechen. Fast alle Geschehnisse werden in Lieder umgewandelt, sodass ihr am Ende bestimmt ein paar echte Ohrwürmer mit nach Hause nehmt.

▶ Tecklenburg hat nicht irgendeine Freilichtbühne, es ist vielmehr eines der größten Freilicht-Musiktheater Deutschlands. Wenn die Großen sich an Rockmusicals wie »Hair« oder »Jesus Christ Superstar« erfreuen, seid nicht neidisch. Schließlich gibt es auch immer ein tolles Kindermusical zu sehen und zu hören. Ob das Pippi Langstrumpf oder Peter Pan, Der gestiefelte Kater oder Mary Poppins ist – Musik ist in jedem Fall dabei. Und das alles wird direkt auf der Burg aufgeführt, hoch über dem kleinen Ort und mit einem Pausenausblick ins Tal, der einfach klasse ist!

Aktionen & Feste

Kartoffelfest in Ibbenbüren

49477 Ibbenbüren. ☏ 05451/5454-540, Fax -590. www.tolleknolle.com. **Anfahrt:** ↗ Ibbenbüren, Neumarkt. **Rad:** Sagenroute. **Termine:** Erstes Wochenende

FESTKALENDER

März/April:	Karsamstag – Ostermontag, Ibbenbüren: **Osterkirmes.**
Mai:	erster Sa, Ibbenbüren: **Frühjahrsflohmarkt** in der Innenstadt.
Mai/Juni:	Pfingsten, Ibbenbüren: **Oldtimertreff,** edle alte Motorräder zu bestaunen.
	Pfingsten, Brochterbeck: **Drachentage.**
September:	1. Wochenende, Ibbenbüren: Zweitgrößte **Innenstadtkirmes** in NRW.
Oktober:	1. Wochenende, Ibbenbüren: **Tolle Knolle,** Kartoffelfest mit Aktionen rund um die Knolle.
	Brochterbeck: **Drachentage.**
	Ibbenbüren, letzter Sa im Okt, **Herbstflohmarkt** in der Innenstadt
Dezember:	Advent – Januar, **Ibbenbüren on Ice,** Eislaufen in der Altstadt.

im Okt, Erntedank, jeweils 11 – 18 Uhr an den Fest-
tagen. **Preise:** Kostenlos. **Infos:** Werbegemeinschaft Ibbenbüren e.V., »Tolle Knolle« Organisationsbüro, Herr
Pölking, c/o Gillmannstr. 82, Fax 069/13304372013.

▶ Die **Tolle Knolle** ist ein Fest rund um die Kartoffel,
bei der es einen handwerklichen Markt und natürlich
reichlich leckere Landerzeugnisse gibt. Holland und
Deutschland geben sich die Hand, wenn die niederländischen Fischhändler ihren Matjes anpreisen und
der Heimatverein die allseits beliebten Reibeplätz-
chen offeriert. Altes Handwerk, wie das Flechten von
Stühlen, wird gezeigt und riesige Strohballen zu fantastischen Figuren aufgetürmt. Die Landjugend organisiert einen Erntedankumzug mit Festwagen und
wer es rustikal mag, der kann ja am Kartoffelschäl-
wettbewerb teilnehmen. Schließlich haben sich die
tollen Knollen heute extra in Schale geschmissen –
bekommt ihr sie da wieder heraus?

Flohmarkt Ibbenbüren

Stadtmarketing und Tourismus Ibbenbüren GmbH & Co.
KG, Bachstraße 14, 49477 Ibbenbüren. ℱ 05451/5454-
540, Fax -590. www.ibbenbueren.de. touristinformati-
on@tourismus-ibbenbueren.de. **Anfahrt:** ↗ Ibbenbüren.
Rad: Sagenroute. **Termine:** 1 x Frühling, 1 x Herbst, aktuelle Daten bitte erfragen.

▶ Gleich zweimal im Jahr lohnt sich für Schnäpp-
chenjäger der Weg nach Ibbenbüren, denn dann findet zwischen Neumarkt und Altem Posthof der beliebte **Floh- und Krammarkt** statt. Der Evangelische
Kirchplatz bleibt dabei den Kinderständen vorbehal-
ten. Von 8 bis 18 Uhr wird dann überall gefeilscht und
gehandelt.

Drachentage in Brochterbeck

Drachenverein Tecklenburger Land e.V./Höhenwahn
e.V., 1. Vorsitzender Michael Schmidt, An der Dast/Auf
dem Kleeberg, 49545 Tecklenburg-Brochterbeck.
ℱ 02552/2455, www.hoehenwahn.de. info@hoehen-

Hunger & Durst
Landhof Mutter Bahr,
Heinz Bahr, Nordbahn-
straße 39, 49479 Ibben-
büren, ℱ 05459/80360,
www.mutter-bahr.de.
Gasthaus, Hotel und
Gartencafé mit Spiel-
platz sowie Damwild-
und Hängebauch-
schweingehege.

Hunger & Durst
Café Extrablatt, Kanal-
straße 5, 49477 Ibben-
büren, ℱ 05451/45844.
Mo – Sa ab 8.30, So,
Fei ab 10 Uhr.

Lasse nie deinen Drachen bei Gewitter steigen, halte Abstand zu Straßen und Stromleitungen sowie zu Menschen und Tieren, die sich erschrecken könnten.

wahn.de. **Anfahrt:** Ab Bhf Ibbenbüren oder Lengerich stündlich Bus R45 bis Brochterbeck Kirche. **Auto:** A1 Abfahrt 73 Lengerich/Tecklenburg, L591 Richtung Brochterbeck, Dörenther Straße – Bergstraße – Kleeweg. **Rad:** 100-Schlösser-Route bis Tecklenburg, Sagenroute. **Termine:** Pfingsten, Okt, Dez (bitte aktuelle Infos aus der Presse entnehmen). **Preise:** Kostenlos. **Infos:** Nutzung des Geländes für Drachenflieger möglich, Vereinstreffen Sa ab 14 und So ab 11 Uhr.

▶ Zu mehreren Gelegenheiten im Jahresverlauf zeigt der Drachenverein Höhenwahn, was die bunten Windvögel so können. Zu **Pfingsten** dauern die spektakulären Vorführungen sogar drei Tage. Drachen aus aller Welt kommen dafür ins Tecklenburger Land. Im **Oktober** dann heißt es »One sky, one world«, was schon auf die internationalen Modelle schließen lässt, die ihr dort zu sehen bekommt. Da gibt es einleinige Drachen, Lenkddrachen, die an mehreren Leinen in die Lüfte steigen, Kampf- und Zugdrachen in allen erdenklichen Formen und Farben. Und auch der **Nikolaus** hat wohl etwas für die vielseitigen »Luftsportgeräte« übrig, denn passend zu seinem Eintreffen wird das Nikolausfliegen eingeläutet. Wer sagt denn, dass Drachensteigenlassen nur ein Herbstsport sei?

LINKS & RECHTS DER EMS

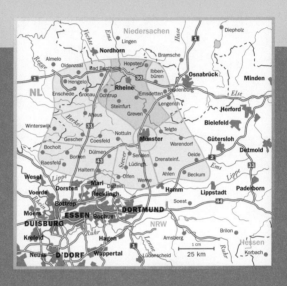

Die Ems bietet ein vielseitiges Angebot an tollen Freizeitaktivitäten rund ums Wasser. Sei es Kanu fahren oder mit dem Floß übersetzen, ein Schiff fahrender Nikolaus oder eine der ausgezeichnetsten Radrouten NRWs: Die Ems hat ganz schön was zu bieten, bis sie hinter Emden den großen Schiffen der Meyerwerft den Weg zum Meer bahnt.

Wildgehege und Wanderhütten, moderne Flughäfen und traditionsreiche Schusterwerkstätten, ihr könnt euch zwischen Alt und Modern, draußen und drinnen nahezu jeden Spaß aussuchen. Und dass Stoffel von Steinfurt, das kleine Gespenst, in der Ruine am eleganten Bagnopark haust, muss euch nicht beunruhigen. Er ist ein netter Geist und kennt sich aus – fragt ihn ruhig, wo etwas los ist, wenn ihr ihm begegnen solltet!

NAHE DER EMS – LEBEN AM WASSER

Hallen- und Freibäder

Hallenbad Greven

Am Hallenbad 3, 48268 Greven. ℂ 02571/2233, www.stadtwerke-greven.de/privatkunden/baeder/. **Anfahrt:** ↗ Greven, zu Fuß ab Bus-Bhf, circa 100 m. **Auto:** B219 nach Greven, ab Umgehungsstraße ausgeschildert. **Rad:** Kanal-, Friedens- und 100-Schlösser-Route R44/45. **Zeiten:** Mo 9 – 17, Di 6 – 19.30, Mi und Do 6 – 21 Uhr, Fr 9 – 19.30, Sa und So 8 – 18 Uhr, an Fei geschlossen. **Preise:** 2,90 €, 10er-Karte 26 €; Kinder 6 – 18 Jahre sowie Schüler, Studenten, Auszubildende 1,90 €, 10er-Karte 17 €.

▶ Das Grevener Hallenbad ist mit Recht sehr beliebt in der weiteren Umgebung, denn nicht nur die Riesenrutsche, die durch die Außenanlage ins Bad führt, lohnt den Besuch. Die Rutsche ist normalerweise nachmittags in Betrieb. Natürlich habt ihr auch einen Sprungturm von 1, 3 und 5 Metern Höhe zur Verfügung. Das Baby- und das Nichtschwimmerbecken sind vom Sportlerbereich getrennt, im Baby-

TIPPS FÜR WASSER-RATTEN

Ist das Sam, die Wasserratte? Nein, das ist Mike, der seehündische Basketballstar aus dem Naturzoo Rheine

Jeden 1. Mo im Monat ist 15 – 16.30 Uhr ein **Kinderspielnachmittag.** Da finden sich besonders Familien mit kleineren Kindern und energiegeladene Tobemäuse gern ein. Di und Mi ist **Warmbadetag** bei 30 Grad.

 Von Münster-Kinderhaus führt eine ideale **Radtour** entlang der B219 (Sprakel) nach Greven, nur leichte Steigungen, Radwege z.T. neben der Straße, am Max-Klemens-Kanal vorbei, circa 10 km und selbst für ungeübte Radfahrer problemlos zu schaffen. Als Tagesausflug mit Aufenthalt im Bad für geübte Kinder schon ab 4 – 5 Jahren ideal.

becken stehen Plantschtiere zur Verfügung und natürlich gibt es auch eine Wickelecke und einen Laufstall. Die Schwimmmeister halten Informationen zu Schwimmkursen für Jugendliche und Kinder sowie Wassergewöhnung für Säuglinge bereit.

Freibad Schöneflieth in Greven

Am Freibad Schöneflieth, 48268 Greven. ✆ 02571/3500, www.stadtwerke-greven.de. info@stadtwerke-greven.de. Ortseingang, Emsufer. **Anfahrt:** ↗ Greven. Am südlichen Ortseingang. **Rad:** R66/67, 100-Schlösser-Route. **Zeiten:** Mitte April – Mitte Sep Mo 13 – 20 Uhr, Di – Fr 6 – 20 Uhr, Sa und So 7 – 20 Uhr. **Preise:** 2,20 €; Kinder 6 – 16 Jahre 1,30 €; Saisonkarten, 5er- und 10er-Karten.

▶ Schon die Lage des Freibads direkt am Emsufer ist spitze, aber wer das Bad betritt, der findet hier noch viel mehr Grund zum Schwärmen: große Becken für Schwimmer und Nichtschwimmer, ein Sprung- und ein Babybecken, Wiesen soweit das Auge blickt und Spielplatz sowie Beachvolleyballfeld fehlen auch nicht. Ein idealer Platz für einen aktiven Tag im Sommer. Da das Bad am Fluss liegt, könnt ihr von hier aus die Kanufahrer beobachten, die ihre Paddeltouren auf der Ems genießen.

Waldfreibad Emsdetten

Blumenstraße 131, 48282 Emsdetten. ✆ 02572/84144, Fax 922-199. www.stadtwerke-emsdetten.de. info@stadtwerke-emsdetten.de. **Anfahrt:** Bus 169 Saerbeck – Rheine bis Lönsstraße. **Auto:** ↗ Emsdetten, Ausschilderung Lönsstraße folgen. **Rad:** Innerstädtische Radwege, 100-Schlösser-Route. **Zeiten:** Mai – Sep Mo 13 – 21, Di – Fr 6.30 – 21, Sa und So 8 – 21 Uhr. **Preise:** 2 €; Kinder ab 6 Jahre 1,50 €; Familienjahreskarte für Stadtwerkekunden 94 €, sonst 115 €. **Infos:** Verwaltung: Moorbrückenstraße 30, 48282 Emsdetten.

▶ Strandkörbe im Inland? Na klar gibt es das! Genau dort, wo der Urlaub mit einer Riesenrutsche für die

Kinder auch den Eltern ordentlich Spaß machen soll. In Emsdetten gibt es daher sogar einen Badestrand im Freibad. Großes Lob auch für die Solaranlage, die die Heizkessel beim Heizen der 100.000 l Frischwasserzufuhr umweltbewusst unterstützen. Für Hungrige gibt es einen recht guten Kiosk, auf Spielkinder warten Badminton-, Boccia- und Volleyballmöglichkeiten.

Freibad Rheine

Stadtwerke, Kopernikusstraße 58, 48429 Rheine. ℡ 05971/45330, Fax 45184. www.stadtwerke-rheine.de. info@swrheine.de. Kardinal-Galen-Ring, Osnabrücker Straße, Parken am Emstorplatz oder Kopernikusstraße. **Anfahrt:** Bus 281, 291, 293 Richtung Stadtpark/Basilika. **Auto:** ↗ Rheine. **Rad:** Ems-Auen-Weg, R40, R5, innerstädtische Radwege entlang Ring. **Zeiten:** Mai – Sep täglich 8 – 20 Uhr. **Preise:** 2,80 €, 10er-Karte 21 €; Kinder 4 – 17 Jahre 1,80 €, 10er-Karte 14,50 €; Eintritt frei für 3. Geschwisterkind, Schwimmpass für Sozialhilfeempfänger, Arbeitslose und Behinderte nach Ausweisvorlage möglich.

▶ Das Freibad liegt ideal am Rand des großen Stadtparks in Rheine und bietet sich daher auch nach einem Spielenachmittag oder Spaziergang entlang der Skulpturen im Park als Abkühlung an. Sprungturm, Nichtschwimmer- und Babybecken locken euch bestimmt, aber die eigentliche Attraktion sind eine 60 Meter lange Rutsche und der Strudelkanal mit Massagedüsen. Für die Größeren gibt es einen Wasserpilz und im Boden eingelassene Trampoline, für die ganz Kleinen einen Matschbereich und einen Wasserspielplatz. Wer hier nicht das Richtige findet, der ist selbst Schuld! Die Umkleidekabinen sind beheizt – ein angenehmer Luxus.

🦋 In den Ferien findet im Freibad ein besonderes **Spieleprogramm** für Schulkinder statt. Da wird der Urlaub zu Hause zum Vergnügen.

Hauptsache nass: Aber Plantschbecken ist doch nicht dasselbe wie Sprudelkanal

🦋 Papa wird 40?
Große Familien-
fete? Wie wäre es mal
mit der Kartoffelparty,
die der Verkehrsverein
www.neuenkirchen.de
organisiert? Sackhüp-
fen, Kartoffelweitwurf,
Zeitschälen mit Urkun-
de, Kartoffelhindernis-
lauf und natürlich ein
4-Gänge-Knollenmenü
gehören dazu. Pro Per-
son 48 € bei 10 Teilneh-
mern.

Naturfreibad Neuenkirchen

Wettringer Straße 76, 48485 Neuenkirchen. ✆ 05973/
809, Fax 92-680. www.neuenkirchen.de. **Anfahrt:** Von
Rheine R80, 182 nach Wettringen bis Naturfreibad.
Auto: An der B70 von Neuenkirchen nach Wettringen.
Rad: Ortseigene Radwege entlang der B70. **Zeiten:** Mai
– Sep Mo 12 – 18, Di – So 9 – 18 bzw. 21 Uhr, bei 20
Grad Lufttemperatur um 18 Uhr ist das Bad bis 21 Uhr
geöffnet. **Preise:** 2,50 €; Kinder 6 – 16 Jahre 1 €; Fami-
lienjahreskarte 35 €.

▶ Das ist die ideale Kombination für Naturfreunde
und Freibadfans, denn hier habt ihr gleich beide Angebote in einem: Neben dem **Schwimmer- und Nichtschwimmerbecken** hat Neuenkirchen nämlich auch
einen **Naturbadesee** mit einem echten Sandstrand.
Eine 50-m-Riesenrutsche bringt zusätzliches Vergnügen und die Sportplätze für die Großen sowie die
Spielgeräte für die Kleinen garantieren Spaß für die
gesamte Familie.

Kombibad Borghorst

Bäderbetrieb der Stadt Steinfurt, Gräfin-Bertha-Straße
13, 48565 Steinfurt-Borghorst. ✆ 02552/2115,
Fax 7075-17. www.stadtwerke-steinfurt.de/baeder. ver-
trieb@stadtwerke-steinfurt.de. **Anfahrt:** Ab Bhf ↗ Steinfurt 10 Min zu Fuß. **Auto:** B54 Abfahrt Laer Horstmar,
K78 Richtung Borghorst/Nordwalde Richtung Krankenhaus beschildert. **Rad:** 100-Schlösser-Route. **Zeiten:**
Di – Fr 6.30 – 8 und 9 – 9.45 sowie 11 – 12 Uhr, Mo und
Fr 13 – 18.15, Di 13 – 21.30, Mi 13 – 21.15, Do 15 –
20.30, Sa, So, Fei 7.30 – 17 Uhr, geschlossen an Neujahr, Karfreitag, Ostersonntag, 1. Mai, 24. und 25. Dez.
Preise: 3 €; Kinder ab 4 Jahre 1,50 €; Wertkarten zu
20 € und 60 € (Preisnachlass 20 % bzw. 30 %).

▶ Ein Bad für Sommer und Winter, denn bis Ende
September ist das Außenbecken zusätzlich zum Hal-
lenbetrieb geöffnet und wartet auf Freiluftschwim-
mer. Dort gibt es ein großes Plantschbecken in Form
einer Acht mit Rutsche für die Kleinsten, die Größe-

ren nehmen die lange Riesenrutsche, die breit genug für herrliche Bauchflätscher ist. Auch an Sand für das Beachvolleyballfeld wurde nicht gespart, und in der Halle stehen ein 1- und ein 3-m-Sprungturm für eure wilden Kopfsprünge zur Verfügung. Besonders bei kaltem Wetter oder wenn es schon früher dunkel wird, ist das Außenbecken ein Genuss, denn dann steigt die Wärme auf und hüllt euch in warmen, geheimnisvollen Nebel, während es außerhalb des Wassers schnatterkalt ist.

Baden und Wassersport auf Seen

Hertha-See und Erholungsanlage Hörstel

Herthaseestraße 70, 48477 Hörstel. ✆ 05459/1008, Fax 971875. www.hertha-see.de. contact@hertha-see.de. **Anfahrt:** ⬈ Hörstel, ab Ort keine Verbindung. **Auto:** Durch Bahnunterführung, nach 100 m Richtung Rheine in Herthaseestraße (ausgeschildert). **Rad:** Hopsten – Ostenwalde – Herthasee auf Radwegen neben den Straßen. **Zeiten:** Campingplatz März – Okt, Seezugang ganzjährig 8 – 22 Uhr. **Preise:** Mai – Sep 2 €, Okt – April 1 €, Kfz, Anhänger 1 €; Kinder 4 – 15 Jahre 1 € bzw. 0,50 €; Familiensaisonkarte (max. 6 Pers) 75 €, Kfz 25 €.

▶ Klein, aber fein, so könnte man den Hertha-See beschreiben. Mit nur 500 x 500 m Wasserfläche ist er zwar nicht riesig, aber er hat einen Sandstrand zum Burgenbauen, und auf dem 250.000 qm großen Gelände gibt es einen 4-Sterne-**Campingplatz,** ⬈ Unterkünfte, und einen **Spielplatz.** Ideal für einen schönen Sommertag oder ein entspanntes Wochenende. Tennis, Tischtennis, Minigolf und sogar Fahrrad- bzw. Kettcarverleih (Touren-, Kinderräder, und -sitze, Tretroller, Tandem, ein 4er-Rad) werden durch die Campinganlage verwaltet und sind gegen Gebühr nutzbar. Ein großer Vorteil ist die lange Öffnungszeit, denn ihr könnt im Sommer die Tageskarte täglich bis 22 Uhr

Eine riesige Sandkiste: Am Hertha-See haben auch die Kleinsten viel zu tun

ausnutzen. Erst danach müssen Nicht-Camper das Gelände verlassen.

Torfmoorsee bei Hörstel

Stadt Hörstel, Ordnungsamt, Christian Ungruh, 48477 Hörstel-Bevergern. ✆ 05454/911-130, Fax -107. www.hoerstel.de. verkehrsverein@hoerstel.de. **Anfahrt:** Bahn Rheine – Hörstel – Ibbenbüren, Bus 192 zwischen Rheine und Ibbenbüren nur bis Ortschaft. **Auto:** A30, Abfahrt 10 Rheine-Hörstel oder ab Rheine Bevergerner Straße (ausgeschildert), Parkautomat. **Rad:** Durch Bevergern 100-Schlösser-Route, links Richtung Rodder Schleuse, kurz nach der Kanalüberquerung rechts zum See. **Zeiten:** Ganzjährig zugänglich. **Preise:** Kostenlos.

▶ Der Torfmoorsee südwestlich von Hörstel ist 24 ha groß. Wisst ihr, wie viele Fußballfelder das wären? Jedenfalls mehrere, sodass ihr hier nicht nur Platz zum Schwimmen habt, sondern auch zum Segeln und Windsurfen. Manche Leute tauchen sogar oder angeln im See nach Barschen und Hechten, Zandern, Forellen und Aalen. Hier weht der Wind mit maximal Stärke 6, denn der See ist von Bäumen umgeben, aber der Wind dreht häufig und daher ist es trotzdem nicht einfach, auf dem Brett die Balance zu halten. Am Wochenende ist immer viel los und vor allem viele Familien mit Kindern treffen sich hier.

Ihr könnt auch den *Gesteinslehrpfad* mit 23 Exponaten auskundschaften, um mehr über verschiedene Arten von Felsen und Steinen zu erfahren oder den 2,5 km langen *Rundwanderweg* spazieren. Reiter freuen sich über einen *Reitweg* und für Naturliebhaber lohnt sich der *Naturlehrpfad*. Nebenan im 2 ha großen *Feuchtbiotop* könnt ihr Vögel beobachten und Frösche quaken hören. DLRG, DRK und Seglerverein haben hier am See ihren Sitz, und für den kleinen Hunger gibt es je nach Wetterlage täglich 11 – 20 Uhr das ebenfalls schnuckelig-kleine **Café am Torfmoorsee,** ✆ 05459/4051.

Hunger & Durst

Café Klosterhof, Am Markt 2, 48477 Hörstel-Bevergern. ✆ 05459/ 9537, www.cafe-klosterhof.de. Täglich außer Di ab 12 Uhr. Das Café liegt am Schnittpunkt vieler Wander- und Radwege, z.B. am Hermannsweg (H) oder der 100-Schlösser-Route (Schlosstor), dem Holskenpatt (Holzschuh = F20) oder dem Tecklenburger-Land-Rundweg (T). In einem schönen Giebel-Fachwerkhaus aus 1669 könnt ihr bei hausgemachtem Brot und Kuchen prima rasten.

Haddorfer Seen bei Wettringen

Seebar und Minigolf, Brigitte Kappenberg, Haddorf,
48493 Wettringen-Haddorf. ✆ 05973/4341, www.ver-
kehrsverein-wettringen.de. vvwettringen@t-online.de.
Anfahrt: Bus Wettringen – Ochtrup bis Haddorfer Seen,
von dort circa 10 Min Fußweg. **Auto:** Von Wettringen
L567, K57, K60 Richtung Ochtrup, Abzweig Neuenkir-
chen-Haddorf und dann den Schildern folgen. **Rad:** Zum
Teil gut ausgebaute Radwege neben der Straße, besonders im Erholungsgebiet Haddorfer Seen. **Zeiten:**
Bootsverleih April – Okt Mo – Fr 14 – 18, Sa, So und Fei
11 – 18 Uhr. **Preise:** Boote ab 2 Pers 3 – 6 € (Paddel-,
Ruder-, Tret-, Elektroboot); Zugang kostenlos. **Infos:**
Bootsverleih Fam. Rohenkohl, ✆ 0160/5237173, Restaurant ✆ 05973-1018, Minigolf ✆ 05973/96469.

▶ Eigentlich bestehen die Haddorfer Seen aus fünf
Seen, aber nur der größte von ihnen 2 km nördlich
von Haddorf ist ein richtiger Badesee. Die *Seebar*
liegt direkt am flach abfallenden Badestrand, von

Hallo Sam! Nimm mich
mit!

Da sich die Seen in eine Wald- und Heidelandschaft hineinschieben, gibt es rund um den Haddorfer See viele Wege für Wanderer und Radfahrer durch die interessante Heide- und Torflandschaft.

Hunger & Durst
Zur Waldschänke, Fam. Heinrich Kipp, Erpenbecker Siedlung 63, 49549 Ladbergen, ℭ 05485/1866. Mo, Mi – Sa 11.30 – 13.30 und 17 – 21.30 Uhr, So und Fei durchgehend. Mit großem Wintergarten, Frühstücksbüffet, zünftiger westfälischer Küche und selbst gebackenem Kuchen. Der Kinderspielplatz ist ein weiteres Plus. Am Radwanderweg 5.

dem ein kleiner Wasserspielplatz in den See mündet und so echt matschigen Spaß garantiert. Volleyballfelder und Tennisplätze sowie Möglichkeiten für Beachvolleyball und Tischtennis gehören zu dem vielfältigen Angebot, das während der Regionale 2004 entstand. **Minigolf,** ein **Bootsverleih** und ein **Campingplatz,** ↗ Unterkünfte, direkt am See machen ihn zu einem beliebten Ausflugs- und Urlaubsziel.

Buddenkuhle – See und Camping in Ladbergen

Campingpark am Engeldamm, Fam. Kärst, Engeldamm, 49549 Ladbergen. ℭ 05485/96353, www.campingpark-am-engeldamm.info. chriskaerst@web.de. **Anfahrt:** RB Münster – Flughafen Münster/Osnabrück bis ↗ Ladbergen, circa 30 Min Fußweg. **Auto:** Ampel links Richtung Lengerich/Tecklenburg und nach etwa 2 km rechts Richtung Campingplatz. **Rad:** R5 führt nur bis Ladbergen, danach Beschilderung Engeldamm/Campingplatz folgen. **Zeiten:** Osterferien – Herbstferien täglich 8 – 22 Uhr. **Preise:** Tagespreis 2 €, Camping 3 €/Pers, Zelt 4 €, Wohnmobil 5 €, Müll- und Strompauschale je 1,50 €; Kinder 4 – 16 Jahre 1 €, Camping 2 €. **Infos:** Behindertentoilette und Rampe, Babywickeltisch, Hunde am See verboten.

▶ Die Buddenkuhle kennt eigentlich jeder, der in Münster und Umgebung wohnt. Nach einigen Jahren, in denen man den See nicht nutzen durfte, wurde er 2005 vom neuen Pächter wieder für den Badebetrieb freigegeben. Neben dem witzigen Namen gibt es hier nämlich auch eine Menge für Kinder zu erleben. Der Sandstrand ist echt klasse und es gibt ein paar Volleyballnetze, einen Kiosk und ab und zu ein paar sehr lästige Mücken, also nehmt besser Mückenschutz mit. Dann wird der Ausflug bestimmt ein Erfolg, denn die Wasserrutsche und die Schwimminsel sind zwei weitere Höhepunkte dieses schönen, 8 – 10 m tiefen Familiensees mit nur etwa 400 m Durchmesser. Tennisplätze und Bocciabahn verlocken zu einem

Spielchen. Selbst Hobbyangler werden an der Buddenkuhle glücklich, denn hier können sie sogar schon mal einen großen Hecht fürs Abendessen fischen (nach Anmeldung beim Angelverein).

Kanutouren

Kanu fahren auf der Ems
Die Kanu-Tour Emsdetten, Rheiner Straße 94, 48282 Emsdetten. ✆ 02572/98620, Fax 98275. <u>www.kanutour.de</u>. info@kanu-tour.de. **Anfahrt:** ↗ Emsdetten. **Rad:** Ems-Auen-Weg. **Zeiten:** Täglich 8.30 – 19 Uhr (Abholung bzw. späteste Abgabezeit). **Preise:** Canadier für 2 Pers 30 €, für 7 – 10 Pers 115 €/Tag inkl. Stechpaddel, Schwimmtonne, Schwimmwesten, Flusskarte, Bootsleine. **Infos:** Bootsabholung am Bootscenter in 48282 Emsdetten oder entgeltlicher Transport des Anbieters.

▶ Der mit 371 km drittlängste Fluss Deutschlands, der sich vom Paderborner Land bis in den Norden nach Emden zieht und dort zum Strom angeschwollen in die Nordsee mündet, bietet reichlich Gelegenheiten für Paddel- und Kanufans. Einige Abschnitte der Oberen Ems sind für Anfänger geeignet, andere haben eine heftige Strömung und sollten daher nicht ohne vorheriges Nachfragen bei den zuständigen Info-Stellen befahren werden. Schließlich kreuzen hier auch Passagierschiffe wie das *Emsköppken,* denen man besser ausweichen sollte. *Kanu-Tour* in Emsdetten organisiert ausgearbeitete Touren und betreibt einen Bootsverleih zum Selbstprobieren. Schließlich gibt es nichts Schöneres als an einem sonnigen Tag das glitzernde Flüsschen unter sich und die Hand seitlich im kühlen Wasser zu wissen. Man sieht die Welt aus einer ganz anderen Perspektive. Wettpaddeln gibt Muckies. Kühe grasen auf den anliegenden Emsauen und wundern sich über euer ausgelassenes Gelächter, Weiden hängen über dem Fluss und

 Wie wäre es mit einer **Drachenboot-Tour** für bis zu 23 Personen in einem chinesischen Drachenboot? So ein Boot ist über 14 m lang und Bug und Heck sind als Drachenkopf bzw. -schwanz gestaltet. Ihr könnt vormittags oder nachmittags paddeln oder Ganztagestouren buchen. Ab 290 € pauschal halbtags – ein echter Hit für die Jugendgruppe oder Schulklasse, nicht wahr?

RAUS IN DIE NATUR

streifen ab und zu eure Kappen. Da fühlt ihr euch wie Huckleberry Finn auf dem Mississippi.

Radeln

Radtour »Kultur pur« Teil I – Von Wettringen nach Rheine

Verkehrsvereine Wettringen und Neuenkirchen, 48493 Wettringen. ℂ 02557/929676, Fax 929678. www. verkehrsverein-wettringen.de. vvwettringen@t-online.de. **Länge:** 2 Abschnitte mit insgesamt 43 km, bei guter Kondition auch als Rundweg zu meistern, meistens eben, für Kinder ab circa 6 Jahre unproblematisch. **Anfahrt:** Bus Wettringen – Ochtrup stündlich. **Auto:** ↗ Wettringen. **Rad:** 100-Schlösser-Route, Töddenroute.

▶ Ihr startet in Wettringen und folgt der B70 nach Rheine. Am Autohaus Heemann müsst ihr die Straße überqueren. Die nächste Straße links, dann folgt ihr dem Radweg – oder auch nicht, denn rechts lockt schon bald das *Neuenkirchener Bad*. Eine Abkühlung gefällig? Die Kombination aus Radeln und Plantschen ist einfach ideal. Oder lieber links in den *Offlumer See* springen? Der ist für Naturfreunde noch attraktiver als das Freibad. Wenn's weiter geht, haltet ihr euch entlang der alten Bahnstrecke bis nach **Rheine,** wo ihr einen Proviantstopp einlegen könnt. Besonders schön ist das *Café Extrablatt* in der Innenstadt, viel Glas und daher viel Platz zum Gucken, Spielecke und Kinderbücher inklusive. Wer will, kann erst einmal durch die Altstadt schlendern.

Zurück geht es dann an der Ems entlang in Richtung **Bentlage.** Dort könnt ihr euch für einen ↗ Zoobesuch, die ↗ Saline oder das ↗ Kloster Bentlage entscheiden. Gelegenheit zu einem Imbiss gibt es in der Gottesgabe an der Saline oder im Naturzoo Rheine, der auch einen ganz tollen Abenteuerspielplatz hat.

🐌 Die Broschüre *Radwandern* kann in den Verkehrsvereinen Rheine, Neuenkirchen, Wettringen und im Info-Büro an der Saline für 2 € erworben werden. Sie enthält Touren und Karten mit weiteren Detail-Beschreibungen der Sehenswürdigkeiten am Streckenverlauf.

Hunger & Durst

Café Extrablatt, Herrenschreiberstraße 14, 48431 Rheine, ℂ 05971/56335. www.cafe-extrablatt.de. Mo – Sa ab 8.30, So und Fei ab 10 Uhr.

Radtour »Kultur pur« Teil II — Von Rheine zu den Haddorfer Seen

Verkehrsvereine Wettringen und Neuenkirchen, Bahnhofstraße 14, 48431 Rheine. ☎ 02557/929676, Fax 929678. www.verkehrsverein-wettringen.de. vvwettringen@t-online.de. **Länge:** circa 2 Std, wegen des flachen Geländes und der gut ausgebauten Radwege trotz der Länge kein Problem für Kinder ab 6 Jahre. **Anfahrt:** RB stündlich von Osnabrück oder Münster nach Rheine, ab Hbf Bus bis Zoo/Saline. **Auto:** A30 Osnabrück – Amsterdam, Abfahrt 8 Rheine, Beschilderung Rheine Stadtmitte/Zoo folgen. **Rad:** Ems-Auen-Weg, R40, R5.

▶ Der zweite Teil des Radausflugs führt über die Straßen Pappelallee, Kevenbrink und Lehm-Damm hinaus aus der Stadt. Natürlich ist dieser Damm nun nicht gerade eine Matschoase, nur der Name ist geblieben, also keine Schlammschlachten hier, die kommen später am Haddorfer See! Über die B65 kommend (Achtung, teils reger Verkehr, also aufgepasst!), erblickt ihr bald die Bahnschienen. Überquert sie und schaut mal nach den Autozügen, die hier sehr häufig entlang fahren. Die kleineren Regionalbahnen haben oft nur 2 oder 3 Waggons, die Transportzüge aber lohnen das Zählen allemal. Willkommen auf den Spuren der Leinweber und Stoffhändler, denn hier auf dem **Töddenweg** (T) haben sich schon die Holzschuhe vieler Händler aufgerieben, die von Dorf zu Dorf wanderten, um ihre Waren auf Märkten und Höfen zu verkaufen. Ich empfehle euch ein deftiges Picknick auf einer Blumenwiese am Wegesrand, schließlich lässt sich hier wunderbar von den alten Zeiten träumen, in denen die Stoffhändler von Tecklenburg aus durch das ganze Münsterland zogen und ihre Waren von Haus zu Haus verkauften. Hört ihr das Raunen der plattdeutschen Stimmen? Das Klappern der Holzschuhe, das Schlurfen der müden Füße? Da fühlt es sich nochmal so gut an, wenn man wieder auf dem schnellen Rad sitzt, statt die Strecke laufen zu müssen, oder?

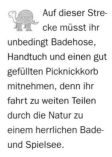 Auf dieser Strecke müsst ihr unbedingt Badehose, Handtuch und einen gut gefüllten Picknickkorb mitnehmen, denn ihr fahrt zu weiten Teilen durch die Natur zu einem herrlichen Bade- und Spielsee.

 Wer sich auf die Spuren dieser **Tödden** begeben möchte, kann hier ein kleines Stück des alten Leinenweber-Handelsweges erlaufen. Auf deutscher Seite findet ihr ein Weißes T auf schwarzem Grund, z.B. von Dreierwald bis Rheine auf 11,5 km Länge. Wer mehr Energie aufbringt, kann natürlich auch über Gildehaus bis Deventer in den Niederlanden auf ihren Spuren wandeln.

Am **Unterstellpilz** verlasst ihr den historischen Radweg und haltet euch links Richtung *Wettringen* (folgt den Schildern). Könnt ihr das Wasser schon riechen? Nicht mehr lange und ihr erreicht den herrlichen ↗ **Haddorfer See,** wo es einen Matschspielplatz, ein kühles Eis aus der Seebar und einen Bootsverleih gibt. Von der Freizeitregion Haddorfer See aus fahren regelmäßig Busse zurück, die auch euer Fahrrad transportieren, wenn euch der Rückweg zu mühsam erscheint.

Spazieren in Gärten und Parks

Spazieren im Bagnoquadrat Steinfurt

Stadt Steinfurt, Emsdettener Straße 40, 48565 Steinfurt-Burgsteinfurt. ✆ 02552/925-925, Fax -390. www.steinfurt.de. bagno@stadt-steinfurt.de. Wanderwege X6 und X11. **Anfahrt:** ↗ Steinfurt, B54 Abfahrt Steinfurt, L510. **Rad:** Regionale-Route, 100-Schlösser-Route. **Zeiten:** Ganzjährig. **Preise:** Kostenlos.

▶ Das Steinfurter Bagno ist der ehemalige Lustgarten des Grafen zu Bentheim-Steinfurt und liegt direkt an dem schönen **Steinfurter Wasserschloss**. Mitten im Bagno ließ der Graf 1774 einen Konzertsaal für seine Hofkapelle errichten. Im Bagno wurde also musiziert und spaziert, doch Letzeres hieß damals noch »flanieren« oder »promenieren«, und das konnten sich nur die adligen und reichen Herrschaften leisten. Heute ist das anders, denn das Bagno ist zu einem Ausflugsort für jedermann geworden. Zwar befindet sich die Burg in Privatbesitz und ist daher nicht zugänglich, doch dafür wurden diverse Spielplätze rund um das Wasser errichtet, die mindestens ebenso viel Spaß bringen. 400 Kastanien und Linden säumen die große Allee, Kirschbäume locken im Juli und August die Naschkatzen unter euch. Einen Bootsverleih gibt es auch. Die Wasserspiele und Hecken sollen an frühere Zeiten erinnern, aber gleichzeitig we-

Stoffel lernt spuken – ein echter Spaß auf Platt- und Hochdeutsch! In Usch Hollmanns Buch lernt ihr das kleine Gespenst Stoffel der Ruine zu Steinfurt kennen, das erst noch lernen muss, wie man so richtig durch die Mauerritzen flitzt oder unangenehme Zeitgenossen erschreckt. Solibro-Verlag, zum Vor- und Selbstlesen ab 5 Jahre. 16,80 €.

cken verschiedene Veranstaltungen die Lust an der Musik auch für heutige Ohren.

Saline Gottesgabe und Kloster Bentlage

Salinenstraße 105, 48432 Rheine. ✆ 05971/9127894, 54055 (Verkehrsverein), Fax 52988. www.rheine.de. verkehrsverein@tourismus.rheine.de. **Anfahrt:** Ab Bus-Bhf alle 30 Min C4 Saline/Tierpark, ab Innenstadt circa 30 Min zu Fuß entlang der Ems. **Auto:** ↗ Rheine, B70n, B65. **Rad:** Ems-Auen-Weg, R40, R5. **Zeiten:** Ganzjährig. **Preise:** Besuch kostenlos, Führungen ab 3 € pro Pers; Kinder ab 5 Jahre 1,50 €. **Infos:** Museumspädagogisches Programm in der Salzwerkstatt und an Sa, So, Fei Führungen »Bentlager Dreiklang« über Städtische Museen, Tiefe Straße 22, 48431 Rheine, ✆ 05971/920611.

▶ Schon aus einiger Entfernung riecht man es. Das Meer? Nein, hier rauscht ja nichts. Aber dieser unverkennbare Geruch. Jetzt schmeckt man ihn auch schon auf den Lippen. Und dann sieht man sie – die große Saline Gottesgabe, die ihre salzhaltige Luft in einem feinen Sprühregen über die Besucher verteilt und mit ihren winzigen Tröpfchen alle Brillenträger zur Verzweiflung bringt. Ein imposanter Bau ist so eine Saline allemal und wenn ihr euch die Zeit nehmt, die Ecken und Kanten des hölzernen Gebildes näher zu untersuchen, dann könnt ihr mit etwas Glück euer persönliches Gold abbrechen, denn Salz wurde früher mit Gold aufgewogen, so wertvoll war es einst! Die Saline wurde bis 1952 für die Salzgewinnung betrieben und bis 1975 für den Badebetrieb genutzt. Wer

Alexander von Velen, Herr zu Raesfeld, beutete bereits zwei Solequellen aus. Doch waren die Abgaben an die Kirchenfürsten so hoch, dass nur wenig Ertrag für ihn übrigblieb. Als der 1603 beim Besuch des Kreuzherrenklosters auf eine weitere Solequelle stieß, die er für sich beanspruchen durfte, erschien ihm das wie ein Wunder – eine Gottesgabe.

Das riecht gut: An der Saline heißt es »tief einatmen«

Verhärtet: Am Reisig haftet eine weiße Salzkruste

mehr über die Salzgewinnung erfahren möchte, der kann sich den Führungen vom Infozentrum anschließen, die als Kulturroute, Salzroute oder Naturroute verschiedene Themen rund um die Saline und ihre Parklandschaft aufgreifen. Aber auch Salzteig herstellen oder einen Tag im Leben der Salzsieder nachempfinden bietet das museumspädagogische Programm, das das Infozentrum für euch bereit hält.

Im *Salinenpark* liegt auch das **Kloster Bentlage,** das heute u.a. ein *Museum* beherbergt. Früher war es das Kloster der seit 1437 dort ansässigen Kreuzherren, heute gehört es der Stadt Rheine. Einmal monatlich finden hier Familiensonntage mit Bastelprogramm und Musikspektakel statt. Infos unter ✆ 04971/918400.

Pflanzen und Tiere entdecken

Kreislehrgarten und Garten-Erlebnis-Pfad Steinfurt

Landrat des Kreises Steinfurt, Planungsamt, Wemhöfer Stiege 33, 48565 Steinfurt. ✆ 02551/833388, Fax 5090. www.kreis-steinfurt.de. kreislehrgarten@kreis-steinfurt.de. **Anfahrt:** ↗ Steinfurt, Bahnhofstraße – Mühlenstraße. **Rad:** 100-Schlösser-Route. **Zeiten:** Ganzjährig von Sonnenauf- bis Sonnenuntergang, Obstverkauf Aug – Dez während der Dienstzeiten. **Preise:** Kostenlos. **Infos:** Ein Begleitheft zum Garten-Erlebnis-Pfad kann im Kreislehrgarten für 3 € erworben werden.

▶ Wo könnt ihr erfahren, wie und wo all das gute Gemüse wächst, bevor es auf unserem Tisch landet? In Steinfurt natürlich! Im *Lehrgarten* gibt es Obsthecken zum Himbeerennaschen, Spalierobst und eine große Wiese, auf der verschiedene Obstbäume stehen. In Frühbeetkisten könnt ihr euch anschauen, wie die ersten Setzlinge aus Samen gezogen werden. Zu allen Jahreszeiten interessant ist der duftende *Kräutergarten.* Lavendel, Rosmarin, Basilikum – versucht herauszufinden, welche Kräuter ihr am Geruch erkennt. Wer's lieber süß mag, der kann sich am *Lehrbienenstand* über die Nektarsammler informieren. Übrigens lernen auf dem Garten-Erlebnispfad nicht nur die Gärtner der Region ihr Handwerk, sondern er ist auch eine spannende Unterrichtsstunde für euch: Vom Heckenquiz bis zum Barfußweg, vom Früchteraten bis zu Gartenvögel- und Regenwurmquiz ist alles dabei. Aber Vorsicht – es kann auch giftig werden! Wie gut, wenn ihr auch lernt, was nicht auf den Tisch gehört.

Naturzoo Rheine

Salinenstraße 150, 48432 Rheine. ✆ 05971/16148-0, Auskunft -19, Fax -20. www.naturzoo.de. info@naturzoo.de. **Anfahrt:** ↗ Rheine, StadtBus Linie C12 (Auskunft ✆ 05971/92750). **Rad:** Ems-Auen-Weg, R40, R5. **Zeiten:** Ganzjährig täglich ab 9 Uhr – Einbruch der Dämmerung, im Sommer bis 18 Uhr. **Preise:** 6 €; Kinder 3 –

 All diese bunten Gemüsesorten reizen doch zum Selbstkochen, also wie wäre es mit einer Gesicht-Pizza? Da werden Oliven zu Augen, Zucchini zu Ohren und Paprika zum Gesichtsrand. Ein paar Nudeln als Haare? Oder lieber einen Bart aus Kräutern? Rote Bäckchen mit Radieschenscheiben oder gekochten Eiern? Ich bin sicher, ihr werdet mit viel Spaß eine Lieblingspizza zaubern.

Los Leute, geh'n wir schwimmen: Im Naturzoo Rheine kommt ihr den Pinguinen ganz nah

17 Jahre 2,50 €, Kindergruppen ab 15 Pers 2,20 €; Schüler, Studenten, Azubis, Grundwehr- und Zivildienstleistende und Behinderte sowie Gruppen ab 15 Pers 5,50 €, Familientageskarte (Eltern mit ihren Kindern bis 17 Jahre) 18 €.

▶ Der Naturzoo in Rheine ist ein ganz besonderer Tierpark, der viel Wert auf die Nähe zu den 1000 hier lebenden Tieren legt. Neben einem kuscheligen Streichelzoo gibt es daher auch ein begehbares Gehege für Kängurus und Lamas und einen Affenwald, in dem ihr eure Süßigkeiten besser versteckt und eure Kappen festhaltet, denn sonst werden die ruckzuck geklaut! Die freche Bande der Berberaffen wartet nur auf eine passende Gelegenheit. Die Fütterungen der Pinguine und Seehunde sind ein echtes Erlebnis und lehrreich dazu, weil die Tierpfleger euch mit vielen Infos füttern. Im ganzen Zoo nisten Störche und fliegen dann und wann frei über eure Köpfe. Da sind die Kappen dann wieder sinnvoll, sonst gibt es womöglich einen feuchten Gruß von oben! Der Naturzoo veranstaltet auch besondere pädagogische Programme und unterhält einen der schönsten Abenteuerspielplätze, für den allein sich der Besuch schon lohnt.

Wildfreigehege Nöttle Berg Saerbeck

Herr Brüggemann, Westladbergen 30, 48369 Saerbeck-Westladbergen. ✆ 02574/474, 6255, www.saerbeck.de. **Anfahrt:** Ab Bus-Bhf Greven S50 Richtung Flughafen oder Route Saerbeck – Ibbenbüren. **Auto:** B475 zwischen Greven und Lengerich. **Rad:** 100-Schlösser-Route, Kanalroute. **Zeiten:** Mo Ruhetag (außer in den Schulferien), Di – Sa 9 – 18, So und Fei 9 – 19 Uhr, im Winter maximal bis zur Dämmerung, Dez Ruhemonat. **Preise:** 3,50 €; Kinder ab 2 Jahre 2 €; Gruppenermäßigung auf Anfrage.

▶ Vietnam ist weit, das vietnamesische Hängebauchschwein allerdings ganz schön nahe: Es lässt sich sogar streicheln. Auch die Bisons blicken euch

▶ Wind haben sich die Menschen schon in früheren Zeiten zu Nutze gemacht. Im platten Münsterland gab und gibt es davon ja reichlich.

WIND, WIND WEHE

Die *Sinniger Mühle* in Saerbeck zum Beispiel ist eine von drei noch erhaltenen Holländerwindmühlen im Kreis Steinfurt und 22 Meter hoch. Bis 1983 wurde sie tatsächlich noch betrieben, heute allerdings kann man sie von innen nur noch nach Vereinbarung besichtigen. Während eures Urlaubs im Münsterland könnt ihr ja mal einen Mühlenwettbewerb machen und zählen, wer von euch die meisten sieht. Klar, dass das in solch einer flachen Landschaft besonders gut funktioniert. Aufgepasst also, die Konkurrenten haben auch scharfe Augen und peilen die Lage vielleicht schon eher als ihr! Moderne Windräder wären ja durchaus eine Alternative, aber zu mahlen gibt es da wohl nichts, deshalb gelten sie nicht. Obwohl die Spielidee ja nun auch eine gute Variante für Öko-Strom-Spezialisten wäre. Preisverleih an den besten »Müllersburschen« oder die beste »Donna Quichotte« am Ende der Ferien. Belohnung? Warum nicht ein Tag im ↗ Freilichtmuseum Mühlenhof Münster mit Besichtigung einer funktionierenden Mühle oder ein Backtag im ↗ Heimathaus Wettringen? ◀

Foto © Torsten Rink

tief in die Augen, wenn ihr durch den kühlen Wald des Wildgeheges streift. Mit ein bisschen Fantasie könnt ihr euch dabei sogar vorstellen, wie die Indianer sich an diese großen Büffeltiere angepirscht haben. Insgesamt gibt es 40 verschiedene Wildarten zu bewundern oder zu streicheln. Seid doch nicht so mufflig, denn hier könnt ihr echte Mufflons bestaunen, Wapitis aus Afrika springen und Damhirsche äsen sehen, die nix mit Dämmen zu tun haben. Ihr lernt, dass Steinhühner nicht aus Stein sein müssen und Frischlinge nicht immer frisch riechen. Und für Pferdefans gibt es die Möglichkeit, auf Ponys zu reiten.

Pferdeverleih und Ponyreiten

Bauerncafé Dieckmann, Rita Dieckmann, Isendorf 49, 48282 Emsdetten-Isendorf. ℭ 05972/7692, Fax 97046. www.bauerncafe-dieckmann.de. Info@bauerncafe-dieckmann.de. **Anfahrt:** ↗ Emsdetten. **Auto:** A1, Abfahrt 76 Greven-Emsdetten, B481 Richtung Rheine, ausgeschildert ab Emsdetten-Isendorf. **Rad:** Ems-Auen-Weg. **Zeiten:** Ganzjährig. **Preise:** 54 – 108 €/Tag inklusive Bettwäsche und Endreinigung.

Mai – Okt könnt ihr Mi und Sa jeweils um 15 und 18 Uhr mit der einzig verbliebenen **Emsfähre** von Elte nach Isendorf übersetzen.

▶ Warum immer nur Fahrräder leihen? Für erfahrene Reiter gibt es hier eine Alternative. Und auch, wenn ihr nur eine Runde um den Hof drehen wollt, seid ihr beim Ponyreiten gut aufgehoben. 2004 ist das Angebot um eine 700 qm große **Kinderspielscheune** erweitert worden, in der ihr auf einer Hüpfburg oder auf der Kettcarbahn so richtig Gas geben könnt. Eure Eltern können derweil einen Kaffee genießen und sonntags kommt sogar der Waffelbäckerwagen. Im **Biergarten** und dem **Bauerncafé** könnt ihr euch bei Schinkenschnittchen, Saisongerichten wie Spargel oder natürlich einer Auswahl an Kindergerichten stärken. Wer hier gleich einen ganzen Urlaub verbringen will, findet gemütliche Ferienhäuser, in denen auch Haustiere willkommen sind. Für Gastpferde sind Boxen vorhanden.

Spielen und Einkaufen

EOC – Einkaufsabenteuer in Ochtrup

Euregio Outlet Center Ochtrup, Laurenzstraße 51, 48607 Ochtrup. ℭ 02553/97-300, Fax -30200. www.eoc-ochtrup.de. info@eoc-ochtrup.de. **Anfahrt:** Stündlich Euregio-Bahn Münster – Gronau – Enschede, Outlet-Center ausgeschildert/Innenstadt. **Auto:** B54 Münster-Steinfurt – Enschede oder B70 Borken – Ahaus – Rheine, Innenstadt ausgeschildert. **Rad:** 100-Schlösser-Route. **Zeiten:** Mo – Fr 10 – 19, Sa 10 – 18 Uhr, Kinderhorte Mo – Do 10 – 12.30, 14 – 18 Uhr, Fr und Sa 10 – 18 Uhr. **Infos:** Kinderhort: ✆ 02553/97-30254.

▶ EOC heisst »Euregio Outlet Center«, doch eigentlich müsste es mit »Echt-Ober-Cool« übersetzt werden! Wer geht schon gern einkaufen, also lasst ihr am besten die Erwachsenen durch die Regale schnüffeln, während ihr euch im großen Themenspielplatz »Piraten-Lagune« draußen vergnügt oder bei schlechtem Wetter die tolle Kletterburg im Kinderhort erklimmt. Für die kleineren Kids steht kostenlos eine Betreuung zur Verfügung. Das Restaurant und Bistro ist nicht zu teuer und es gibt sogar die Möglichkeit, per Monitor einen Blick auf die Kinderspielwelt zu werfen, sodass niemand unruhig werden muss. Hier haben alle Spaß – im Shopping- oder im Spielparadies.

Hunger & Durst

Das **Café Laurenz** im EOC hat täglich ab 9 Uhr bis zum Ladenschluss geöffnet.

Wintersport

Eissporthalle Rheine

Kopernikusstraße 34, 48429 Rheine. ✆ 05971/87667, Fax 83199. www.eissporthalle-rheine.de. webmaster@eissporthalle-rheine.de. **Anfahrt:** Ab ⬈ Hbf Rheine Bus 283 und 284. **Auto:** Von Osnabrück A30, Abfahrt 9 Rheine Kanalhafen auf B65 Richtung Rheine, Beschilderung Stadtpark, Freibad, Eissporthalle, Jahnstadion, von Münster über B219 Greven – Emsdetten – Rheine. **Rad:** Ems-Auen-Weg, R40, R5, Ausschilderung Stadtpark. **Zeiten:** März, April, Sep, Okt Di – Sa 15 – 18, Mi, Fr, Sa 19 – 21.30 Uhr, So 10 – 13 und 14.30 – 18 Uhr, Jan, Feb, Nov, Dez Mo – Do 15 – 18, Fr, So 14.30 – 18, Mi, Fr, Sa 10 – 13 und 19 – 22 Uhr, So 14.30 – 18 Uhr, Schulen und Gruppen ab 15 Pers Di – Fr 9 – 12.30 Uhr. **Preise:** 4,30 €, Schlittschuhverleih 3 €, Abendlaufzeit Hauptsaison (ab 14 Jahre) 4,50 €, Nebensaison 4 € pro Person; Kinder 4 – 15 Jahre 3,30 €; Familientageskarte (inkl. 2 Ki bis 15 Jahre) 13 €, jedes weitere Kind bis 15 Jahre 2,50 €, 7er-Bonuskarten möglich.

▶ Ein echt cooles Vergnügen im Herzen des Freizeitgebietes rund um den Stadtpark. Im Sommer geht man nebenan baden, im Winter in der Halle auf die Kufen. Disco mal anders gibt es jeden Mittwoch- und Samstagabend, wenn ihr zu flotten Rhythmen auf dem Eis tanzt. Im Sommer wird die Bahn vom Inliner-Verein genutzt, den ihr unter www.isvr.de erreichen könnt.

HANDWERK UND GESCHICHTE

Der Carlsen-Verlag hat in der Reihe Lesemaus zwei attraktive Bücher zum Thema herausgegeben: *Connis erster Flug* und *Ich hab einen Freund, der ist Pilot.* Einmal der Blick hinter die Kulissen, einmal aus der Sicht eines reisenden Kindes erzählt – günstig, kompakt und interessant für 3- bis 7-jährige Lesemäuse. Für ältere Pilotenanwärter gibt's von Paletti *Wissen ist stark. Fliegerei* für 3,95 €.

Betriebsbesichtigung

Flughafen Münster-Osnabrück FMO – Ein Blick hinter die Kulissen

Verkehrsverein Greven e.V., Alte Münsterstraße 23, 48268 Greven. ✆ 02571/1300, 94-3360 (Flughafeninfo), Fax 55234. www.greven-tourismus.de. verkehrsverein@greven.net. **Anfahrt:** Flughafen S50, R51, Direkt-Bus ab Münster, FMO-eXpress ab Osnabrück. **Auto:** A1 Abfahrt 74 Ladbergen bzw. 76 Greven, ausgeschildert FMO. **Rad:** Friedens-, 100-Schlösser- oder Kanal-Route, ab Schuhmachermuseum über Kanalbrücke 400 m bis FMO. **Zeiten:** Täglich zwei Gruppen nach Voranmeldung im Verkehrsverein. **Preise:** Gruppen bis 30 Pers 65 €; Kindergarten und Schulgruppen bis 30 Pers 50 €, 1 € Sicherheitsgebühr pro Person. **Infos:** Buchungen möglichst frühzeitig und nur über die Tourist-Info Greven. Familien können sich Gruppen anschließen.

▶ Eine Flughafenbesichtigung, bei der man einen Blick hinter die Kulissen der riesigen Urlauber-Abfertigung werfen darf, gehört wohl noch immer zu den besonderen Attraktionen – nicht nur für Kinder. Da dürfen Papa und Mama auch ruhig mal Mund und Nase offen stehen lassen, denn was da alles im Hintergrund abläuft, damit unser Koffer am richtigen Fließband im richtigen Urlaubsort landet, das ist eine Wissenschaft für sich! Woher die Flugbegleiter wissen, wo ihr sitzt und ob ihr schon eingestiegen seid oder das Flugzeug noch auf euch warten muss, ob ihr vegetarisches Essen bestellt habt oder eure kleine Schwester ein Babykörbchen braucht, all diese und noch viele andere Fragen beantwortet euch ein Rundgang auf dem Flughafen. Das ist interessant für diejenigen unter euch, die viel von Technik halten, aber ebenso spannend für die, die nur wissen wollen, ob die Kontrollen wirklich herausfinden können, wenn jemand etwas Verbotenes an Bord schmuggeln will. Versucht doch mal, euer Taschenmesser durch die Schranke zu bekommen – viel Glück, aber gelingen wird es nicht!

Museen

Töpfereimuseum Ochtrup

Anita Bender, Töpferstraße 10, 48607 Ochtrup.
℡ 02553/80854, www.ochtrup.de. **Anfahrt:** ↗ Ochtrup.
Rad: 100-Schlösser-Route, Sandsteinroute. **Zeiten:**
Di – Fr 9 – 12 und 15 – 17 Uhr, Sa (Mai – Okt) und So
15 – 17 Uhr. **Preise:** 1 €.

▶ Das Gebäude, in dem sich heute das Töpfereimuseum befindet, stammt aus dem Jahr 1678 und war einst das Wohnhaus der Töpferfamilie Eiling. Vom 15. Jahrhundert werdet ihr anhand verschiedenster Ausstellungsstücke bis ins 19. und 20. Jahrhundert geführt, ihr lernt den typischen Ochtruper Siebenhenkeltopf, einen Nachttopf besonderer Art, und die Ochtruper Nachtigall kennen. Was das ist? Lasst euch überraschen oder probiert das Vöglein selbst einmal aus! Wasser spielt dabei auch eine Rolle, aber mehr verrate ich nicht.

In der Töpferausstellung hat eine ganz besondere Schneekugel nach dem plötzlichen Wintereinbruch im November 2005 ihren Platz gefunden. Ochtrup war Tage ohne Strom, da die Strommasten umgeknickt waren, und der Fernsehmoderator Harald Schmidt machte mit dieser Schneekugel seine Späße über die eingeschneite Stadt.

Jährlich Ende Oktober laden die Ochtruper Geschäftsleute zum **Pottbäckermarkt** und verkaufsoffenem Sonntag. Kunsthandwerk, Straßenmusikanten, Kinderbelustigung und zünftiges Essen und Trinken stehen auf dem Programm.

Zeigt her eure Füße, zeigt her eure Schuh

Ladberger Schuhmachermuseum und Barfußpark

Heimatverein Ladbergen e.V., Hof Wibbeler, Ursula Wibbeler, Zur Woote 51, 49549 Ladbergen. ℰ 05485/1830, 3635 (Tourist-Info Ladbergen), Fax 3568. www.ladbergen.de. touristik@ladbergen.de. **Anfahrt:** Bus S50 bis FMO, zu Fuß ab Parkhaus B über Kanalbrücke ausgeschildert. **Auto:** B475 Rheine – Warendorf, Saerbecker Straße Richtung Ladbergen ausgeschildert. **Rad:** R44, 66, 67 Friedens-, 100-Schlösser- und Kanal-Route.

Zeiten: Besichtigung nach Vereinbarung jederzeit möglich. **Preise:** 1,50 €; Kinder 6 – 14 Jahre 0,50 €; Gruppen ab 10 Pers 1 €/Pers, Klassen 0,50 €/Pers.

▶ In der umgebauten Scheune des Wibbeler-Hofes hat der Münsteraner Schuhmacher *Fritz Lubahn* für seine große Sammlung ein wunderbares Plätzchen gefunden. Von Holzschuhen über Nagelmaschinen bis hin zur Schusterkugel und zum orthopädischen Schuh ist hier die Entwicklung der Schusterkunst zu sehen. Es riecht nach Leder und Holz, historische Reklameschilder und Bezugsscheine zeigen euch, wie eure Eltern und Großeltern die Welt erlaufen haben. Auf großem Fuße? Mit spitzen Schnabelschuhen? Oder in Holzschuhen, auf Stollen, mit Metallplättchen, die beim Steppen so herrlich klappern? Frau Wibbeler ist noch immer ganz begeistert von diesem kleinen Museum, das sie neben ihrem großen Anwesen betreut, und ihre Führung ist herzlich und informativ. Nach all der Theorie zu Schuhwerk und Füßen könnt ihr im angrenzenden Barfußpark ausprobieren, ob ihr ebenso weit wie ein Hase springen könnt oder wie sich ein Baum-

AUF GROSSEM FUSS

▶ Einem Zeitungsbericht im Museum nach ließ sich in der Ukraine ein 2,32 m großer Mann Spezialschuhe anfertigen, denn er hat die Schuhgröße 70! Schaut euch in der Sammlung um und vergleicht das mit dem dort ausgestellten Poststiefel. Der hat gerade einmal die Schuhgröße 60 und sieht aus, als könnte ein Grundschüler locker darin übernachten! ◀

stamm unter den nackten Sohlen anfühlt. Auch eine Tastaufgabe hält so manche harte Nuss bereit – oh, habe ich da schon etwas zu viel verraten?

Sachsenhof Pentrup

Heimatverein Greven e.V., Pentruper Mersch, 48268 Greven. ✆ 02571/1300, www.greven-tourismus.de. **Anfahrt:** R-Bus N81 ab Greven bis Pentrup. **Auto:** B219 von Münster über Greven Richtung Saerbeck, etwa 2,5 km nach der Kreuzung der B219 mit der B481. **Rad:** 100-Schlösser-Route, Ems-Au-en-Weg. **Zeiten:** Jederzeit zugänglich. **Preise:** Kostenlos. **Infos:** Führungen bzw. museumspädagogische Programme buchbar über Verkehrsverein Greven.

Klasse Baumeister: Das tiefgezogene Dach des Langhauses ist mit Reet gedeckt und hat oben im Giebel einen Rauchabzug

▶ Von den Sachsen wissen wir nicht viel und was wir wissen, klingt oft sehr wild und grausam. Wollt ihr mehr über ihr Leben erfahren? Dann seht euch auf dem Sachsenhof um, denn er ist frei be-

▶ Die **Sachsen** haben nichts mit dem heutigen Bundesland Sachsen zu tun. Sie waren ein germanischer Volksstamm, der im 2./3. Jahr-

DIE WILDEN KERLE

hundert nach Christus im Nordwesten Deutschlands und der Niederlande lebte. Ihr Name wurde wahrscheinlich im Nachhinein von ihrer wichtigsten Waffe, dem Hiebmesser »Sax« abgeleitet. Die Sachsen waren ein unabhängiges Volk, das keinen König hatte, sondern Entscheidungen gemeinsam bei Volksversammlungen, den »Thing«, traf. Sie verbreiteten sich bis nach England, wo z.B. die Landstriche Wessex, Essex oder Sussex dem Namen nach eindeutig durch sächsische Einwanderer geprägt sind. Auf dem Festland wurde das Volk bei der entscheidenden Schlacht im Sintfeld bei Paderborn durch Karl den Großen unterworfen. ◀

@ Nähere Informationen zum Sachsenhof könnt ihr über den Heimatverein bekommen: www.heimatverein-greven.de/der-sachsenhof.html.

gehbar und wenn ihr Glück habt, findet gerade ein Aktionstag zu altem Handwerk und den Lebensweisen der Sachsen statt. Dieser alte Hof ist originalgetreu nach dem Muster einer 1200 Jahre alten Hofstelle rekonstruiert worden. Was ist ein Pfostenhaus oder wie sieht ein Grubenhaus aus? Ist ein Heuberg einfach nur ein Berg Heu? Ihr könnt sehen, was für Pflanzen und Kräuter es zu dieser Zeit gab, denn neben den Handwerks- und Hofstellen werden auch die Anbauflächen bewirtschaftet. Wer also mitmachen möchte, der kann insbesondere an den Aktionstagen erfahren, dass die Sachsen mehr waren als harte Kämpfer und Eroberer.

AUS DEM KALENDER

Feste und Aktionen

Heimathaus Wettringen

Verkehrsverein Wettringen, 48493 Wettringen.
℅ 02557/929676, Fax 929678. www.verkehrsverein-Wettringen.de. VVWettringen@t-online.de. **Anfahrt:** ↗ Wettringen. **Rad:** Ems-Auen-Weg, Töddenroute.
Zeiten: Mo – Fr 10 – 12, Mi 14.30 – 17.30, Do 15 – 17

Uhr, Mai – Sep auch Sa 10 – 12 Uhr. **Preise:** 2 €; Kinder ab 2 Jahre 1 €.

▶ Mehr als nur ein Informationsbüro bietet das Heimathaus in Wettringen spannende Aktionsprogramme insbesondere für Kinder. Hier könnt ihr euch altes Handwerk anschauen oder einen Backtag mitgestalten, typisch münsterländischen Blaudruck ausprobieren oder selbst Butter herstellen. Das ganze Jahr über bieten die Helfer interessante Workshops an und führen euch durch die alte Zeit. Broschüren gibt es bei allen Verkehrsvereinen der Gegend und natürlich auch im Heimathaus selbst, das zugleich das Tourismusbüro der Gemeinde ist.

 Jeden 2. Mi im Monat gibt's im Backhaus eine **Backführung!** Im Haddorfer Feriengebiet werden im Sommer dreitägige **Kinderworkshops** zu Märchen, Indianern, Musik oder Kleidung angeboten. Alle Infos im Heimathaus.

Saerbecker Sommer

Verkehrsverein Saerbeck e.V., Fred Wieneke, 48369 Saerbeck. ☎ 02574/89405, Fax 563. www.verkehrsverein-saerbeck.de. fred.wieneke@saerbeck.de. **Anfahrt:** Bus Saerbeck – Ibbenbüren oder S50 Richtg. Flughafen. **Auto:** B219 Greven, B475 Saerbeck. **Rad:** Ems-Auen-Weg. **Termine:** Juli/August, Datum beim Verkehrsverein erfragen.

▶ Wer behauptet, kleinere Orte bekämen kein Festival hin, dem sei der Saerbecker Sommer als Gegenbeweis präsentiert. Open Air auf dem Dorfplatz – das hat eine ganz eigene Atmosphäre und steht so mancher Großveranstaltung in nichts nach.

Kinderflohmarkt Rheine

Verkehrsverein Rheine, Bahnhofstraße 14, 48431 Rheine. ☎ 05971/54055, Fax 52988. www.rheine.de. verkehrsverein@tourismus.rheine.de. **Anfahrt:** ↗ Rheine. **Rad:** Ems-Auen-Weg. **Termine:** August, Datum beim Verkehrsverein Rheine erfragen.

▶ Im August findet in Rheine alljährlich der größte deutsche Kinderflohmarkt statt. Durch die gesamte Innenstadt und über die Brücke der Ems ziehen sich die bunten Buden von kleinen und großen Marktschreiern und Second-Hand-Verkäuferinnen, die ent-

Musikfreunde aufgepasst, denn in Rheine ist nicht nur ein Ros', sondern auch Rock, Pop und Jazz on Christmas entsprungen! Hier gibt es richtig was auf die Ohren, denn ihm Rahmen des Weihnachtsmarkts gibt es besondere Musik-Veranstaltungen. Von Jingle Bells bis Mary's Boychild swingt die ganze Innenstadt mit. Termine der Tagespresse entnehmen.

weder ihr altes Spielzeug oder auch neuwertige Ware an die begeisterten Käufer bringen wollen. Sehenswert!

Der Nikolaus kommt per Schiff

Verkehrsverein Rheine, Bahnhofstraße 14, 48431 Rheine. ✆ 05971/54055, Fax 52988. www.rheine.de. verkehrsverein@tourismus.rheine.de. Ankunft Nikolaus an der Nepomukbrücke, Altstadt. **Anfahrt:** RB Münster – Rheine halbstündlich. **Auto:** Ab Münster A1 bis Ausfahrt 72 Lotte/Osnabrück, dann A30 Abfahrt 8 Rheine Richtung Stadtmitte oder B219 Greven – Emsdetten – Mesum – Rheine. **Rad:** Ems-Auen-Weg, R40, R5. **Termine:** Am Wochenende um den 6. Dez, circa 17 Uhr, Weihnachtsmarkt bis circa 20. Dez. **Infos:** Programmheft beim VV Rheine erhältlich.

▶ In Rheine müsst ihr unbedingt die Ankunft des Nikolaus erwarten, denn hier kommt er per Schiff über die Ems gefahren! Der Weihnachtsmarkt ist hell erleuchtet, die Fackelträger erwarten an der Nepomukbrücke den heiligen Mann und geleiten ihn dann zusammen mit der Besucherschar zum Marktplatz. Klar, dass er dort nach seiner Ansprache auch kleine Süßigkeiten für die Kinder bereit hält.

FESTKALENDER

Februar:	Karneval, Rheine: **Rosenmontagszug** in der Innenstadt.
Juli/August:	Rheine: **Woche der kleinen Künste,** Kleinkunstfestival und Open-Air.
	Rheine: Größter deutscher **Kinderflohmarkt.**
	Saerbeck: **Saerbecker Sommer,** Open Air auf dem Dorfplatz.
Oktober:	Neuenkirchen: **Neuenkirchener Kürbisfestival,** größte Kürbisausstellung Europas und Fest.
Dezember:	Wochenende um den 6. Dez, Rheine: **Nikolaus auf der Ems** und Weihnachtsmarkt.

GRONAU & ENSCHEDE

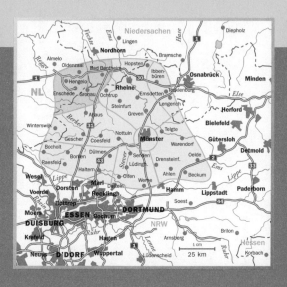

Europa mag noch ein Weilchen brauchen, um zusammenzuwachsen, doch hier in der Grenzregion um Gronau und Enschede haben sich die alten Feindschaften längst aufgelöst. Der Münsteraner Weihnachtsmarkt wimmelt ebenso von Besuchern aus dem Nachbarland, wie der samstägliche Markt in Enschede von deutschen Stimmen widerhallt. Radfahrer sind sie schließlich alle, und auch das Plattdeutsch der Gegend unterscheidet sich in vielen Worten kaum von der niederländischen Sprache.

Bei der Landesgartenschau haben Gronau und Losser grenzübergreifende Blütenpracht gezeigt, der kinderfreundliche Inselpark ist nur eine Attraktion dieser gelungenen Teamarbeit. Piraten entern den Indoor-Spielplatz in Borne und Naturfreunde begeben sich auf Spurensuche in Boekelo! Rallyes durch die Innenstädte und Radtouren mit kniffligen Rätseln gilt es zu meistern. Das flache Terrain und die umgebende Moor- und Heidelandschaft bieten euch weite Aussichten und einfach zu bewältigende Ausflüge mit Rad oder Inlinern.

Wasserspaß in Bädern und Seen

Aquadrom Enschede

J.J. van Deinselaan 2, NL-7541 Enschede. ✆ 0031-53, 4888-900, Fax -903. www.enschedesezwembaden.nl. **Anfahrt:** Zentralstation Enschede Bus 5 bis Hendrik Smeltweg, dann 10 Min Fußweg oder Bus 6 bis Sportpark Diekmann. **Auto:** ↗ Enschede, an der Abfahrt links, nächste rechts und an der Ampel geradeaus liegt das Aquadrom rechter Hand. **Rad:** Stadtradnetz, Eschmarke-Route, Luttermarke-Route. **Zeiten:** Mo – Fr 10 – 21 Uhr, Sa und So 10 – 17 Uhr, außer 24., 25., 26., 31. Dez, 1. Jan, Pfingstsonntag und Koniginnedag. **Preise:** 4,20 €; Kinder bis 3 Jahre frei; 10er-Karte 35,70 €. **Infos:** Schließfächer, Türkisches Bad und Solarium gegen Gebühr.

Tipp! Wer sich mit den Bussen und Bahnen bewegen möchte, der sollte sich den Linienplan der *Connexxion-Openbaar Vervoer Twente* am Bahnhofsvorplatz oder Busbahnhof Enschede holen, dann geht das Planen noch einmal so bequem!

GRONAU & ENSCHEDE

TIPPS FÜR WASSER-RATTEN

Gemeinsame Floßfahrt: Im Zoo-Labyrinth müsst ihr schwierige Aufgaben bewältigen

Happy Birthday!
Ein Kinderfest für bis zu 4 Kinder kostet pro Kind 7,25 €, Eintritt, Pommes, Eis, Getränk und kleine Süßigkeit inbegriffen. Begleiter zahlen 4,20 € und bekommen ein Heißgetränk gratis dazu. ✆ 053/4305301, zwiershoreca@zonnet.nl

Seepferdchen oder Abzeichen in Gold? Schwimmkurse gibt es für 5- bis 15-Jährige 4 x wöchentlich für 40 €, Ferienkurse und auch Einzelunterricht sind möglich. Termine nach vorheriger Anmeldung beim Bäderteam.

Hunger & Durst
Café-Restaurant Oreade, Mühlenplatz 1, 48599 Gronau, ✆ 02562/718877, www.oreade.de. Täglich Frühstück bis 14 Uhr, So und Fei Frühstücksbüffet, Mo – Fr Lunchbüffets, Kinderkarte.

▶ Hey, aufgewacht, es geht in die Wildwasserbahn! Oder doch lieber ins Schwarze Loch? Im Aquadrom wartet so manche Sensation auf euch – Whirlpools, Plantschbecken, ein Flusslauf oder das Freibad mit Strudelbänken sind nur Ausschnitte davon. Und eure erwachsenen Begleiter dürfen ausnahmsweise auch mal relaxen, dafür ist der Türkische Garten mit Dampfbad da. Dann könnt ihr danach auch wieder Action von ihnen verlangen, ist doch klar, oder?

Hallenbad Gronau
Stadtwerke Gronau, Laubstiege 31, 48599 Gronau. ✆ 02562/717-890, Fax -21001. www.stadtwerke-gronau.de. **Anfahrt:** ↗ Gronau. Ochtruper Straße – links in Vereinsstraße – links in Laubstiege, beschildert. **Rad:** Ortsradnetz, 100-Schlösser-Route bis Gronau. **Zeiten:** Sep – Mai Mo 15 – 19, Di – Fr 6 – 10.15, Di und Fr 13 – 19, Mi, Do 13 – 21, Sa 8 – 17, So 8 – 15.30 Uhr, 24. und 25. und 31. Dez, 1. Jan, Rosenmontag, Karsamstag, Ostersonntag, 1. Mai geschlossen. **Preise:** 3 €, 10er-Karte 18 €, Saisonkarte 110 €; Kinder 4 – 18 Jahre 1,50 €, 10er-Karte 11 €, Saisonkarte 55 €.
▶ Wen soll der Winter schrecken, wenn es doch das Hallenbad gibt? 70-m-Großwasser-Rutsche mit einem »Landesofa«, 1-m- und 3-m-Sprungturm, Massagedüsen, Babybecken mit bis zu 36 Grad warmem Wasser sowie ein 25-m-Sport- und ein Nichtschwimmerbecken sorgen für Abwechslung, wenn's draußen ungemütlich wird. Aquarobic und Aqua-Jogging gibt's für die Großen, Baby- und Kleinkinder-Wassergewöhnung für die ab 3 Monaten. Die Wasserballerinnen des SV Gronau 1910 e.V. wurden mehrfach Deutsche Meister, das muss an den guten Trainingsbedingungen liegen, denn hier gibt es zwei Freibäder und ein Hallenbad.

Parkfreibad Gronau
Stadtwerke Gronau, Brändströmstraße 25, 48599 Gronau. ✆ 02562/717-896, Fax -21001. www.stadtwerke-

gronau.de. **Anfahrt:** ↗ Gronau. Ochtruper Straße – Eper Straße, links Brändströmstraße, beschildert. **Rad:** Ortseigene Radwege Richtung Stadtpark – Dinkelroute. **Zeiten:** Mai – Sep Mo 13 – 20, Di – Fr 6 – 20, Sa, So, Fei 8 – 19 Uhr. **Preise:** 2,50 €; Kinder ab 4 Jahre 1 €; Sommerferienkarte für Kids 10 €, Familiensaisonkarte 55 €.

▶ Ein echtes Freizeitparadies ist das Parkfreibad, denn hier findet ihr neben allerlei Wasserspaß auch einen Sandkasten und einen Spielbach, es gibt eine Breitrutsche und Unterwasserdüsen, einen Wasserpilz zum Herumplantschen und eine Jetstream-Gegenstromanlage, die euch alle Muckies abverlangt, wenn ihr gegen sie anschwimmen wollt. Spiel- und Sportangebote ergänzen die Wasserwelt, es brodelt und spritzt aus unterirdischen Quellen und Massagedüsen. 1-m- und 3-m-Brett warten auf mutige Turmspringer und das Café sorgt für den nötigen Energienachschub nach der Wasserschlacht.

Dreiländersee »Driland« in Gronau

Touristik-Service Stadt Gronau, Bahnhofstraße 45, 48599 Gronau. ✆ 02562/9900-6, Fax -79. www.gronau.de. **Anfahrt:** ↗ Gronau, Bus bis Naherholungsgebiet Driland. Zugang zum See unter anderem Brechter Weg. **Auto:** L572 von Gronau Richtung Bad Bentheim, 1 km nach Ortsausgang in den Hagelsweg einbiegen. **Rad:** 100-Schlösser-Route. **Zeiten:** Ganzjährig zugänglich. **Preise:** Kostenlos.

▶ Mit 23 ha ist der Driland-See recht groß und liegt direkt neben dem *Gildehauser Venn,* ein Naturschutzgebiet mit Radwegen und Wandermöglichkeiten. Für Wind-Surfer ist der Dreiländersee eine gute Alternative zum Ijsselmeer oder dem Dümmer See bei Osnabrück, denn er bietet gute Voraussetzungen für mittlere bis gute Windsurfer. Alle anderen finden hier zudem einen Sandstrand und einen Fußballplatz, Tennisplätze und Cafés für den Snack zwischendurch. Klar, dass Kinderspielplätze und ein Trimm-

Hunger & Durst

Margrets Bauernlädchen und Café, Margret Laurenz, Am Fürstenbusch 20, 48599 Gronau. ✆ 02562/3100, www.ferienhoflaurenz.de. Täglich ab 10 Uhr. Gartenlokal unter alten Eichen, selbst gebackener Kuchen. Jeden So ab 10 Uhr großes Frühstücksbüffet, 9,50 € pro Person.

Preisgünstig übernachtet ihr im eigenen Wohnmobil auf dem Parkplatz, der gleichzeitig ein Stellplatz ist. Toiletten und Waschräume befinden sich nur ein paar Schritte entfernt am See bei der Surfschule.

Der Spaziergang um den See dauert circa 1 Stunde.

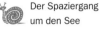

Gasthaus Driland, Gildehauser Straße 350, ℰ 02562/3600, www.driland.de. Mi – Mo 10 – 22 Uhr.

Dich-Pfad nicht fehlen dürfen, genau so wie Minigolf und Tretbootverleih. Der See ist je nach Nutzung für Windsurfer oder Badegäste aufgeteilt, damit es keine Unfälle gibt und kann mit seiner schon 5 Mal hintereinander ausgezeichneten Wasserqualität angeben.

RAUS IN DIE NATUR

Er hört und sieht alles: Der Höllenhund

Unterwegs mit dem Rad

Auf den Spuren des Hellehond in Losser

VVV De Lutte – Losser, Plechelmusstraat 14, NL-7587 De Lutte-Losser. ℰ 0031-541/552-539, Fax -211. www.vvvdelutte.nl. info@vvvdelutte.nl. **Länge:** circa 14 km, leicht, ohne Steigungen. **Anfahrt:** ↗ De Lutte. **Rad:** Hellehond-Schilder mit einem Hund auf weißem Grund. **Zeiten:** April – Sep Mo – Fr 9 – 17, Sa 10 – 13, Okt – März Mo 13 – 16, Di – Fr 10 – 16, Sa 10 – 13 Uhr.

▶ Die Tour startet am VVV De Lutte, wo ihr euren »Reisepass« abholen könnt, der euch über die Etappen der Radtour begleitet. Begebt euch auf die Spur des Hellehond, der der Sage nach in und um De Lutte immer wieder auftaucht. Er hat lange, hoch aufgerichtete Ohren und glühende Augen. Früher dachte man, wenn ein Pferd scheute oder mit blutigen Fersen heimkam, dass der *Höllenhund* wieder zugepackt hätte. Wenn auf dem Bauernhof abends ein Hund bellt, so sagt man, dort werde bald jemand sterben. Seid ihr mutig genug, euch auf dieses Abenteuer einzulassen? Anhand von acht Stationen werdet ihr Fragen beantworten, die die Gegend um De Lutte näher erklären, ihr werdet zwischen Kartoffeln und eiszeitlichen Moränen eure Kombinationsgabe schulen und beim Radeln

auf den flachen Wegen unglaublichen Spaß haben. Wie gut, dass der Reisepass durch das Sagenland auf Deutsch übersetzt ist. Viel Spaß!

Natur und Tiere entdecken

Abraham-Ledeboer-Park Enschede

Van Heeksbleeklaan 68, NL-7522 Enschede. ✆ 0031-53/4351825, Fax 4342633. www.ledeboerpark.nl. info@vvvenschede.nl. **Anfahrt:** RB bis Bhf Enschede, Bus 9 ab Centralstation. Zugang: Hengelosestraat.
Auto: ↗ Enschede, Stadtumgehung Richtung Hengelo.
Rad: Eschmarke-Route, Luttermarke-Route, ausgeschildert. **Zeiten:** Besucherzentrum Lammeringswönner: Mo – Fr 8 – 16, Sa geschlossen, So 11 – 17 Uhr.
Preise: Kostenlos.
▶ Was haben ein Naturpark und ein Textilfabrikant gemeinsam? Schon 1880 ließ der Stoffhersteller *Ledeboer* den Park anlegen und deshalb trägt er auch heute, nachdem er längst der Stadt Enschede zum Geschenk gemacht wurde, diesen Namen. Hier gibt es tolle Naturspielplätze mit Hängebrücken über dem Wasser und Gleitbahnen. Frösche quaken in den Amphibienteichen, auf den Tierweiden warten Esel und Ziegen auf euch und fleißige Bienen sammeln auf den Blumenwiesen süßen Nektar für ihre Honigproduktion. Klar, dass im Sommer die Wasserpumpe ein echtes Highlight ist – warum bleibt ihr nicht und macht ein zünftiges Picknick auf den Bänken? Im Besucherzentrum könnt ihr an Naturlehrprogrammen teilnehmen oder im Winter auch den Winterhornbläsern zuhören, die sich nachmittags einfinden.

Zoo Labyrinth Boekelo

Zodiac Zoos b.v. Laren, Welenmosweg 1, NL-7548 Boekelo. ✆ 0031-53/45006-50, Fax -49. www.zoolabyrinth-boekelo.nl. boekelozoo@zodiaczoos.nl. **Anfahrt:** ↗ Boekelo. **Zeiten:** Täglich 10 – 18 Uhr. **Preise:** 8,50 €;

 Die Höllenhund-Tour ist auf der letzten Seite des Reisepasses aufgezeichnet. Schaut einmal beim Bienenhaus vorbei oder findet die Findlinge aus alter Zeit. Motto: Wer Findlinge nicht findet, der ist nicht findig genug …

Hunger & Durst
Brasserie De Bakspieker, Hengelosestraat 725, 7521 PA Enschede, ✆ 0031-537/8506500, Mo – Sa 7 – 24 Uhr. 200 m vom Bhf Richtung Hengelo. Geselliger Treffpunkt mit Kinderecke sowie beheizter und überdachter Terrasse.

Kinder 3 – 11 Jahre 7,50 €; Gruppen ab 25 Pers 6,50 €, Abos für alle Parks und Zoos der Zodiac-Gruppe möglich. **Infos:** Keine Haustiere zugelassen. Rollstühle können ausgeliehen werden (vorher reservieren).

▶ Wollt ihr mal euren guten Riecher ausprobieren? Oder vielleicht die Adleraugen beim Spurensuchen testen? In Boekelo könnt ihr über eindrucksvolle Felswände klettern und dabei alle eure Sinne gebrauchen. Die Labyrinthe im »Land des Vertrauens« sind zum Staunen und Stöbern bestens geeignet. Ganz zu schweigen von den merkwürdigen Dingen, die es in einem der Irrgärten zu ertasten gibt. Ein Floß, mit dem ihr euch über das Wasser ziehen könnt, gibt es auch. Derzeit im Aufbau ist der **Tierpark,** in dem Wallabies – so etwas wie Mini-Kängurus – Störche, Kra-

Wolfsspur: In Boekelo geht ihr auf Fährtensuche

FÄHRTEN LESEN

Fuchs-
spur

Hunde-
spur

▶ Der **Dachs** wohnt in einer Höhle, die er im Wald in die Erde gräbt. Er polstert sie an den tiefsten Stellen mit Moos aus, damit er auf weichem Untergrund liegen kann. Im Winter hält er eine Winterruhe. Auch im Sommer werdet ihr ihn kaum zu Gesicht bekommen, denn er ist nachts aktiv und schläft am Tag. Der Dachs ist ein Allesfresser, er hat einen extrem kräftigen Kiefer. Auch der **Fuchs** gräbt Bauten, die viele Fluchtröhren haben, damit er den Hunden der Jäger entkommen kann. Ihr könnt einen Dachsbau daran erkennen, dass es rundherum ganz sauber ist – der Fuchs dagegen ist sehr unordentlich, er lässt seine Essensreste vor dem Bau liegen. ◀

Dachs

Dachsspur

niche und demnächst noch weitere 70 Tierarten herumhüpfen und -fliegen. Wie wäre es mit der Teilnahme an den Zoolympics, bei denen ihr ausprobieren könnt, ob ihr die Champions der Tierwelt auf ihrem Spezialgebiet besiegen könnt? In der Hochsaison im Sommer finden regelmäßig diese Wettkämpfe sowie Raubvogelvorführungen statt. Der Park lohnt einen ausgedehnten Besuch. Vielleicht habt ihr ja Glück und könnt eine Hochzeit auf dem Gelände beobachten. Das Zoo Labyrinth ist nämlich ein offizieller Trauort der Stadt Enschede.

@ Unter www.zoolabyrinthboekelo.nl könnt ihr eure Sprach- und Kombinationsgabe erproben: Unter »kids« wartet ein Tierpuzzle auf euch, bei dem ihr mal schauen könnt, wie ähnlich sich die deutsche und die niederländische Sprache sind.

Abenteuerspielplätze und Erlebnisparks

terHuurne – Spielen und Sparen

Altsteedseweg 64, NL-7481 Haaksbergen. ✆ 0031-53/5693569, Fax 5696615. www.terhuurne.nl. info@terhuurne.nl. **Anfahrt:** ↗ Haaksbergen. **Zeiten:** Mo 11 – 18, Di – Fr 9 – 18, Sa und So 9 – 17 Uhr.

▶ Diese Adresse interessiert Sparfüchse bestimmt genauso wie Spielkinder, denn das Einkaufszentrum terHuurne in Haaksbergen ist eine Kombination aus Supermarkt und Freizeitgelände. Wer holländische Käsevielfalt schätzt, günstige Kaffeepreise und einen entspannten Erlebniseinkauf bevorzugt, der ist hier richtig. Der Weg zum großzügigen **Spielpark** führt durch die Fischhalle, in der ihr bunte Korallenfische, Piranhas und eine Muräne bewundern könnt. Der kostenlose Spielplatz ist mit einer Riesenrutsche und diversen Klettergeräten, gemeinschaftlich zu bewältigenden Wippen, Riesenrädern und einigen münzbetriebenen (je 1 €) fahrbaren Untersätzen ausgestattet. Er liegt im Außengelände des Restaurantbereiches. Hier könnt ihr nach Herzenslust herumtoben, während die Großen die Vorräte auffüllen. Wer Lust auf **Radtouren** hat, der kann sich, ebenfalls gratis, an der Information mit Streckenplänen für 25 –

🍎 Eine absolute Delikatesse sind die *Stroopwaffertjes,* die niederländischen Honigwaffeln. Und zur Saison müsst ihr unbedingt frische Matjes aus der Fischabteilung probieren! Ohne Teller oder Besteck nehmt ihr sie zwischen die Finger und lasst sie Stück für Stück von oben in den Mund gleiten. Helemaal smaakelijk, mhhh!

43 km lange Ausflüge eindecken, ausgearbeitet vom Supermarktteam für die Kunden.

Chimpie Champ – Abenteuerspielplatz Enschede

Colosseum 82, NL-7500 Enschede. ✆ 0031-53/43646-02, Fax -03. www.chimpiechamp.nl. enschede@chimpie-champ.nl. **Anfahrt:** RB Hengelo – Enschede bis Drienderlo, 200 m Fußweg oder Bus 1 bis Go Planet/Arke Stadion. **Auto:** A30/E35, Abfahrt 26 Enschede-West, Beschilderung Arke Stadion/Go Planet folgen. **Rad:** Stadtradnetz beschildert Go Planet/Arke Stadion. **Zeiten:** Mi, Fr, Sa, So 10 – 19 Uhr. **Preise:** Ab 12 Jahre (nur Begleitung) 2,15 €; Kinder ab 1 Jahr 5,25 €, Benutzung des Indoor-Spielplatzes nur für 1 – 12-jährige Besucher; 12er-Karte 52,50 €. **Infos:** Behindertengeeignet, Hunde sowie eigene Getränke und Speisen nicht erlaubt.

▶ Noch eine Alternative für 1- bis 12-Jährige, wenn es draußen mal nicht so rosig aussieht. Wie die Affen saust ihr durch den Indoor-Spielplatz, während eure Eltern sich mit den Zeitungen in der Brasserie die Zeit vertreiben. So schnell sehen die euch wohl nicht wieder, denn hier könnt ihr klettern und rennen, tanzen und springen. Dschungelbäume und -türme könnt ihr erobern, wilde Rutschpartien starten und natürlich das Labyrinth durchklettern. Eine Bowlingbahn könnt ihr ebenfalls mieten. Besonders lobenswert: Es gibt keine Münzspielautomaten, alles ist im Preis inklusive. Und wie wäre es mit der Dschungeldisco? Schwingt die Hufe, klatscht in die Pranken, liebe Affenbande!

De Hoge Boekel – Spiel ohne Grenzen

Hogeboekelerweg 410, NL-7532 Enschede. ✆ 0031-53/461-1378, Fax -2777. www.hogeboekel.com. **Anfahrt:** Connexxion-Bus Gronau – Enschede. **Auto:** A30 von Osnabrück, Abfahrt 33 Oldenzaal Zuid Richtung Lonneker – Enschede. Am Miro abbiegen, zwi-

---

Happy Birthday
Das Chimpie Champ bietet tolle Geburtstags-Arrangements in speziellen Geburtstags-Mottozimmern an. Für bis zu 12 Teilnehmer ab 4 Jahre buchbar. Kosten 10,50 – 14,50 € pro Pers. Anmeldung erforderlich.

@ www.9292ov.nl nennt die Buslinien im Bereich Twente. Die Seite funktioniert wie ein Routenplaner, einfach Start und Ziel eingeben, dann erfahrt ihr die entsprechenden Verbindungen.

schen Losser und Glanerbrug gelegen. **Rad:** Eschmarke-Route, Luttermarke-Route. **Zeiten:** Spielpark Pfingsten – Herbstferien Di – So 11 – 18 Uhr. **Preise:** Kostenlos, viele Karussells und Angebote mit Münzbetrieb.

▶ Dieser Spielplatz ist teilweise überdacht und trotzt so auch einem herbstlichen Wind oder Regenschauer. Ländlich und doch ganz in der Nähe der Stadt bietet er euch Raum zum Toben und Spielen – ganz kostenlos! Ihr könnt eure Großeltern beim Minigolf herausfordern oder auf der großen Terrasse euer Picknick genießen. Für die Großen gibt's zudem Kegelbahnen und einen Saal für Feierlichkeiten. Das Café ist einladend, sodass Oma und Opa gar nicht böse sind, wenn ihr sie dort sitzen lasst, um ausgiebig herumzutoben.

@ **vvvenschede.nl** bringt euch näher an alle Attraktionen der Stadt – wenn ihr ein wenig Niederländisch versteht. Mit etwas Geduld und Fantasie ist das gar nicht so schwierig!

Klettert euch fit – Arqué Enschede

J.J. van Deinselaan 20, NL-7541 Enschede. ✆ 0031-53/4840488, Fax 4304162. www.arque.nl. info@arque.nl. **Anfahrt:** Bus 6 ab Bhf ↗ Enschede bis Sportpark Het Diekman. **Auto:** ↗ Enschede, erste Ampel links, dann rechts in Beverstraat, direkt hinter Aquadrom. **Rad:** Örtliches Radnetz bis Aquadrom/Sportpark. **Zeiten:** Mo, Di, Do 19 – 23, Mi 14 – 23, Fr 16 – 23, Sa 11 – 19, So 11 – 18 Uhr, im Sommer Di – Fr 19 – 22.30, Sa und So 12 – 17 Uhr. **Preise:** 8 €, Material 2,50 €; Kinder bis 12 Jahre 6 € + 1,50 €; 10er-, Jahres- und Gruppenkarten möglich. **Infos:** In Begleitung eines Erwachsenen dürfen hier schon Grundschulkinder klettern.

▶ Im Kletterzentrum ragen Kletterwände senkrecht auf, bieten bunte Klettersteine Halt und Überhänge fordern die Geschicktesten unter euch heraus. Hier könnt ihr euch richtig auslassen. Gut gesichert hängt ihr an Seilen. Bevor es »aufi« geht, werdet ihr in die Technik eingewiesen. Jodeln gehört dazu, wenn ihr oben angekommen seid. Schließlich wird man dabei wie ein echter Alpenbesteiger gesichert, Seil und Karabinerhaken inklusive!

Besondere **Kinderfeste** veranstaltet das Kletterzentrum an diversen Nachmittagen, z.B. Mi und Fr. Ihr müsst für ein Fest vorher reservieren und mindestens 8 Jahre alt sein, dann gibt es nach der Einführung 2 Stunden Kletterspaß. Eure erwachsenen Begleiter müssen euch sichern und ab geht die Post! ✆ 0031-53/4340488.

Kids City war einmal das Schwimmbad von Borne, doch jetzt liegt direkt nebenan der Neubau **Zwembad t'Wooldrik** mit Saunabereich, türkischem Bad und Whirlpool, in dem ihr euch abkühlen oder Tante und Onkel ein wenig entspannen können. Deshalb: Badehose einpacken.

Bunter Sumpf: Wie Dagobert Duck könnt ihr ein Bad in der Menge nehmen – hier sind's eine Menge Bälle

Piratenalarm im Indoor-Spielplatz
Kids City Borne

t'Wooldrik 4, NL-7621 Borne. ✆ 0031-74/267-1131, Fax -2553. www.kidscity.nl. info@kidscity.nl. **Anfahrt:** Ab Hengelo mit Bus 57 bis Zwembad (direkt neben Kids City). **Auto:** A35, Abfahrt 29 Borne-West, im Ort ausgeschildert Hosbeckeweg, Bornerbroeksestraat – t'Wooldrik. **Zeiten:** Ferien täglich ab 10, sonst Mi 12 – 18, Fr und So 10 – 19, Sa 10 – 17.30 Uhr, mit Buffetbetrieb 18.30 – 21 Uhr (im Eintritt enthalten, Reservierung erforderlich). **Preise:** 1,95 €; Kinder 1 – 12 Jahre 4,95 €. **Infos:** Preise für das Piratenbuffet: Erw 26,50 € inkl. aller Getränke, Kinder zahlen 1,50 € pro Lebensjahr.

▶ Wen juckt denn schon ein bisschen Regen oder grauer Himmel, wenn es ein echtes Piratenschiff zu entdecken gibt? In Kids City werdet ihr von einem etwas »verknöcherten« alten Freibeuter empfangen, der in seinem Verlies vergammelt. An den Wänden stehen Furcht erregende Piraten und von den Decken und Tauen hangeln sich bis an die Zähne bewaffnete üble Kerle. Da stürzt man sich doch liebend gern in die mit Netzen gesicherten Ballwiesen oder Kletterlabyrinthe. Für die Kleinen gibt es auch eine so genannte Pamperzone mit Bällen, Schaukelpferden und Plastikburgen zum Klettern und Spielen. Ihr Größeren schaut euch sicher lieber in der Kapitänskajüte um oder folgt Pippi Langstrumpf in die Kinderdisco im Unterdeck. Die Schatzkammer beherbergt Computerspiele aller Art. Wer **Hunger**

& Durst bekommt, der kann Samstagabend 18.30 – 21 Uhr und Sonntagmittag 16 – 19 Uhr das Piratenbuffet auf dem Oberdeck plündern. Im Barbereich gibt es für Erwachsene eine leckere Auswahl an Speisen und für euch ein Kindergericht. Die Wartezeit könnt ihr mit Malstiften und Papier verkürzen. Die Außenanlage und der Biergarten sind bei gutem Wetter geöffnet, also schaut ruhig auch im Sommer mal vorbei.

Hunger & Durst
Mehr Informationen zum Restaurant in Kids City findet ihr unter www.scheepskajuit.nl.

Winterspaß auf Kufen

Mobile Eisbahn in der Altstadt Enschede

Verkehrsverein Enschede, Oude Markt 31, NL-7511 Enschede. ✆ 0031-53/4323200, Fax 4304162. www.vvv-enschede.nl. info@vvvenschede.nl. **Anfahrt:** RB bis Enschede Centraal, ab da zu Fuß ins Zentrum. **Auto:** ↗ Enschede. **Rad:** Ortseigene Radnetze, Altstadt Fußgängerzone. **Zeiten:** 1. Dezemberwochenende – Wochenende um den 6. Jan. **Preise:** 3 € pro Person, Schlittschuhverleih 3,50 €.

▶ Dreht eure Pirouetten, springt wie Katharina Witt und flitzt schnell wie Gunda Niemann über die Eisbahn am Alten Markt. Hier könnt ihr auch Eissportvereine und echte Künstler bewundern, die zu verschiedenen Zeiten ihre Leistungen vorführen. Da die Weihnachtszeit in den Niederlanden eine fröhliche Angelegenheit ist, die ihren Höhepunkt schon am 6. Dezember hat, nutzt man bei solchen Gelegenheiten einfach die Wintersportarten, die man trotz Mangel an Bergen erleben kann.

Traditionell gehört zum Weihnachtsmarkt eine Kirmes, die direkt nebenan stattfindet. Mit etwas Glück erlebt ihr einen Mittwinterhorn-Bläser, der mit dem langen Holzhorn seit altersher die Geburt Christi ankündigt.

Eishalle Enschede

Westerval 25, NL-7545 Enschede. ✆ 0031-53/432-1911, Fax 4315999. www.euregiokunstijsbaan.nl. euregiokunstijsbaan@hetnet.nl. Am Volkspark und Sporthalle Pathmoshalle, Postbus 1416, 7500 BK Enschede. **Anfahrt:** Bus 4 bis Elfteringweg/Poolmansweg, ab da 3

Happy Birthday!

Klar, dass ihr in der Eishalle auch Geburtstag feiern oder eine Familienpartie ab 15 Personen veranstalten könnt. Nähere Infos und Preise für eure individuellen Wünsche unter ✆ 0031-053/4321911. Kinderfeste zu festen Zeiten für 6 € inklusive Snack.

Min Fußweg. **Auto:** A1, Abfahrt 26 Enschede West, ausgeschildert circa 100 m nach 1. Ampel. **Rad:** Ortseigene Radwege, Ausschilderung Volkspark. **Zeiten:** Sep – März Mi 10 – 16 und 19.30 – 21.30 Uhr, Di, Do, Fr 13.30 – 15.30 und 19.30 – 21.30, Sa 13.30 – 16 Uhr, So 9.15 – 11.30 und 13.30 – 16 Uhr sowie Vereinszeiten. **Preise:** 4,80 €; Kinder bis 12 Jahre 3,90 €; 10er- und Jahreskarten, Tarife für Senioren ab 50 Jahre und Gruppen ab 20 Pers. **Infos:** Schlittschuhmiete 4,50 €.

▶ Auf einer ovalen Laufstrecke von 200 Meter Länge könnt ihr so manche Kunstfigur ausprobieren. Wer sich nicht so sicher fühlt, darf für ein geringes Entgelt auch als Zuschauer bei den Vereinstrainingszeiten zuschauen, die sich richtig lohnen. Da flitzen Eishockey-Bären über die Bahn, ihr könnt den steilen Weg der Eisprinzessinnen vom zehnten Hinfall bis zur perfekten Form beobachten oder euch in die Eistanzpaare hineinträumen. Aber Hand aufs Herz – selbst Kreise ziehen ist doch viel schöner, oder? Auch, wenn es nicht ganz so perfekt aussieht. Und wie toll ist der Moment, wenn man sich nicht mehr an der Bande festklammern muss, sondern sich auf die freie Fläche hinaus wagt.

HANDWERK UND GESCHICHTE

Museen, Synagogen und Stadtführungen

Stichting Museum Buurtspoorweg — mehr als eine alte Bahn

Windmolenweg, NL-7548 Boekelo. ✆ 0031-53/-5721516, Fax 4876502. www.museumbuurtspoorweg.nl. info@museumbuurtspoorweg.nl. **Anfahrt:** ↗ Boekelo. Alter Bahnhof Haaksbergen. **Zeiten:** Aktuelle Dienstpläne telefonisch erfragen oder im Internet nachschauen, ganzjährige Fahrten, Eventfahrten. **Preise:** 5 €, 7 € retour, 12,50 € Tageskarte; Kinder 4 – 11 Jahre 3 €, 4,50 retour, Tageskarte 7,50 €; Kombi-Karte Zugfahrt und Eintritt ins Zoo-Labyrinth Boekelo möglich,

Gruppen ab 20 Pers 10 % bei Hin- und Rückfahrt. **Infos:** Pauschaltouren: arrangementen@vvvtwentezuid.nl.

▶ Am alten **Haaksberger Museums-Bahnhof** erwarten euch Eisenbahnen in gleich mehreren Größen: Die eine ist eine Miniatur-Lok und besonders für Kinder eine tolle Attraktion, die zweite ist die echte, denn zwischen Haaksbergern und Boekelo verkehrt eine schnuckelige alte Dampflok. In den Sommermonaten und zu Weihnachten könnt ihr euch gemütlich durch das Land schuckeln lassen, das Rattern des Zuges und die imposante Qualmfahne begleiten euren Ausflug. Die Fahrräder könnt ihr gratis mitnehmen. Beim Zwischenstopp **Zoutindustrie** stand bis 1959 eine Salzfabrik, daher der Name »Salzindustrie«. Heute ist das ↗ **Zoo-Labyrinth** Anziehungspunkt für die vielen Ausflügler. Außerdem bietet das *Golden Tulip Wellness-Hotel* Möglichkeiten zum Verweilen. Kombitickets für Zoo und Bahn sind erhältlich.

An der **Endhaltestelle Boekelo** könnt ihr direkt vom Bahnhof aus zu einer kleinen Wanderung zum *Spielehof* aufbrechen, Infos zum Spielehof und Golfplatz unter ✆ 053/4281363.

Es klappert die Mühle – in Bad Bentheim

Gildehauser Ostmühle, Am Mühlenberg, 48455 Bad Bentheim-Gildehaus. ✆ 05922/Fax 9833-20 (Stadt). www.badbentheim.de. verkehrsamt@badbentheim.de. **Anfahrt:** ↗ Bad Bentheim, über L39 nach Gildehaus. **Rad:** 100-Schlösser-Route, Kastelenroute Ijssel-Ems. **Zeiten:** April – Okt Sa und jeden 1. So im Monat 14 – 17 Uhr. **Preise:** Kostenlos. **Infos:** ✆ 05924/6349.

▶ Eine holländische Turmwindmühle mit einem Backhaus erwarten euch. Die Mahl- und Backvorführungen sind natürlich besonders spannend und schmackhaft! Denn nach Voranmeldung wird zunächst das Korn gemahlen und dann im Backhaus nebenan zu knusprigem Brot verarbeitet.

In der ganzen Gegend werden **Schmuggeltouren** angeboten, denn heimlich über die Grenze zu gehen, war bis vor wenigen Jahren ein weit verbreitetes »Hobby«, bei dem man günstig – aber ungesetzlich – einkaufte. Bei Frau Hüsemann, Grafschafter Landservice, ✆ 05921/728080, könnt ihr echte Schmuggler sein und eine entsprechende Wanderung buchen.

Synagoge Enschede

Prinsestraat 18, NL-7500 Enschede. ✆ 0031-53/432-4507, Fax -9134. www.synagoge-enschede.nl. info@synagoge-enschede.nl. **Anfahrt:** Alle Busse ab Bhf zum Ariensplein. ↗ Enschede, Stadtring um die Altstadt, De Ryyterlaan – Ariensplein. **Rad:** Stadtradnetz, Ausschilderung Medisch Spectrum Twente. **Zeiten:** So und Mi 11 – 17 Uhr, ausgenommen jüdische Feiertage. **Preise:** 3,50 €; Kinder ab 5 Jahre 2,50 €; Familien (2 Ki, 2 Erw) 10 €. **Infos:** Euregionales Zentrum für jüdische Geschichte und Kultur Enschede, Führungen sind unter ✆ 0031-53/432-4507 buchbar.

 *Wie die Christen das Osterfest feiern, so feiern die Juden das **Pessach**, eines ihrer Hauptfeste. Es erinnert an den Auszug aus Ägypten und damit an die Befreiung aus der Sklaverei. **Sukkot**, das Laubhüttenfest, ist ein Pilgerfest im Herbst. Es ist das größte Freudenfest. Der höchste Festtag ist **Jom Kippur**. Dieser Versöhnungstag wird im Sep oder Okt gefeiert. Weitere Feste sind das Erntedankfest **Schawuot** und das Lichterfest **Chanukka**.*

▶ Eine Synagoge ist das Gotteshaus der Juden. Sie dient als Schule, Versammlungsort, Kirche. Und in Enschede steht die schönste Synagoge der Niederlande. Ihr könnt sie So und Mi anschauen. Seit 1834 gab es in Enschede eine Synagoge; als die Gemeinde größer wurde, wurde sie 1928 zu der neuen Größe umgebaut. Der Architekt hat sich dabei vom Orient anregen lassen und einen zentralen Kuppelbau errichtet. Ein Blick in die Kultur des Judentums, das in Deutschland während des Krieges nahezu ausgelöscht wurde, ist sehr eindrucksvoll. Hier erfahrt ihr viele Einzelheiten über jüdischen Alltag und Religion, die ihr sonst kaum noch erleben könnt, da durch die Nazi-Herrschaft und den Zweiten Weltkrieg die europäischen Juden millionenfach vertrieben und getötet wurden. Auch aus Enschede wurden die Juden vertrieben. Die Gemeinde beklagt selbst heute noch einen Exodus, da viele orthodoxe Juden abwandern, weil es keine jüdischen Geschäfte und kaum noch Gemeindeleben gibt. Fragt nach, was eine Menorah ist oder warum der große Raum die große »Schul« heißt. Ein Rabbi ist ein Religionsgelehrter im Judentum, der den Gemeindemitgliedern die Torah und die heiligen Schriften erklärt. Und was ist nur so besonders an den Zahlen 3, 4, 5, 7, 10 und 12? Wer mehr lesen oder hören möchte, der wird im Synagogenshop fündig.

Naturmuseum Enschede

M.A. de Ruyterlaan 2, NL-7511 Enschede. ✆ 0031-53/4807680, Fax 4300176. www.natuurmuseumenschede.nl. info@natuurmuseumenschede.nl. **Anfahrt:** Bis Enschede Centraal, ab da 5 – 10 Min zu Fuß. **Auto:** ↗ Enschede, Gronausestraat (Ring) bis M.A. de Ruyterlaan. **Rad:** Stadtradnetz Altstadt/Ring, Eschmarke-Route, Luttermarke-Route. **Zeiten:** Di – Fr 10 – 17, Sa – So 13 – 17 Uhr, Fei abweichende Öffnungszeiten. **Preise:** 3 €; Kinder 4 – 18 Jahre 1,50; Senioren ab 65 € 1,50 €, Sponsoren und Museumskartenbesitzer (MJK/CJP, lid ENMV) frei.

▶ Natur pur im Naturkundemuseum Enschede. Ihr glaubt nicht so recht, dass das spannend ist? Dann kriecht erst einmal durch die speziell für Kinder angelegte Sonderausstellung »Bodem.nu!«. Ihr begegnet dabei Tieren, die im Boden leben und entdeckt, was rund um die Fundamente eines Hauses alles so wimmelt. Von den kleinen Kriechern führt euch ein riesiger Sprung zu den enormen Skeletten, die von den Tieren der Eiszeit hier hinterlassen wurden. Dazu kommt ein wahrer Schatz an Mineralien, die von simplen Steinchen bis zu Halbedelsteinen reichen. Wem das noch nicht genug ist, der kann sich ja das Tierleben der Niederlande vornehmen. Oder sollen es doch lieber die endlos scheinenden Sammlungen von Tiervitrinen sein, die von der Leidenschaft früher Tierforscher erzählen?

Kinder entdecken Enschede — eine Tour durch Enschede

VVV Twente Zuid, Oude Markt 31, NL-7511 Enschede. ✆ 0031-53/432-3200, Fax 4304162. www.enschede.nl. info@vvvenschede.nl. **Anfahrt:** DB stündlich ab Münster oder Osnabrück. **Auto:** ↗ Enschede. **Rad:** Ortseigenes Radnetz bis Zentrum, Eschmarke-Route, Luttermarke-Route.

▶ Wer ist denn *Kootje Krekkel*? Komischer Name, aber durchaus passend, denn das Maskottchen die-

Happy Birthday! Kindergeburtstage für 5- bis 11-Jährige nach Absprache. Ihr verkleidet euch als Mäuse und sucht im Museum nach dem Käse. Für 8- bis 10-Jährige findet das Fest dann bei der Sonderausstellung »Bodem.nu!« statt.

@ Wenn ihr euer **Niederländisch** trainieren und dabei richtig Spaß haben wollt, dann klickt in die speziellen Kinderseiten der Region: www.kidscluboverijssel.nl.

2 Rätselheft *Kreuz und quer durch Enschede mit Kootje Krekkel* kostenlos beim VVV Enschede an der Jacobuskerk.

2 Broschüre und Radwanderkarte *Radeln in der Grenzregion* gibt es in jedem VVV-Büro der Gegend. Darin findet man 22 ausgeschilderte Radtouren 20 – 65 km Länge durch Achterhoek, Twente, Salland, Overijssels Vechtdal und Veluwe.

ser Kinder-Stadtführung ist nach den »Krekkel«, der früheren Bezeichnung für die Einwohner von Enschede, benannt. Und Kootje führt euch kreuz und quer durch »Krekkelstadt«. Im Laufe des Spaziergangs, der beim VVV Infobüro in Enschede mit dem Abholen eurer Broschüre beginnt, erfahrt ihr von Kootje auch, welche Geschichte hinter dem Namen steht, doch das verrate ich natürlich noch nicht. Vorher gilt es, Sonnenuhren zu kontrollieren und Stufen zu zählen, ein Musikinstrument in einem Koffer zu zeichnen und mit einer Königin bekommt ihr es auch zu tun. Jedes Böhnchen gibt ein Tönchen, ihr werdet es hören, wenn ihr die hiesige Spezialität probiert. »Lekker Mittagessen mit die Konigin«, das sagte ja schon Hape Kerkeling, der sich als Königin Beatrix einmal zum Bundespräsidenten durchmogeln wollte. Backfisch, Suppe, Pfannekuchen, eigentlich könnte man sich durch Enschede hindurch schlemmen, doch ihr habt ja viel zu viel zu entdecken. Auch wenn ihr nicht alle Lösungen findet, braucht ihr nicht traurig zu sein. Im Umschlag stecken zur Kontrolle die Lösungen – und eine kleine Leckerei als Belohnung.

Weben und Kochen hautnah: Museum Jannink Enschede

Haaksbergerstraat 147, NL-7513 Enschede. ✆ 0031-53/4825060, Fax 4305492. www.museumjannink.nl. info@museumjannink.nl. **Anfahrt:** Bus 7 ab Enschede Centralstation bis Haaksbergerstraat. **Auto:** ↗ Enschede, Gronausestraat bis Stadtmitte, dann Haaksbergerstraat bis kurz hinter dem Kreisverkehr. **Rad:** Stadtradnetz, Eschmarke-Route, Luttermarke-Route. **Zeiten:** Di – Fr 10 – 17, Sa und So 13 – 17 Uhr, Fei wechselnde Öffnungszeiten. **Preise:** 3 €; Kinder 4 – 18 Jahre 1,50 €; Senioren ab 65 Jahre 1,50 €, Jannink-Sponsoren gratis.

▶ Museen, in denen man nichts anfassen darf? Wie langweilig! Im Museum Jannink aber könnt ihr in die Welt der Menschen vor 140 Jahren eintauchen und erfahrt eine Menge über die Textilindustrie und Wohnverhältnisse ab 1870. Wie wäre es mit einem lebensgroßen Küchenpuzzle oder einer Kücheneinrichtung Anno dazumal, mit der ihr spielen dürft? Aber nicht erschrecken, wenn die Webmaschinen tosend loslegen. Was ist denn hier los?

Auf die Spurensuche könnt ihr mit dem »Speurpaket« gehen, das die Kasse für 0,75 € bereit hält. Rätsel, die euch durch das Museum führen und eine wirklich neugierige Schnüffelnase helfen euch, den Tag noch spannender zu gestalten.

Happy Birthday
Zum Geburtstag könnt ihr mit der Zeitmaschine allerlei Interessantes erfahren – mit Originalverkleidungen und Spielen. Für Kinder 5 – 11 Jahre. Dauer 1,5 Std, 5 € pro Kind.

Naturkunde zum Anfassen:
Naturkundemuseum Natura Docet

Oldenzaalsestraat 39, NL-7591 Denekamp. ℰ 0031-541/351325, Fax 353592. www.naturadocet.nl. info@naturadocet.nl. **Anfahrt:** ↗ Denekamp, am südlichen Ortsrand. **Rad:** Ortseigenes Radnetz, Bergvennen-Route ab Ruhrgebiet. **Zeiten:** Mo – Fr 10 – 17, Sa, So 11 – 17 Uhr, Ostersonntag, Silvester und Neujahr geschlossen. **Preise:** 3,40 €; Kinder 4 – 15 Jahre

Auf Augenhöhe: Robin und das kleinste Pferd der Welt

Haudegen: Dem Neander-
thaler möchte man nicht
im Dunkeln begegnen –
Susi guckt
schon sehr
besorgt

1,70 €; Gruppen ab 20 Pers 3 € bzw.
1,36 €; Museumsjahreskarte gewährt
Eintritt bei allen angeschlossenen Museen, nähere Infos im Museum.

▶ *Natura docet* ist lateinisch und
heißt »Die Natur lehrt«. Und in diesem
ältesten regionalen Naturkundemuseum der Niederlande gibt es eine
Menge zu lernen. Für Liebhaber schöner Edelsteine gibt es eine ganze Abteilung, in der es funkelt und glitzert,
nebenan ragen die großen Stoßzähne
eines Mammuts über der Tür und wer
sich traut, unter ihnen hindurch zu gehen, der gelangt in eine große Sammlung von Tieren der ganzen Welt. An
der Wand hängt ein eindrucksvolles
Krokodil, das ist glatt 3 Meter lang,
aber ein wenig »geplättet«. Das Beste am Museum:
Ihr dürft all diese Dinge anfassen, hier meckert keiner. Fühlt mal über die ledrige Krokodilhaut oder über
das Fell des kleinsten Pferdchens, das je existiert
hat. Im Außengelände könnt ihr in Feuchtbiotopen
forschen und Mikroskope benutzen. Was kreucht und
fleucht denn da? Das Museum ist ideal bei gutem
wie bei schlechtem Wetter – und das ganz bewusst
ohne die mittlerweile übliche High-Tech-Ausstattung.

Sandsteinmuseum Bad Bentheim

Schlosspark, Funkenstiege 5, 48455 Bad Bentheim.
✆ 05922/9833-0, Fax 7354. www.sandsteinmuseum-
badbentheim.de. verkehrsamt@badbentheim.de.
Anfahrt: ↗ Bad Bentheim. **Rad:** 100-Schlösser-Route,
Kastelenroute Ijssel-Ems. **Zeiten:** Di – So 14 – 18 Uhr,
Nov – Feb bis 17 Uhr. **Preise:** 1,50 €; Kinder ab 6 Jahre
0,50 €; Gruppenermäßigungen möglich.

▶ Wenn ihr das Sandsteinmuseum in Havixbeck bis-
her verpasst habt, so ist hier eure Gelegenheit, das
»Gold« der Gegend kennen zu lernen. Der helle Sand-

stein sieht in der Sonne wunderbar aus, die Gewinnung und Bearbeitung allerdings war Schwerstarbeit. Der Bentheimer Sandstein ist ein sehr harter und fester Stein, der früher nur mit Werkzeugen und Muskelkraft abgebaut und bearbeitet wurde. Aus ihm wurden Kirchen, Tür- und Fenstereinfassungen, Grabplatten, Särge und Straßenpflaster gefertigt. Wie wäre es, wenn ihr euch einen ganzen Tag Zeit nehmt und zuerst das Handwerk der arbeitenden Bevölkerung kennen lernt, bevor ihr im wahrsten Sinne »aufsteigt« zur Burg der Edelleute?

Spielend entdecken könnt ihr mit der Broschüre *Kunterbunte Ausflugsziele für euch* – der Urlaubsbroschüre für Kids in der Grafschaft Bentheim. Holt sie euch z.B. beim Verkehrsamt in der Schlossstraße 18, ✆ 05922/98330 Mo – Fr 8.30 – 12.30, 14.30 – 17 Uhr, Mai – Sep auch Sa 9 – 12.30 Uhr.

Imposant und toll zum Entdecken: Bei der Burg Bentheim liegen das Sandsteinmuseum und eine ↗ Jugendherberge

AUS DEM KALENDER

Theater und Veranstaltungen

Freilichtbühne Bad Bentheim

Schlossstraße 18, 48455 Bad Bentheim. ✆ 05922/ 994656, Fax 990901. www.freilichtspiele-badbentheim.de. verkehrsamt@badbentheim.de. **Anfahrt:** ↗ Bad Bentheim. **Rad:** 100-Schlösser-Route, Kastelenroute Ijssel-Ems. **Termine:** Mai – Sep. **Preise:** 6 €, Abendvorstellung 9 €; Kinder 4 €, Abendvorstellung 6 €; Gruppen 3,50 € pro Person.

▶ Mindestens ein Erwachsenen- und ein Kinderstück spielt die Freilichtbühne Bad Bentheim pro Saison. Daneben gibt es allerdings auch immer Gastspiele anderer Ensembles, die Jugendarbeit ist sehr engagiert und wer in Bad Bentheim wohnt, kann sich gern als Mitspieler bewerben. So nimmt *Freilichtspiele e.V.* auch an den Jugend- und Teeniecamps teil, die vom Freilichtverband organisiert und ausgerichtet werden. Habt ihr Lust, einmal nicht nur zuzuschauen, sondern selbst ein Lied zu schmettern, im Chor zum Gelingen beizutragen oder als kleine Hexe viele Abenteuer zu bestreiten? Ein zeitintensives, aber irre spannendes Hobby für Nachwuchs-Schauspielkünstler!

Happy Birthday!
Geburtstagskinder mit Ausweis bezahlen keinen Eintritt!

Oranje boven, Oranje boven! Die Fußballfans kennen diesen Schlachtruf bestimmt. Damit und mit ihren dicken orangen Schleifen aus Krepppapier oder riesigen Hüten zeigen sie ihre Zugehörigkeit zum Königshaus Oranje, dessen Untertanen sie ja sind. Königin Beatrix ist die derzeitige Königin, ihr Geburtstag wird als nationaler Feiertag mit Spektakel im ganzen Land begangen.

FESTKALENDER

Mai:	5., in allen Städten und Gemeinden der Niederlande: **Koniginnendag,** Festivitäten zu Ehren des Geburtstags der Königin.
Juli:	Enschede: **Beach Event,** Strandgefühle am Oude Markt mit Musik und diversen Veranstaltungen.
Dezember:	1. Wochenende bis Dreikönige, Enschede: **Mobile Eisbahn und Weihnachtsmarkt.**

BAUMBERGE

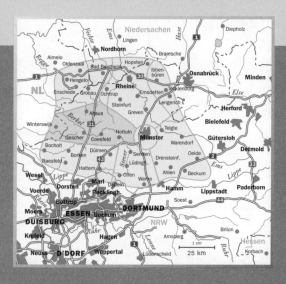

Bäume auf Bergen? Oder Berge von Bäumen? Eigentlich stimmt beides nicht, denn die Baumberge sind eher Hügel als richtige Berge. Aber im Münsterland sticht nun einmal alles heraus, was mehr als eine Kuhgröße über dem Meeresspiegel liegt.

Berühmt sind die Baumberge nicht nur für ihre Wälder, sondern besonders für die herrlich beigen Sandsteine, die in dieser Region seit Jahrhunderten abgebaut werden. Schaut euch um, die in der Sonne schimmernden hellen Fassaden von Kirchen und Schlössern oder großen Gutshäusern werden euch begeistern. Klar, dass ihr euch das im Sandsteinmuseum in Havixbeck etwas näher erklären lassen müsst. Ob ihr im Winter mit dem Schlitten die Hügel hinunter saust oder im Sommer eine Vorstellung auf einer der vielen Freilichtbühnen genießt, die Baumberge gelten als ausgesprochenes Urlaubsgebiet. Sogar ein ganz alter Schwede hat es rollend bis hierher geschafft. Wo Blumenfreunde ganze Paradewagen voller Blüten entstehen lassen und die Glocken aus Gescher in alle Welt klingen, da sind die Aussichten prima – und das nicht nur vom Longinusturm bei Nottuln aus!

Schwimmen und Kneippen

Wellenbad in Nottuln

Rudolf-Harbig-Straße 16, 48301 Nottuln. ℂ 02502/6339, Fax 942-224 (Gemeinde). www.nottuln.de. weweringh@nottuln.de. **Anfahrt:** Bus S60 von Münster und Coesfeld oder 561 von Darup und Coefeld bis Cilly-Aussem-Weg. **Auto:** ↗ Nottuln, Sportanlagen und Bad ausgeschildert. **Rad:** Sandsteinroute. **Zeiten:** Mai – Sep Mo und Fr 10 – 20, Di und Do 6.30 – 20, Mi, Sa, So, Fei 8 – 20 Uhr. **Preise:** Mo – Fr 18 – 20 Uhr Feierabendtarif 1,80 €, sonst Mo – Fr 2,90 €, Sa, So und Fei 3,60 €; Kinder bis 15 Jahre Mo – Fr 1,40 €, Sa, So und Fei 1,80 €; 10er-Karte 25,30 €/11,30, Familiensaisonkarte

BÄUME, BERGE & STEINE

TIPPS FÜR WASSER-RATTEN

Ui, ist das kalt! Aber mit *der* Erdbeerbombe kann man sich ja Zeit lassen

51 €, Familienjahreskarte 84,40 €. **Infos:** Gemeindewerke Nottuln, ✆ 02502/942-411.

▶ Das Wellenfreibad ist während der Sommersaison
mit seinen 1370 qm Wasserfläche ein echtes Ur-
laubsparadies, denn die Wellen bringen das Gefühl
von Strand und Meer mit sich. Die Bereiche für Kinder wurden 2005 neu angelegt. Da findet sich für die
kleinen Geschwister ein Nashorn im Babybecken
oder eine schön schmuddelige Matschanlage im Au-
ßenbereich. Es gibt einen Spielplatz und für die Größeren ein Beachvolleyballfeld, auf dem ihr die Eltern
mal so richtig fordern könnt. Apropos Mut – da ist
auch der 5-m-Sprungturm nicht zu vergessen. Wer
traut sich da hinunter? Kein Wunder, wenn die Älteren bei so viel Action ihre Ruhe im Schwimmbecken
suchen. Solange sie den Picknickkorb nur offen stehen lassen oder ein bisschen Kleingeld für den Kiosk
locker machen, ist die Welt hier für alle so richtig in
Ordnung.

Hallenbad Nottuln

Rudolf-Harbig-Straße 20, 48301 Nottuln. ✆ 02502/
6339, Fax 942-224 (Gemeinde). www.nottuln.de. wewe-
ringh@nottuln.de. **Anfahrt:** ↗ Nottuln. **Rad:** Sandsteinroute. **Zeiten:** Wintersaison (sobald Wellenfreibad
schließt) Frühschwimmen Mo, Di, Do, Fr 6.30 – 7.45,
Mo 15.30 – 20, Di 15.30 – 20.30, Mi 15 – 20.30, Do
15.15 – 17.15, Fr 13.30 – 20.30, Sa 13 – 17, So 8 – 13
Uhr. **Preise:** 1,60 €, 10er-Karte 14,50 €, Saisonkarte
Erw 40,30 €; Kinder bis 15 Jahre 0,80 €, 10er-Karte
7,20 €, Saisonkarte 16 €, Jugendliche 16 – 18 Jahre
Saisonkarte 24 €; Familiensaisonkarte 48,30 €. **Infos:**
Saison- und Jahreskarten gibt's bei den Gemeindewer-
ken in der Stiftsstraße 10, 48301 Nottuln, ✆ 02502/
942-411 oder -424.

▶ Nicht traurig sein, wenn es Winter wird. Schließlich bietet euch Nottuln auch ein Hallenbad, sobald
das Wellenfreibad die Tore schließt. Zwar geht es
hier eher gesittet zu, doch in den Ferien bietet das

Für angehende
Lebensretter bie-
tet die hier trainierende
DLRG So 13 – 15, Mo
20 – 21.30 Uhr oder
Do 17 – 21.30 Uhr
Kurse zu allen
Schwimmabzeichen.
DLRG Nottuln e.V.,
Do 17 – 20, ✆ 02502/
1797.

Bad spezielle Kinderprogramme für daheim Gebliebene an. Neben der 25-m-Bahn und den insgesamt 200 qm Wasserfläche bietet das Bad als besonderes Bonbon auch Schwimmabzeichenkurse und für Berufstätige abendliche Fitnesskurse an. Die meiste Zeit jedoch ist Familienzeit und für die Kleinen wird dann mittels Hubboden die Wassertiefe entsprechend auf 90 cm bzw. 120 abgesenkt.

Freibad Billerbeck

Osterwicker Straße 27, 48727 Billerbeck. ✆ 02543/ 1001, Fax 73-50 (Stadt). www.billerbeck.de. info@billerbeck.de. **Anfahrt:** ↗ Billerbeck. **Rad:** 100-Schlösser-Route, Sandsteinroute. **Zeiten:** Mitte Mai – Mitte Sep (wetterabhängig) Mo – Fr 14 – 20, Sa, So und Fei 11 – 20 Uhr, in den Sommerferien täglich ab 11 Uhr. **Preise:** 3 €, 10er Karte 22,50 €, Saisonkarte 42,50 €; Kinder ab 4 Jahre 1,50 €, 10er-Karte 12 €, Saisonkarte 25 €; Familienkarte (inkl. aller Kinder bis 18 Jahre bzw. in der Ausbildung) 50 €. **Infos:** Stadt Billerbeck, Herr Messing, ✆ 73-10.

▶ Ein schnuckeliges Bad mit riesiger Wiese und prima Spielmöglichkeiten. Am Baby-Plantschbecken gibt es Schaukeltiere, einen Sandkletterspielplatz und ein Beachvolleyballfeld. Herzlich Willkommen heißt es auch auf dem Sprungturm (1 m und 3 m) und der Rutsche. Eine tolle Kombination für einen gelungenen Sommertag sind ein Freibadbesuch und eine Runde **Minigolf** gleich nebenan.

Wassertreten an der Berkel

Stadt Billerbeck, Nottulner Straße/An der Berkel, 48727 Billerbeck. ✆ 02543/73-73, Fax 73-50. www.billerbeck.de. stadt@billerbeck.de. Wassertretbecken hinter der Kolvenburg zwischen Burg und Straße Helker Berg. **Anfahrt:** ↗ Billerbeck, an der L577 Parkplatz Berkelquelle, Spazierweg Richtung Stadt. **Rad:** 100-Schlösser-Route, Sandsteinroute. **Zeiten:** Ganzjährig. **Preise:** Kostenlos.

Kinderkram: Die einen können buddeln, die anderen Minigolf spielen

 Minigolf am Freibad, Christa Allendorf, Beerlager Straße 8, Billerbeck, ✆ 0171/6421701. April – 15. Okt Mo – Fr 15 – 20, Sa 13 – 20, So, Fei und Ferien 10 – 20 Uhr. Für Gruppen nach Absprache auch abends. Erw 2 €, Kinder bis 14 Jahre 1,30 €, ab 10 Pers 1,50 € bzw. 0,90 €.

Sebastian Kneipp (1821 – 1897) war ein bayerischer Pfarrer. Als er selbst schwer krank und von den Ärzten schon aufgegeben wurde, heilte er sich selbst durch eine Wasserkur, zu der Tauchbäder in der eiskalten Donau gehörten. So wurde er zum Hydrotherapeut und Begründer der ganzheitlichen Kneipp-Medizin.

Wer vom Wasser nicht genug bekommt, der besucht danach einfach das barocke **Wasserschloss** im Stadtzentrum. Da wogt das Wasser zwar nicht so toll, elegant anzusehen ist es aber allemal.

▶ Wandern ist eine feine Sache, aber irgendwann werden die Füße ja nun doch ein wenig müde. Da tut ein bisschen kühles Wasser ganz gut, wie schon der alte Pastor Kneipp wusste. Hier am **Berkelwanderweg** hat man daher zwei Fliegen mit einer Klappe geschlagen: Aus einem Bohrloch von zehn Metern Tiefe sprudelt das klare Nass für alle Anhänger des gesunden Wassertretens und natürlich besonders für alle Spielkinder, die auch die kältesten Temperaturen nicht vom Spritzen und Matschen abhalten können. Klare Sache, dass hier jeder gern rastet. Wenn's um die Gesundheit geht, kann ja schließlich keiner ablehnen, und ihr lockt selbst die Gemächlicheren hinter dem Ofen hervor.

Wellenfreibad Ahaus

Unterortwick 32, 48683 Ahaus-Unterortwick. ✆ 02561/82299, Fax 72100 (Stadt). www.ahaus-online.de. mail-contact@ahaus-online.de. **Anfahrt:** ⤴ Ahaus, Bad liegt westlich des Ortes. **Auto:** Adenauerring – K63 Vredener Dyk ausgeschildert. **Rad:** 100-Schlösser-Route, entlang der Aa-Umflut. **Zeiten:** Mai – Sep Mo 13 – 20, Di – Fr 6.30 – 20, Sa, So und Fei 10 – 20 Uhr. **Preise:** 3 €; Kinder 5 – 18 Jahre 1,50 €; Ermäßigungskarten für Familienpass und Sozialhilfeempfänger im Bürgeramt. **Infos:** Stadt Ahaus, ✆ 02564/986020.

▶ Nicht kleckern, sondern klotzen, ist die Devise des Wellenbads: 27.000 qm Spiel- und Liegefläche, 2500 qm Wasserfläche, dreifach aufgeteiltes Plantschbecken mit Tiefen 15 – 45 cm, 25 m Rutsche, Wärmehalle mit Schwimmkanal zum Wellenbecken, Streetballkörbe und Volleyball – also auf geht's zum Meeresrauschen im Inland!

T'Hilgeloomeer – Wasserspaß und Camping bei Winterswijk

Meddoseweg/Waliensestraat 137, NL-7103 Winterswijk. ✆ 0031-543/512302, Camping-Telefon 517548, Fax 532698. www.hilgeloomeer.nl. info@hilgeloomeer.nl. **Anfahrt:** ⚹ Winterswijk, nächste Bushalte-stelle 3 km entfernt. **Auto:** Nördlich von Winterswijk Richtung Eibergen, ausgeschildert. **Rad:** Ortseigene Radnetze, Richtung Eibergen. **Zeiten:** Camping April – Okt, Zugang See ganzjährig. **Preise:** 2,70 €, Auto 1,20 €, Zelt 2 €.

▶ 36 ha nasser Spaß warten auf euch. Auf die Surf-bretter oder an die Angelrute und dann los, denn hier im Freizeitgebiet nahe der Grenze findet ihr die idea-len Voraussetzungen für einen wunderbaren Som-merurlaubstag. Spielplatz, Kiosk und Sanitäranlagen runden das Angebot ab. Hunde allerdings müssen zu Hause bleiben. Der Zugang zum See ist auch ohne Camping möglich.

Skaten und Wandern

Skaten und Spielen in Havixbeck

Habichtspark, 48329 Havixbeck. ✆ 025071/7510, Fax 4134. www.verkehrsverein.havixbeck.de. touristik@ha-vixbeck.de. **Anfahrt:** ⚹ Havixbeck. **Rad:** Sandsteinrou-te. **Zeiten:** Ganzjährig. **Preise:** Kostenlos.

▶ Im Habichtspark, dem Bürgerpark von Havixbeck, gibt es neben einem prima Spielplatz auch eine Half-pipe, die sich lohnt. Und sollte es doch mal regnen, keine Sorge: Bei schlechtem Wetter könnt ihr immer noch in das Hallenbad am Schulzentrum am süd-lichen Ende des Parks ausweichen.

Sportzentrum Helker Berg

Stadt Billerbeck, Helker Berg, 48727 Billerbeck. ✆ 02543/7373, Fax 963111. jugendzentrum.biller-beck@t-online.de. **Anfahrt:** ⚹ Billerbeck. **Rad:** Sand-steinroute, Radnetz Billerbeck, am südlichen Orts-ausgang Billerbeck ausgeschildert. **Zeiten:** Täglich. **Preise:** Kostenlos.

▶ Für alle Sportbegeisterten hat Billerbeck eine weithin bekannte **Skaterbahn** (Snake) zu bieten, die

🐛 Alle Attraktionen beschreibt an-schaulich die Broschüre *Urlaub in der Grenzregi-on. Das andere Holland.* Sie kümmert sich spe-ziell um die Interessen von Familien – lesens-wert! Kontakt: Büro für Tourismus Gelderland Overijssel, Postfach 96, NL-7400 AB Deventer.

RAUS IN DIE NATUR

 Achtung, Ach-tung: Nagelneuer Spielplatz im Wohnge-biet Am Stopfer in Ha-vixbeck! Hier lohnt sich ein Besuch oder eine Radpause!

BAUMBERGE

Profimäßig: Da geht's ab, dass einem ganz schwindlig wird!

Billerbeck besitzt **25 Spielplätze** und **5 Bolzplätze**! Auf www.billerbeck.de unter »Kinder & Jugend« findet sich ein Lageplan.

auch vom Skaterprofi Titus aus Münster gern zu Übungszwecken und für Kurse genutzt wird. Ursprüngliche Idee der Anlage war, dass sie bei flutartigem Regen als Auffangbecken für das Wasser dienen soll, aber wann trifft das schon einmal zu? So kamen alle auf ihre Kosten, die Planer und die Jugendlichen. Die Anlage liegt direkt neben dem Ascheplatz und dem Fußballfeld und hat sogar eine eigene Feuerstelle, die zum kostenlosen Grillen genutzt werden darf. Zugang ist jederzeit möglich. Besonders klasse: Die graue Betonwand ist ausdrücklich zum Sprayen freigegeben – hier ist Kreativität gefragt!

Schöne Aussicht auf die Baumberge

Longinusturm Nottuln, Baumberg 45, 48301 Nottuln. ℘ 02502/7911, www.longinusturm.de. info@longinusturm.de. **Länge:** 10 – 12 km, leicht bis mittelschwer. **Anfahrt:** ↗ Nottuln, dann weiter mit Rad oder auf Schusters Rappen. **Auto:** Im Ort Richtung Havixbeck, Longinusturm ausgeschildert. **Rad:** Nähe 100-Schlösser-Route. **Zeiten:** Täglich von 11 Uhr bis der letzte Gast die Tür hinter sich schließt, Sa, So und Fei ab 10 Uhr mit offenem Ende. **Preise:** Turmbesichtigung 1 €; Kinder 0,50 €.

▶ Der 30 Meter hohe Longinusturm steht auf der höchsten Erhebung der Baumberge, dem *Westerberg* (187 m). Der ehemalige Fernsehturm ist im Sommer wie im Winter ein tolles Ausflugsziel. Die Stufen hinauf sind auch von Unsportlichen zu schaffen. Bei klarem Wetter kann man die Anfänge des Ruhrgebiets von dort oben erblicken. Auch die Umgebung des Turms ist keineswegs langweilig. Ihr könnt von hier aus durch die Baumberge wandern, bei gutem Wetter sonntags auch auf einem Pony um ihn herum reiten oder im Winter unterhalb des Turms im Wäldchen Schlitten fahren. Und das ist im Münsterland ja nicht überall möglich, hier aber geht der Waldweg so richtig schön steil bergab und ist entsprechend beliebt.

Eine beliebte **Wanderung** ist die 10 – 12 km lange Strecke ab Nottuln Rhodeplatz über den Nottulner Berg zum Westerberg auf der 100-Schlösser-Route. Auf dem X4 kommt ihr zum Longinusturm, anschließend über die L874 und den Bombergpass zum Vadersplatz. Von dort aus wandert ihr Richtung Havixbeck hinab, wo ihr Anschluss an Busse und Bahnen habt.

Hunger & Durst
Das **Café Longinus** ist nicht nur das höchste im Münsterland, sondern hat auch eins der leckersten Angebote. Im Winter gibt es dort Bratäpfel zum Lippenlecken und extra Kinderpunsch, im Sommer kann man an rustikalen Holztischen draußen sitzen. Adresse und Öffnungszeiten wie Turm selbst.

BAUMBERGE

Natur und Umwelt erforschen

Ach, Du dickes Ei!

Gemeinde Rosendahl, Kardinal-Galen-Straße, 48720 Rosendahl-Holtwick. ✆ 02547/77-0, Fax -199. www.rosendahl.de/touristik.htm. info@rosendahl.de. **Anfahrt:** ↗ Rosendahl-Holtwick, ab Kirche zu Fuß. Ab Legdener Straße beschildert. **Zeiten:** Ganzjährig geöffneter, nicht eingezäunter Park. **Preise:** Kostenlos.

▶ In Holtwick begebt ihr euch auf die Spuren eines weit gereisten Gastes, der von Skandinavien kommend hier seine zweite Heimat gefunden hat. Seither hat er sich nicht mehr von der Stelle bewegt. Und zwar seit 150.000 Jahren! Die Strecke aus dem hohen Norden musste er schon geschoben werden, denn ohne Antrieb hätte der 15, vielleicht sogar 20 Tonnen schwere Koloss es wohl kaum bis hierher geschafft. Es handelt sich um das »**Holtwicker Ei**«, ein in der Saaleeiszeit aus dem schwedischen Värmland vom vorrückenden Eis mitgeführter Felsblock, der nun von einem kleinen Park umgeben ist. Er bietet die ideale Kulisse für Klettereien und Steinzeit-Fantasiespiele. Auf der Tafel gibt es so einiges über den riesigen Fels zu lesen, aber mehr Spaß macht es natürlich, darauf herumzuklettern und sich vorzustellen, wo er herkommt. Ein ganz schön alter Schwede!

Sonnengarten Labyrinth Billerbeck

Aulendorf 1, 48727 Billerbeck-Beerlage. ✆ 02534/8398, 0172/5322396, Fax 96889. www.sonnenblumenlabyrinth.de. info@sonnenblumenlabyrinth.de. **Anfahrt:** RB Münster – Coesfeld bis Billerbeck, von dort Bus 687. **Auto:** B54 Abfahrt Havixbeck, Richtung Billerbeck, rechts Richtung Billerbeck, Altenberge, an der L506. **Rad:** Von Billerbeck entlang der L506. **Zeiten:** Frühjahr – Ende Sep täglich 11 – 19, Fr – So 11 – 20 Uhr, Mo Ruhetag. **Preise:** 4 €; Kinder bis 16 Jahre 2 €; Familienkarte 10 € (2 Erw und ihre Ki), Familiensaisonkarte 20 €. **Infos:** Hotline ✆ 02543/8389.

Hier ist ein idealer Platz für ein **Picknick,** denn der Zutritt kostet nichts und rustikale Holzbänke und -tische laden zum Verweilen ein.

Die Saaleeiszeit überzog von 230.000 bis 130.000 v.Chr. den Norden Deutschlands sowie die Niederlande mit einer meterdicken Schicht aus Gletschereis. Kein Wunder, dass die Landschaft im Münsterland so flach ist, oder?

▶ Maislabyrinthe sind ja mittlerweile schon allerorten bekannt. Dieser Irrgarten aber ist etwas Besonderes, denn er besteht aus Sonnenblumen und Hanfpflanzen. Ihr irrt auf der Suche nach dem Ausgang durch die knallgelbe Pracht und dreht eure Köpfe wie die Blumen nach der Sonne. Bei den Hanfpflanzen handelt es sich um *Cannabis sativa,* das bedeutet »nützlicher Hanf«. Er wird zur Zellstoffproduktion angebaut. Die schönen feinblättrigen Hanfpflanzen können über 2 m hoch werden.

Ein Abenteuerspielplatz und ein Aussichtsturm gehören ebenso zum Angebot des Sonnengartens wie Ruheinseln, ein Hofladen und leckerer Kuchen nach der Anstrengung, aus dem Labyrinth wieder herauszufinden.

Tilbecker Barfußgang

Stift Tilbeck GmbH, Tilbeck 2, 48329 Havixbeck-Stift Tilbeck. ✆ 02507/7510, 981-0, Fax -790. www.barfussgang.de. winter@stift-tilbeck.de. **Anfahrt:** Ab Münster Bus R63 bis Tilbeck, von Coesfeld R64 bis Nottuln, dann R63. **Auto:** A43 Abfahrt 3 Senden, L550 Richtung Münster, am Wasserturm L843 links abbiegen. **Rad:** Sandsteinroute. **Zeiten:** Ganzjährig bis Einbruch der

▶ Mersche von Tilbeck war eine füllige, alte Frau, die einst in Adam Hoeks Wirtschaft einige abendliche Bierchen trank. Als sie ihre Zeche zahlte, klimperte der Beutel und lockte damit einige Landsknechte an, die Böses im Schild führten.

MERSCHE VON TILBECK Sie schlichen Mersche heimlich nach und erschlugen sie auf dem Heimweg im Wald. Doch die beiden Täter fanden nur Schuhnägel, die so im Beutel geklimpert hatten. Verblüfft und verloren waren sie, denn das Todesurteil war schnell gesprochen! Der Galgen steht nicht mehr, aber fährt man vom Stift Tilbeck in Richtung Bösensell und dann die nächste Straße links, kommt man zum alten Femekreuz, dem *Laerbrockkreuz,* das an den Tatort erinnert. ◀

Dunkelheit. **Preise:** Kostenlos. **Infos:** Geführte Touren für Schulklassen oder Kindergruppen, Verkehrsverein Havixbeck, ✆ 02507/7510.

▶ Schuhe aus, ihr Indianer! Plattfußindianer kann es eigentlich gar nicht gegeben haben, denn die liefen ja oft barfuß oder auf ihren weichen Mokkassins und das erhält die Füße gesund. Also raus aus den Socken und über die 2,5 km lange, etwa eine Stunde dauernde Strecke, in der ihr feuchtes Gras, Rindenmulch, Ackerboden, Sand, Kies, Moos, Matsch und Asphalt unter den Fußsohlen spürt. Bei unterschiedlichen Temperaturen und Bodenbeschaffenheiten macht mal die Augen zu und lasst euch führen, dann erlebt ihr den Weg viel intensiver. Natürlich gibt es überall Bänke und Pavillons für eine Rast und bevor die Mama über dreckige Sachen schimpft – wascht euch die Füße am Ziel.

Erlebnisparks und Abenteuerspielplätze

BieBie Kinderparadies Coesfeld

Dreischkamp 46, 48653 Coesfeld. ✆ 02541/848880, www.biebie.com. info@biebie.de. Industriegebiet Dreischkamp. **Anfahrt:** Ab Bhf ↗ Coesfeld keine weitere Verbindung. **Auto:** A43, Abfahrt 5 Nottuln, dann B525 bis Gewerbegebiet Dreischkamp, direkt neben Humana-Werk. **Rad:** Keine gesonderten Radwege, Industriegebiet. **Zeiten:** Mo – Fr 14 – 19 Uhr, Sa, So, Fei 10 – 19 Uhr, in den Ferien täglich 10 – 19 Uhr. **Preise:** 2 €; Kinder ab 1 Jahr 5,50 €; Gruppen ab 15 Kinder 4,50 € pro Person. **Infos:** Fax 02863/9245689.

▶ BieBie ist eine echte Alternative, wenn die Sonne mal nicht scheint. Wie wäre es mit einer Kletterpartie? Oder lieber ein Bad in tausend Bällen? Mögt ihr Hüpfkissen oder das herrliche Magengrummeln beim Trampolinspringen? Das und viele andere Tobereien dürft ihr hier endlich mal ohne Ermahnungen und

Happy Birthday!
Wenn ihr euren Geburtstag im BieBie feiern wollt, gibt es dort extra Kinderarrangements mit freier Limo, einem Eis, einem Snack und dem Eintritt für 8 € pro Kind. Für 10 € extra könnt ihr euch ein eigenes Geburtstagszimmer mieten. Eigene Kuchen dürfen nicht mitgebracht werden, eine Geburtstagstorte oder ein Süßigkeitenteller stehen daher für Interessierte auf der Bestellliste.

Angst vor fallenden Tassen und Tellern ausprobieren. BieBie bietet den Erwachsenen derweil eine Fernsehecke, da könnt ihr sie dann getrost eine Weile bei einem leckeren Kaffee »parken«. Die Spielzonen sind für drei Altersklassen von 0 – 2 Jahren, 2 – 5 Jahren und 5 – 12 Jahren unterteilt. Auch an Krabbelecke, Still- und Babyschlafraum wurde gedacht.

Spielen bei den Mönchen der Benediktinerabtei Gerleve

Exerzitienhaus Ludgerirast, 48727 Billerbeck-Gerleve. ℰ 02541/800-131, Fax -240. www.abtei-gerleve.de. LR.gerlevem@t-online.de. **Anfahrt:** ⬈ Billerbeck, Bus 563, 587 bis Haltestelle Berg,

Fahrpläne werden auf Anfrage auch vom Haus zugeschickt. **Rad:** Von Billerbeck oder Coesfeld entlang der Straße gutes Radnetz, 6 km. **Zeiten:** Ganzjährig geöffnet. **Preise:** Kostenlos. **Infos:** Exerzitienhaus mit 36 EZ und 11 DZ, behindertengerecht, Fahrräder begrenzt ausleihbar.

Schlechtwetter kann kommen: Auf der Hüpfburg regnet es höchstens verlorene Socken

▶ Eigentlich ist die Abtei in Gerleve ja eine Jugendbegegnungsstätte und natürlich ein Kloster, doch für Kinder hält die Anlage einen wunderschönen Spielplatz bereit, der mit Sandsteinblöcken und Rutschen, Schaukeln und Hängebrücken für die Großen und die ganz Kleinen eine Attraktion ist. Vor dem Spielplatz sieht und hört man die Schafe blöken, dahinter liegt die friedliche und ruhige Klosteranlage, Bänke laden die Erwachsenen zum Ausruhen ein und ihr könnt euch so richtig austoben. Wie wäre es mit einer Radtour zum Kloster, das zwischen Billerbeck und Coesfeld liegt und gut ausgeschildert ist? Besonders zum Frühgottesdienst lohnt sich übrigens ein Besuch, da die Mönche dann oft ihren Gesang anstimmen und der geht einem richtig unter die Haut, so eindrucks-

Hunger & Durst
Klostergaststätte Gerleve, täglich 11 – 18 Uhr. Hier könnt ihr euch nach der Radtour oder dem ausgiebigen Spiel stärken.

Die Bänke am Spielplatz laden zu einem mitgebrachten Picknick ein.

voll klingen die Stimmen. Schulklassen können z.B. religiöse Einkehrtage abhalten und mehrere Nächte bleiben, diskutieren und sich über ihren Glauben austauschen.

HANDWERK UND GESCHICHTE

Bahnen, Burgen und Museen

Baumberge-Express

Tourist-Information, Markt 1, 48727 Billerbeck. ✆ 02543/7373, Fax 7350. www.billerbeck.de. info@billerbeck.de. **Anfahrt:** ↗ Billerbeck. **Rad:** 100-Schlösser-Route, Sandsteinroute. **Zeiten:** Nach Vereinbarung für Gruppen. **Preise:** Auf Anfrage je nach Gruppengröße.

▶ Für größere Gruppen, Kindergeburtstage oder Schulklassen bis 28 Personen gibt es in den Sommermonaten die Möglichkeit, mit dem Baumberge-Express durch die Gegend zu tuckern. Statt mit Hochgeschwindigkeit geht es mit der gemütlichen Trecker-Lokomotive mit »schnellen« 5 km/h durch Billerbeck und die Baumberge. Vielleicht also eher eine Baumbergschnecke? Der Treckerfahrer kennt den Weg, falls ihr nicht so recht wisst, wo es am schönsten ist, dann lasst euch einfach von ihm beraten. Richtig witzig wird die Tour aber erst, wenn der Trecker zeigt, was er kann und die gepflasterten Wege verlässt. Schließlich ist der Baumberge-Express auch eine Art Geländefahrzeug.

Glockenmuseum Gescher

Stadtmarketing Gescher, Lindenstraße 2, 48712 Gescher. ✆ 02542/7144, Fax 98012. www.gescher.de. stadtinformation@gescher.de. **Anfahrt:** RB bis Bhf oder von Coesfeld mit Bus 751 oder 761, von Borken mit Bus 751 bis Museumshof oder Gescherhofstraße. **Auto:** ↗ Gescher. **Rad:** 100-Schlösser-Route. **Zeiten:** Di – So 10 – 12 und 15 – 18, ab Okt – März Di – So 10 – 12 und 15 – 17 Uhr. **Preise:** 2 € für alle Museen in Gescher, Führungen zusätzlich 1 €; Kinder 6 – 18 Jahre

Gescher ist ein echter Museumsort, hier könnt ihr auch das **Torf-,** das **Kutschen-** und das **Imkermuseum** besuchen. Eintrittspreise wie alle Museen vor Ort, Erw 2 €, Kinder 0,50.

0,50 €, Führungen zusätzlich 0,50 €. **Infos:** Führungen beim Stadtmarketing Gescher, ☏ 02542/1848, buchen.

▶ »Festgemauert in der Erden steht die Form in Lehm gebrannt …« Fragt mal eure Großeltern, ob sie das Gedicht von Schiller noch auswendig aufsagen können. Deutlich spannender als die Literatur ist es aber, wenn ihr selbst erleben könnt, wie die Formen aussehen, aus denen Glocken schon im Mittelalter gegossen wurden, welche unglaublich verschiedenen Töne sie von sich geben und wie die modernen Zeiten das alte Handwerk verändert haben. Glöckchen kann man wohl eher die beiden ältesten Exemplare nennen, die aus der Römerzeit stammen und hier ausgestellt sind. Vor allem in Kriegszeiten war die Glockengießerei sehr begehrt. Kanonen wurden schließlich ähnlich hergestellt. Nebenbei erfahrt ihr auf eurem Rundgang, was Beiern, Kleppen und Taktläuten bedeutet, ich will euch ja nicht zu viel verraten!

 Lasst euch vom Museumsraben Max durch die Ausstellung begleiten. Da gibt es viel zu suchen. Das museumspädagogische Programm umfasst zudem Bastel- und Arbeitsbögen, Mitmachaktionen und Museumsspiele zu diversen Themen. Kosten auf Anfrage, da abhängig vom Materialaufwand.

Burg Hülshoff

Schonebeck 6, 48329 Havixbeck. ☏ 02534/1052, Fax 9190. www.burg-huelshoff.de. info@burg-huelshoff.de. **Anfahrt:** Stadtbusse bis Roxel, ab da zu Fuß 15 – 20 Min. **Auto:** A1 Abfahrt 77 Münster-Nord, zwischen Roxel und Havixbeck. **Rad:** 100-Schlösser-Route. **Zeiten:** Mu-

Steht im Wasser: Sieht gar nicht wie eine Burg aus, aber wie ein Hausboot auch nicht – doch eine Bu⸗

BAUMBERGE

© Torsten Rink

Annette von Droste-Hülshoff lebte 1797 – 1848 und ist die wohl bekannteste Münsterländer Autorin. Sie schrieb Gedichte wie *Der Knabe im Moor* und Novellen, z.B. *Die Judenbuche*, die noch heute als Schullektüre gelesen werden und viel von der Atmosphäre des tief religiösen, eher düster-nebligen Münsterlandes ihrer Zeit widerspiegeln.

seum täglich 9.30 – 18 Uhr, Café-Restaurant im Burgkeller mit Terrasse 11 – 20 Uhr, gehobene Preise. Kiosk mit Kuchen und Snacks bei den ehemaligen Stallungen billiger. **Preise:** Park kostenlos, Drostemuseum in der Burg 3,50 €.

▶ Die typisch westfälische Wasserburg war einst das Geburtshaus der berühmten Dichterin **Annette von Droste-Hülshoff.** Ihr Heim, in dem sie Kindheit und Jugend verbrachte, liegt in einem großen Park, der jährlich im Frühsommer auch Heimat der bekannten Gartenträume-Ausstellung ist. Schwäne, Enten und Gänse schnattern herum, Rhododendron blüht in allen Winkeln und die Burg spiegelt sich im Wasser. Geht ihr hinein, so werdet ihr in Filzpantoffeln durch den 500-jährigen Renaissancebau geleitet, wobei euch auf Knopfdruck allerlei spannende Details aus dem Leben des Landadels erzählt werden. In der bis obenhin mit Büchern voll gestellten Bibliothek steht eine Ritterrüstung und im Salon könnte man sich zum Tee an die Tische setzen. Die imposanten Bilder und wunderschönen Schränke zeigen, dass die Besitzer wohl nicht ganz arm gewesen sein können. Hier könnt ihr euch vorstellen, über eure Untertanen zu herrschen und aus feinstem Porzellan vornehm Tee zu schlürfen, während die Bediensteten die Pferde über den kopfsteingepflasterten Hof führen. Besondere Höhepunkte im Jahr sind die *Gartenträume* zu Pfingsten, die *Film- und Musical-Nächte* im Sommer sowie der *Oldtimertag* im Herbst.

Baumberger Sandsteinmuseum

Gennerich 9, 48329 Havixbeck. ☎ 02507/33175, Fax 1598. www.havixbeck.de/sandsteinmuseum. sandsteinmuseum@havixbeck.de. **Anfahrt:** ✈ Havixbeck, Haltestelle Schultenkamp. **Auto:** Im Ort ausgeschildert. **Rad:** Sandsteinroute. **Zeiten:** März – Okt Di – So 11 – 18, Nov – Feb Di – So 13 – 18 Uhr, 2. und 3. Januarwoche geschlossen. **Preise:** Kostenlos. **Infos:** Führungen April – Okt jeden So 14 Uhr, Erw 2 €, Kinder ab

4 Jahre 1 €, Gruppen: Führungen nach Vereinbarung 40 €.

▶ Die Baumberge sind der Lieferant für den bekannten Sandstein, der die leuchtend hellen Hausfassaden, Kirchen und Gebetsstöcke im Münsterland ziert. Wer mehr darüber erfahren möchte, wie das Leben der Steinmetze damals aussah, welche Werkzeuge sie für ihre schwere Arbeit nutzten und was für wunderschöne Skulpturen man aus dem weichen Sandstein herstellen kann, der sollte unbedingt eine Führung mitmachen. Da wird selbst gemeißelt und Werkzeug gehoben, ihr dürft über Bettsteine und altertümliche Vorgänger der Mikrowelle rätseln oder die Geschichte vom Lügenstein hören, die einen Steinmetz der Brabander sogar zur Flucht aus Kampen gezwungen hat. Anders als die fleißigen Kölner Heinzelmännchen sind die Baumberger *Teitekerlken* gar freche Gesellen, von denen ihr ebenfalls mehr erfahren könnt. Aber nur wer stark ist und das Stemmeisen heben kann, der darf auch den allerletzten Raum der Ausstellung betreten. Also esst lieber ein Butterbrot mehr, bevor ihr euch auf den Weg dorthin macht. Im Sandsteinmuseum selbst gibt es zu dem

Das ist ja der Hammer! Nö, eine Hacke und ein Teitekerlken aus Sandstein

Café Egon's Kotten,
Schonebeck 77,
✆ 02507/571966.
Ganzjährig 10.30 – 22
Uhr (Mo Ruhetag). Hier
gucken euch Highland-
Rinder beim Schmau-
sen zu.

Im **Schloss
Ahaus,** das
1688 – 1695 im Auftrag
des Fürstbischofs Fried-
rich Christian von Plet-
tenberg erbaute wurde,
gibt es das **Torhaus-
museum.** Hier sind ar-
chäologische Funde aus
dem Mittelalter und der
frühen Neuzeit ausge-
stellt. Schließlich lockt
schon die Außenanlage
zu einem gemütlichen
Bummel, da kann ein
wenig Ahäuser Ge-
schichte doch nicht
schaden, oder?
✆ 02561/444444.
Di – Fr 10 – 12, Sa, So
14 – 17 Uhr, Eintritt frei.

Zweck ein schönes **Café** mit Wintergarten und Gar-
tenterrasse.

Kinderbauernhof und Museum Freriks

Abteilung Kräutergarten und Kinderbauernhof, Elsbeth
Lankwarden, Groenloseweg 86, NL-7101 Winterswijk.
✆ 0031-543/533535, www.freriks.nl. info@freriks.nl. An
der Ausfallstraße nach Groenlo. **Anfahrt:** RB Coesfeld –
Winterswijk. **Auto:** B525 Coesfeld Richtung Südlohn
über Grenze, N319 bis Winterswijk. **Rad:** An der N319
gelegen, Buurtschappen-Route. **Zeiten:** Di – Fr 10 – 17,
Sa und So 14 – 17 Uhr. **Preise:** 3 €; Kinder ab 4 Jahre
1,50 €; Gruppen ab 15 Pers 2 €/1 €.

▶ Schwein gehabt, denn »Kleinbauern und -bäuerin-
nen« kommen hier nicht nur auf den Hund, sondern
können auch Gänse, Schwäne und tropische Vögel
bewundern. Klar, dass auf dem Kinderbauernhof Anfassen erlaubt ist! Aber es gibt noch viel mehr zu entdecken, denn im Museum warten Fossilien auf Archäologen von Morgen, zukünftige Heilkundige machen sich über Wildkräuter schlau und so werden
draußen und drinnen alle Sinne angesprochen. Gute
Kombination für einen Ausflugstag!

Schulmuseum Ahaus

Ahaus Marketing & Touristik GmbH, Oldenkottplatz 2,
48683 Ahaus. ✆ 02561/4444-44, Fax -45. www.
ahaus.de. marketing@ahaus.de. **Anfahrt:** ↗ Ahaus.
Ausschilderung Schloss folgen. **Rad:** Euregio-Kunst-
route, 100-Schlösser-Route. **Zeiten:** Di – Fr 10 – 12,
Sa, So 14 – 17 Uhr. **Preise:** Kostenlos. **Infos:** Kontakt
für Führungen: ✆ 02561/2143 oder bergen-winfried@
arcor.de.

▶ 100 Jahre Schulgeschichte, das ist ja mehr als ein
armer Schüler ertragen kann. Was die Kinder früher
so alles erleben mussten, das kann euch ein Trost
sein, wenn ihr heute manchmal über die Schule
flucht. Da wurde mit dem Rohrstock auf unartige
Hände gehauen, da mussten die Kinder Heizmateri-

al für den Lehrer mitbringen, bevor sie in die Klasse gehen konnten, da gab es Tintenfässchen und Federkiele, Sütterlin-Schrift und einige andere Merkwürdigkeiten. Im Dachgeschoss könnt ihr sogar eine Schulstunde wie zu Uropas Zeiten erleben. Und zum Schluss winkt ein waschechtes altes Fleißkärtchen.

Theater und Feste

Freilichtbühne Coesfeld e.V.

Landschaftsverband Westfalen-Lippe, Flamschen, 48653 Coesfeld. ✆ 02541/3355, Fax 70492. <u>www.freilichtbuehne-coesfeld.com</u>. tickets@freilichtbuehne-coesfeld.com. **Anfahrt:** Baumbergebahn Münster – Coesfeld, ab City Friedhofsallee und Rekener Straße, circa 30 Min. **Auto:** ↗ Coesfeld, Friedhofsallee – Rekener Straße, Beschilderung folgen. **Rad:** Ab Coesfeld Richtung Reken entlang der Straße. **Termine:** Mai – Sep, Vorstellungen 10, 15, 17 Uhr, Kasse Mo – Fr 10 – 13 Uhr sowie 2 Std vor Vorstellungsbeginn. **Preise:** 13 €, ermäßigt 11 € (Reihe 1 – 14, 1. Rang) 11 €, ermäßigt 9 € (Reihe 15 – 20, 2. Rang); Kinder bis 14 Jahre Kindermusicals 5 €, ab 14 Jahre 7,50 €; Ermäßigung für Gruppen ab 20 Pers, Schüler, Studenten, Behinderte, Zivildienstleistende und Wehrpflichtige mit Ausweis.

▶ Seit 1951 wird auf der Freilichtbühne Coesfeld von einem rührigen Verein Theater gespielt. Heute gibt es vor allem Musicals zu sehen. In der schönen Atmosphäre unter freiem Himmel wirken die Musik, die Stimmung auf der Freilichtbühne und die Schauspieler auf alle Sinne. Stellt euch nur mal eine Vorstellung wie »Dracula« in der Dämmerung vor, umgeben von Bäumen, die rauschend ihren Kommentar zum Geschehen abgeben. Da kann einem die Stimmung schon als Gänsehaut den Nacken hinaufkrabbeln, oder? Aber keine Angst, weniger gruselige Momente bieten die Kindermusicals. Bei »Biene Maja«, »Frau Holle«, »Aschenputtel« oder dem lustig bunten Stück

»Rabbatz im Zauberwald« könnt ihr nach Herzenslust mitsingen und mitträumen.

Freilichtbühne Billerbeck e.V.

Weihgarten 17, 48727 Billerbeck. ✆ 02543/1020, 7373 (Touristeninfo Billerbeck, Buchungstelefon), Fax 270059. www.freilichtbuehne-billerbeck.de. kortmann-billerbeck@t-online.de. **Anfahrt:** Ab Bhf ↗ Billerbeck, 10 – 15 Min zu Fuß über Berlager Straße – Weihgarten. **Auto:** An der L506 Richtung Altenberge, im Ort ausgeschildert. **Rad:** Sandsteinroute. **Termine:** 15.30, 17, 20 Uhr je nach Vorstellung verschieden, Sommerspiele Mai – Sep. **Preise:** 8 – 13 €; Kinder bis 16 Jahre bzw. mit Schülerausweis 5 – 10 €; Gruppenermäßigung auf Anfrage. **Infos:** Winterspiele finden in der Realschule statt, Beschilderung Kolvenburg folgen.

▶ Hereinspaziert und aufgepasst, denn hier wird euch ein Theatererlebnis der besonderen Art geboten. Seit 1950 haben hier schon mehr als 500.000

Direkt an der Freilichtbühne Weihgarten liegt auch ein **Grillplatz,** der sich für ein Familienpicknick anbietet.

FESTKALENDER

Juni: So Anfang des Monats, Lette: **Bahnhofsfest** am Alten Bahnhof mit Attraktionen für die ganze Familie. Anfassen, rangieren, mitfahren und ausprobieren. Eisenbahnfreunde Alter Bahnhof Lette, ✆ 02546/1238, www.bahnhof-lette.de.vu.

Juli: 2. Wochenende, Havixbeck: **Kirmes im Ortskern,** mit Kinderkarussells, Losbuden, Pfeilewerfen und Imbissbuden, ✆ 02507/33-0, www.havixbeck.de.

September: alle drei Jahre (nächster Termin 2008), Legden: **Blumenkorso,** Dahlien so weit das Auge blickt!

November: Wochenende um den 11., Havixbeck: Martinsumzüge mit Laternen und Blasmusikkapelle. Start am Stift Tilbeck und im Zentrum, an aufeinanderfolgenden Tagen. www.havixbeck.de.

Dezember: Billerbeck: **Adventsmarkt** mit Kunsthandwerkermarkt an der Kolvenburg.

große und kleine Menschen das Staunen gelernt. In Billerbeck spielen rund 160 aktive von den insgesamt 240 Vereinsmitgliedern Stücke für Erwachsene und Kinder. Von den Märchen der Brüder Grimm bis zu Janosch, dem Zauberer von Oz oder Pinocchio, von Romeo und Julia bis zu Schillers Räubern ist alles dabei. Seid ihr es auch? Besondere Attraktion: Historische Stücke werden vor der Kulisse der eindrucksvollen Kirche im Ortskern gespielt, da hat man das Gefühl, eine Zeitreise anzutreten.

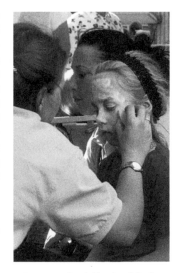

So ein Theater: Schminken und Verkleiden machen auch so mal Spaß

Blumenkorso Legden e.V.

Hauptstraße 17, 48739 Legden. ☎ 02566/3824, 02566/9503 (Auskunft über Touristenbüro), www.blumenkorso-legden.de. info@blumenkorso-legden.de. **Anfahrt:** ↗ Legden, Busse zur Veranstaltung ab Coesfeld, Winterswijk, Ahaus. **Rad:** Radnetz entlang der Kreis- und Bundesstraßen, z.B. ab Coesfeld Holtwicker Straße B474 bzw. Stadtlohn K33. **Termine:** Alle drei Jahre an einem So im Sep, nächster Termin 21. Sep 2008. **Preise:** 5 €; Kinder bis 1,50 m frei; 4 € im Vorverkauf unter ☎ 02566/9503.

▶ Alle drei Jahre ist es wieder soweit, dann werden wie schon seit 1960 große Karnevalswagen geschmückt und das Dahliendorf Legden zeigt alles, was die Blumenbindekunst zu bieten hat. Am Tag des Festes wird schon ab 11 Uhr ein buntes Programm mit Marktständen und verkaufsoffenem Sonntag geboten. Der eigentliche Korso zieht ab 14.30 Uhr durch die Straßen des Dorfes und circa 500 Kinder bevölkern die Wagen. Sie haben ihre Zeit und Energie in die Kostüme und das Schmücken investiert und von Mal zu Mal scheint der Zug bunter und üppiger zu werden. Wenn ihr Glück habt, bekommt ihr sogar eine der Dahlien zugeworfen. Schließlich gibt es allein auf den Wagen fast eine Million davon. Für die

Dorf Münsterland, Heek, ✆ 02566-2080, www.dorf-muenster-land.com. Beliebter Familienbrunch mit Kinderanimation, So 9 – 13 Uhr, Erw 14,50 €.

schönsten Fotos oder Filmaufnahmen stellt ihr euch am besten in der Wibbelt Straße oder der Friedrich-Castelle-Straße auf. Auch am Ende des Zuges ergeben sich herrlich bunte Aufnahmen. Wer ein Videofreund ist, kann sein Produkt einreichen – die besten drei Videos werden prämiert!

HOHE MARK

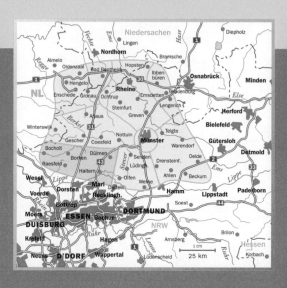

Die Region Hohe Mark sowie der gleichnamige Naturpark haben ihren Namen dem Gebirgszug zu verdanken, der sich hier nördlich des Ruhrgebietes erstreckt.

Wer sich für Tiere begeistert, der ist im Naturpark Hohe Mark richtig, denn nicht nur im Wildgehege Granat könnt ihr den einheimischen Lebewesen ganz nahe kommen. Rehe oder Pferde, Wildschweine oder Vögel, hier findet ihr noch eine reiche Tierwelt vor. Da macht das Wandern oder Radfahren besonderes viel Freude. Die Römer sind bis Haltern vorgedrungen, was sich im dortigen Römermuseum eindrucksvoll erleben lässt. Wasserliebhaber kommen ebenfalls auf ihre Kosten, denn das Halterner Strandbad am See ist eine ganz besondere Attraktion für alle Wassernixen und Bademeister. Schließlich gibt es hier einen richtigen Sandstrand zum Buddeln.

Hallen- und Freibäder

TIPPS FÜR WASSER-RATTEN

Freizeitbad Aquarius Borken

Parkstraße 20, 46325 Borken. ✆ 02861/935-0 Fax -200. www.aquarius-borken.de. **Anfahrt:** ↗ Borken. B67n bis Raesfelder Straße. **Rad:** 100-Schlösser-Route. **Zeiten:** Mo – Fr 6 – 23, Sa, So, Fei 8 – 23 Uhr, Sauna täglich 8 – 23 Uhr. **Preise:** 1 Std 2 €, 2 Std 3,50 €, Tag 5 €; Kinder 6 – 18 Jahre 1,60 €, 2,30 €, 3 €; Familienpass ermäßigt auf Kinderpreis, Sauna (inkl. Badnutzung) 7,50 €, 9 €, 12,50 €. **Infos:** Stadtwerke Borken/Westfalen GmbH, Ostlandstraße 9, 46325 Borken.

▶ Für die Sportler unter euch ist das 25-m-Becken mit versenkbarem Boden ideal für eure neuen Höchstleistungen, die Plantscher haben wohl eher etwas vom 1-m- und 3-m-Sprungturm oder der 65-m-Riesenrutsche. Erwachsene können währenddessen Sauna und Whirlpool nutzen. Es gibt ein Außen- und ein Innenbecken, natürlich auch ein so genanntes Lehrbecken für die Kleineren. Draußen gibt es Aben-

Aus dem Rehischen übersetzt: »Hört mal Kinder, Trockenbrot hatte ich heute schon, ich schleck mal lieber an dem Babyfuß!«

teuerspielgeräte im Wasser wie z.B. eine Kletteranlage mit Wasserfall. Die Babys lieben das Kinderplantschbecken und die Piratenlandschaft. Klar, dass es auch Wickeltische gibt. Außerhalb des Wassers bietet euch das Aquarius noch Tischtennisplatten und Soccerflächen.

Frei- und Wellenbad HeidenSpassBad

Am Sportzentrum 3, 46359 Heiden. ℰ 02867/8333, Fax 977-244. www.heiden.de. freibad@heiden.de.
Anfahrt: ↗ Heiden, ab Alter Kirchplatz circa 5 Min Fußweg. **Rad:** Hohe-Mark-Tour, 100-Schlösser-Route, Rad- und Wanderwegenetz Heiden, Bad ausgeschildert.
Zeiten: Mai – Okt, Mo, Mi, Do 8.30 – 20, Di 7.30 – 19, Fr 8.30 – 21, Sa, So, Fei 9 – 18.30 Uhr. **Preise:** Mo – Fr 3,50 €, Wochenende 4 €; Kinder 8 – 17 Jahre 1,50 €, 2 €; Feierabendtarife ab 17.30 Uhr. Mit energis/City Power-Card Preisnachlass von 10 %, service@ energis.de.

▶ Was gibt es Schöneres als eine richtige »Motschkebahn«, also eine Matschbahn, wenn die Sonne scheint und das Spritzen mit Wasser einfach die allerbeste Freizeitbeschäftigung ist? Die Kleinen unter euch werden hier voll auf ihre Kosten kommen, während die Großen wohl eher das Beachvolleyballfeld oder die wogenden Wellen im Freibad reizen. Nebenan liegt das **Freizeithaus,** das ein riesiges Spielplatzgelände zum Austoben bietet und mit Minigolf und Basketballplatz das Spielangebot erweitert. Auch das **Heimathaus** und ein Biotop grenzen direkt an die Sport- und Schwimmanlage in Heiden.

düb – Baden in Dülmen

Freizeitbad düb, Stadtbetriebe Dülmen GmbH, Nordlandwehr 99, 48249 Dülmen. ℰ 02594/9149-0, Fax -20. www.dueb.de. info@dueb.de. **Anfahrt:** ↗ Dülmen. **Auto:** An der Ampel rechts auf Nordlandwehr über Kreisverkehr hinaus noch circa 500 m. **Rad:** 100-Schlösser-Route. **Zeiten:** Mo 13 – 21, Di – Do 10 – 21, Fr 10 – 21, Sa,

---

Happy Birthday
Kindergeburtstag im HeidenSpassBad, Anmeldung im Freizeithaus Heiden, ℰ 02867/8142. Ihr verbringt den Nachmittag mit einem tollen Spielprogramm und einer Erfrischung im Schwimmbad. Für Kinder 3 – 14 Jahre, 3 – 5 € pro Person.

Nördlich von Heiden im Ortsteil Nordick gibt es einen **Artesischen Brunnen** mit kaltem und warmem Tretbecken. Ein artesischer Brunnen zapft an der tiefsten Stelle der Landschaft das Grundwasser an, das aufgrund des unterirdischen Drucks von allein aufsteigt. Kein Eimer, kein Ziehen, keine Pumpe!

So, Fei und Ferien 8 – 20 Uhr, Frühschwimmen Di – Fr 6.30 – 8 Uhr, Sole und mehr Di und Do ab 8 Uhr, Kasse schließt eine Std vor Schluss. **Preise:** Ohne Solebecken und Vita-Bereich: 3 Std 4 €, 4 Std 5 €, Tagestarif 6 €; Alles inkl.: 7,50 €, 8,50 €, 9,50 €. Kinder ab 1,11 m bis 18 bzw. 27 Jahre mit Studentenausweis 3 €, 4 €, 5 €; Alles inkl.: 6,50 €, 7,50 €, 8,50 €. Familie 8 €, 11 €, 14 €; Alles inkl.: 15 €, 18 €, 21 €. Kostenfreier Dülmener Familienpass 10 %, 1 Jahr gültig, Stammbuch oder Ausweis zur Ausstellung nötig.

▶ Kinder, seid so nett und nehmt eure alten Verwandten hierher mit. Ihr könnt die 54-m-Rutsche genießen, während sie sich im Solebecken oder an den Massagedüsen entspannen. Wenn ihr sie ab und zu mal geärgert habt, gönnt ihnen einen Wellnesstag mit Sauna und Massage, während ihr den Kletterturm erklimmt oder euch auf dem Beachvolleyballfeld amüsiert. Es ist Sommer und ihr habt Lust auf die Vogelnestschaukel? Auf eine noch längere Rutsche (70 m), auf Bauspielplatz oder auf ein paar Schwimmübungen? Klar, dass ihr euer Picknick hierher mitbringen könnt, denn unter den schattigen Bäumen kann der Tag gar nicht lange genug dauern. Ein Ticket für nur drei Stunden ist da bestimmt zu kurz!

 Noch mehr Spaß und Bewegung verspricht die **Halfpipe** am Freibad, die ihr mit dem Skateboard oder auf Inlinern erobern könnt.

 Wer ein Fahrrad braucht, findet den **Fahrradverleih** direkt neben dem düb – wie praktisch! Kontakt: Dülmen Marketing, ✆ 02594/12345.

Wassersport im Badesee

Seebad Haltern

Hullerner Straße 52, 45721 Haltern am See-Mitte. ✆ 02364/2539. www.seebad-haltern.de. **Anfahrt:** Ab Hbf ↗ Haltern Bus 272 Richtung Hullern bis Seebad. **Auto:** A43 Abfahrt 9 Marl-Nord, Richtung Flaesheim B58 folgen bis Stausee Südufer. Parkplatz am Wochenende knapp. **Rad:** Radweg am See entlang, Römerroute. **Zeiten:** Mai – Sep Mo – Fr 10 – 19 Uhr, Sa, So, Fei 9 – 19 Uhr, Einlass endet 1,5 Std vor Ende. **Preise:** 3,50 €, 10er-Karte 28 €; Kinder 6 – 17 Jahre 2,50 €, 10er-Karte 17 €; Familienkarte (2 Erw, 2 Kinder) 10 €,

HOHE MARK

 Wenn ihr euch im Mai zu den alljährlichen **Halterner Seetagen** einfindet, könnt ihr Segelwettbewerbe und Sandburgenbauer in Aktion erleben. Oder wie wäre es mit Paddelbootrennen und Popkonzerten? Aktueller Jahrestermin zu erfragen unter ✆ 02364/2539.

Saisonkarte 45 €/35 €, Warmwasserduschen Wertmarke 0,80 €, Strandkorbverleih Stunde 1 €, Tag 8 €, Tiere verboten. **Infos:** Seegesellschaft Haltern mbH, Kurt-Schumacher-Allee 1, 45657 Recklinghausen, ✆ 02361/53-2395 oder -2100, Fax -2295.

▶ Im Seebad in Haltern habt ihr eine erstklassige Mischung aus Badebetrieb mit Duschen und Gastronomie und einem schier endlosen Strand, der einen großzügigen Stausee säumt. Kleine und große Burgenbauer, Schlauchbootpaddler und Dauerkrauler werden hier den ganzen Tag begeistert sein. Wenn das Wetter mitspielt, fühlt ihr euch beinahe wie beim Badeurlaub am Meer. Und die DLRG passt auf euch auf. Klar, dass es auch einen Spielplatz, ein Kletternetz, Tischtennisplatten und eine Rollrutsche gibt, denn wer verbringt schon den ganzen Tag im Wasser? Der See ist der beliebteste und größte in der Gegend und somit für die Münsterländer wie die Menschen aus dem Ruhrgebiet etwas ganz Besonderes. Grillen ist auf ausgewiesenen Grillplätzen erlaubt. In den Sommerferien gibt es sogar Animationsprogramme für Kinder.

Aasee und Freizeitanlage in Bocholt

Hochfeldstraße 72a, 46397 Bocholt. ✆ 02871/953-535, 2321-38, Fax 2321-15. www.freizeitanlage.info. email@freizeitanlage.info. **Anfahrt:** Bus Bocholt – Borken bis Uhlandstraße/Aasee. **Auto:** ✎ Bocholt, Richtung Textilmuseum/Uhlandstraße ausgeschildert. **Rad:** Ab City Theodor-Heuss-Ring, Industriestraße, Uhlandstraße an der Aa entlang. **Zeiten:** April – Sep Mo – Fr 14 – 20, Sa 12 – 20, So 14 – 20 Uhr, Nov – Jan geschlossen, danach auf Anfrage. **Preise:** Minigolf 2 €; Kinder ab 4 Jahre 1 €; Familien 4 €, Schulklassen etc. auf Anfrage. **Infos:** Verwaltung: Freizeitanlage Aa-See Bocholt e.V., Berliner Platz 2, 46395 Bocholt.

▶ 30 ha groß ist dieser See, auf dem ihr segeln, windsurfen und baden könnt. Minigolf und Tennis- bzw. andere Ballspielplätze gibt es im angrenzenden

Gummiboot, Gummikro-ko, Gummiflügel – Haupt-sache das Wasser ist echt

Freizeitgelände. Am Wochenende ist der See auch bei den Touristen aus dem Ruhrgebiet sehr beliebt, nicht zuletzt, weil er während der Saison von der **DLRG** bewacht wird. In der **Freizeitanlage** gibt es außen eine Mini-Ramp und in der kalten Jahreszeit eine mobile Skateranlage bestehend aus Fun-Box, Quarter und Rail, die aber im Sommer an verschiedenen Standorten rund um Bocholt eingesetzt wird. Inliner, Helme und Schutzkleidung können gegen Vorlage eines Lichtbildausweises kostenlos entliehen werden. Außen gibt es einen tollen **Spielplatz** mit Klettermöglichkeiten, einem begehbaren Holzschiff und Mühle-Dame-Riesenspielanlage. Auch eine 18-Loch-Minigolfanlage steht euch zur Verfügung – Kinder bekommen sogar eine Kinderspielkarte. Damit habt ihr echte Gewinnchancen gegen die Großen.

 Die Deutsche Lebens-Rettungs-Gesellschaft, DLRG, ist eine Hilfsorganisation, die sich auf Wasserrettung und Katastrophenschutz spezialisiert hat. Ihre Mitglieder arbeiten alle ehrenamtlich. Die DLRG-Jugend braucht vielleicht eure Unterstützung: www.dlrg-jugend.de.

Schiffsfahrten

Seerundfahrt mit der Möwe in Haltern

45721 Haltern. ✆ 0208/9401422, 0163/6736730, Auf dem Halterner See. **Anfahrt:** RB bis Haltern Mitte, Bus bis Halterner See, Anlegestelle Strandallee. **Auto:** A43 Ausfahrt 8 Haltern-Mitte. **Rad:** Römerroute. **Zeiten:** Mai – Sep täglich außer Mo, ab Stadtmühle/Nordufer 10.30 – 16.30 Uhr stündlich, ab Seehof/Südufer 10.50

– 16.50 Uhr stündlich, Haus Niemen/Ostufer 11.05 – 16.05 Uhr. **Preise:** 5 €/Pers; Kinder 4 – 12 Jahre 3 €. **Infos:** Fahrgastschiff Möwe, ZPS GmbH, 52525 Waldfeucht.

▶ Warum eigentlich immer *im* Wasser sein? Ein Tag *auf* dem See ist doch auch mal etwas Besonderes. Mit der »Möwe« könnt ihr eine Rundfahrt auf dem Haltener Stausee erleben. Ideal ist eine Kombination aus Wandern und Schiffsfahrt, denn ihr habt mehrere Zusteigemöglichkeiten um den See herum: Stadtmühlenbucht, Strandallee am Nordufer, Hotel Seehof, Hullerner Straße am Südufer oder Hoher Niemen, Stockwieser Damm am Ostufer. Da bekommt ihr einen guten Überblick, wie riesig dieser See ist, denn beim Baden seht ihr nur ein kleines Stückchen davon.

Wer gern selbst **paddelt** und sich sportlich betätigt, der kann ab 4 €/30 Min ein Tret-, Ruder-, oder Kajakboot mieten. Infos unter www.bootsvermietung-haltern.de.

 *Der Halterner Stausee ist mit seinen 3 km Länge und 2 km Breite sehr eindrucksvoll. Doch erst diese Zahlen machen ihn richtig bemerkenswert: Er fasst 20 Mio Kubikmeter Wasser, das heißt, er kann genug Trinkwasser für 1 Mio Menschen speichern!*

RAUS IN DIE NATUR

Skaten und Radeln

Mit Inlinern von Bocholt nach Rhede

Länge: circa 11 km. **Anfahrt:** Bus S75 und 751 bis Bocholt Bustreff, zurück ab Rhede Gudulakirche mit gleicher Linie. **Auto:** Ab Borken B67 bis Bocholt (ggf. Tour umkehren, da Rhede vor Bocholt liegt). **Rad:** 100-Schlösser-Route, Radelpark Münsterland (Kartenmaterial Münsterland-Tourismus). **Infos:** Tourist-Info Bocholt, Europaplatz 26 – 28, 46399 Bocholt, www.bocholt.de, ✆ 02871/5044, Fax 185927.

▶ Mit den Karten von der Tourist-Info ausgerüstet könnt ihr die 11 km lange Tour antreten. Es geht zunächst über die **Nordstraße** durch die Fußgängerzone. Hier rattert es unter den Füßen, denn ihr rollt über Pflastersteine. Bis zum Kreisverkehr geradeaus, dann die vierte Straße rechts, aber achtet bei der Brücke auf die Unebenheiten. Schwingt euch locker geradeaus und dann in die Vardingholter Straße, wo ihr schon bald den Rad- und Fußweg bis zur **Wiener Allee** nehmen könnt. In der Gegend wurden lange Zeit Ziegel zum Hausbau gebrannt, deshalb heißen eure nächsten Ziele auch noch danach: Am Ziegelofen, In der Ziegelheide und An den Tonwerken. Schaut euch um, Richtung Rhede gibt es noch Teile des Venngebietes zu entdecken und auch die Heidelandschaft steht in schöner Blüte. Begleitet vom einzigartigen Duft der Pflanzen habt ihr das Ziel schon vor Augen, denn die Gudulakirche seht ihr bereits von fern. Es geht über Blomenkamp, Heetkamp und Gronauer Straße dem Ort zu. Wenn ihr die Ampel überquert habt, müsst ihr links auf den Radweg Theresienstraße einbiegen, dann rechts in die Marienstraße und von dort über die Pflastersteine der Gudulastraße bis zum Kreisverkehr. Die neugotische **Gudulakirche** wurde 1898 – 1901 aus rötlichem Sandstein und Ziegeln erbaut. Betrachtet vor allem die kostbaren alten Fenster! Nach der körperlichen Anstrengung ist eine Oase der Stille manchmal besonders schön. Ein Höhepunkt für Kinder ist das ↗ Spielzeugmuseum in Rhede.

 Inliner sind eine tolle Sache, doch ohne Helm und Schutzausrüstung kann aus Schwung auch Aufprall werden, deshalb nie die Schoner an Händen, Ellenbogen, Knien und evtl. Hüften vergessen. Immer rechts skaten und links überholen, ölige und nasse Flächen meiden! Wer stürzt, sollte sich nach vorn auf die Handschützer und Knie fallen lassen und NICHT auf den Po!

Mit Inlinern rund um den Tiergarten von Raesfeld

Länge: 13,5 km auf größtenteils ebener Strecke. Zur Motivation: Auf der Westerlandwehr und Urröste geht es leicht bergab. **Anfahrt:** ↗ Raesfeld. **Rad:** 100-Schlösser-Route.

▶ Diese Inline-Tour startet am **Rathaus** in Raesfeld und führt euch Richtung Linnenweg. Nach dem Kreisverkehr biegt ihr in die Truvenne, die geradeaus so richtig für schwungvolles Fahren geeignet ist. An der Marienthaler Straße müsst ihr die stark befahrene Kreisstraße 13 überqueren. Ihr könnt den Radweg nach rechts nutzen, bis ihr zur Einmündung Urröste kommt. Über den Waldbach, an dem ihr Pause machen und ein wenig die Füße erholen könnt, kommt ihr zum Westricher Wald/Westerlandwehr. Es folgt ein leichtes Stück, weil es etwas bergab geht. Bleibt rechts Richtung Diersfort, bis der Weg seinen Namen in Hesfort ändert und folgt diesem bis zur **Alten Wassermühle**. Hier lohnt sich eine lange Pause, denn ihr seid nicht nur am Rande der Gartenanlage des *Tiergartens* angekommen, sondern könnt auch die Ruine der *Mühle* näher anschauen und den *Picknickplatz* nutzen, um euch zu stärken. Am äußeren Gelände des früheren Tiergartens, der zum Schlossbezirk gehört, fahrt ihr den Lehmbrockweg und die Löchterkäme entlang. Nun seid ihr schon wieder in **Raesfeld** und haltet euch Richtung Stadtmitte an der Schule vorbei, die den tollen Internetauftritt für Kinder organisiert hat (↗ Wasserschloss). Biegt in den Hohen Weg, er führt euch direkt zum Rathaus zurück.

Radtour rund um Heiden und Borken

Länge: 22 km, abwechslungsreiche, meist asphaltierte, steigungslose Strecke. **Anfahrt:** ↗ Heiden. **Rad:** Hohe-Mark-Tour, 100-Schlösser-Route, Ortsmitte. **Infos:** Broschüre *Radwandern rund um Heiden* bei der Tourist-Info, ✆ 02867/797-312, Fax 977-244, tourist-info@heiden.de. und im Internet, www.heiden.de.

▶ Diese verkürzte »Tour 4« der Radwanderbroschüre beginnt am **Rathausplatz,** von wo aus ihr auf die Velener Straße ortsauswärts fahrt. Richtung Borken geht es durch das Lammersfeld über den Westring und dann nach dem Gehöft links, an den Bahnschienen erst rechts, dann links ins Fleter Esch. Bald schon erreicht ihr den **Galgenberg.** Früher war dies die Gerichtsstätte, an der Übeltäter verurteilt und aufgeknüpft wurden. Der Galgen stand erhöht, da die Verurteilten noch einen Blick auf die schöne Welt, die sie nun verlassen mussten, werfen sollten. An der Haltestelle Ahlemann geht es rechts ab und circa 1 km geradeaus weiter. Ihr trefft hier auf die 100-Schlösser-Route und an der Kreuzung Haus Döring-

Hunger & Durst
Gasthaus Schweers-Dalbrom (Sternbusch), Leetstegge 1, Borken-Gemen. ✆ 02861/91619, Mo – Fr 15 – 23, Sa und So 10 – 23 Uhr, Okt – März Do Ruhetag.

> ▶ Eine Legende sagt, die **Varusschlacht** habe hier bei Heiden stattgefunden. Die Reiterei der 5 – 6 römischen Legionen mit je 300 Berittenen sollen auf ihrer Flucht zwischen Heiden

WAHR ODER UNWAHR? und Ramsdorf gerastet haben. Die Pferde schwitzten dabei so sehr, dass ihr Schweiß die Senke füllte und bis auf den heutigen Tag zu einem See – dem Römersee – machte! Vielleicht, so sagt man, war es aber auch das Blut der Gefallenen. Aber nur, wenn sich die Schlacht wirklich hier und nicht in Kalkriese bei Osnabrück zugetragen hat. Darüber aber sollen sich die Gelehrten streiten … ◀

weg müsst ihr dem RWS 2000-Schild geradeaus folgen. Freut ihr euch schon aufs Wasser? Kein Problem, denn es geht bis zur Raesfelder Straße und dann Ob den Dahl, dem RWS 2000 folgend über die B67 zum Wasserschloss *Haus Pröbsting* mit Gastronomie und dem erstklassigen **Freizeitgebiet am See.** Pause, Picknick, Pade …, äh, Badehose!

Nördlich über Borken hinaus geht es für die Sportlichen auf der 100-Schlösser-Route weiter. Dann trefft ihr direkt auf **Gasthaus Schweers-Dalbrom** (Sternbusch), wo ihr erneut eine Rast einlegen könnt. Von hier etwas versetzt müsst ihr über die Straße Olden Goren. Achtung, diesmal den RWS 2000 nicht benutzen, sondern vorbei an der Haltestelle Schlattmann und nach ca. 300 m in den Krückling einbiegen. Der Ortsteil **Gemen** ist für seine *Jugendburg* bekannt, die auch Übernachtungen anbietet. Die Geschichtsinteressierten können im weiteren Verlauf ein Stück der kreuzenden B67 stadtauswärts folgen und nördlich das *Hügelgräberfeld* besuchen, wo die Menschen vor ca. 4000 Jahren ihre Toten bestatteten. Die Tour aber geht über die B67 Richtung *Römersee*. Forellenteiche warten auf euch, denen der passende **Forellenhof** angeschlossen ist – absteigen, Fische gucken und vielleicht anschließend schlemmen? Ab hier folgt Wald und ein breiter Sandweg. Ihr seht rechts eine

Hunger & Durst

Forellenhof, Zum Homborn 7, ✆ 02861/2448, kein Ruhetag. Da könnt ihr die Fischteiche bewundern und eine schöne Pause einlegen.

Holzschranke und düst weiter bis zur Hauptstraße, die euch in 4 km wieder nach **Heiden** und – wenn ihr wollt – zum dortigen ⤢ HeidenSpass-Bad bringt.

Wandern und Spazieren

Zwischen Femeiche und Schloss – rund um Raesfeld und Erle

Länge: 12,5 km Rundwanderweg. **Anfahrt:** ⤢ Raesfeld. **Rad:** 100-Schlösser-Route, innerhalb Raesfeld kann man die interaktiven Rad- und Wandertouren unter www.freizeit-karte.de ausdrucken. **Info:** Verkehrsverein Raesfeld, www.gemeinde-raesfeld.de. vvr@raesfeld.de.

▶ Ihr startet am Schloss und haltet euch immer an die Schilder des Raesfeld 1 Wanderweges, der ein Teilstück des X11 ist. Am Schlossteich geht es rechts zum **Tiergarten,** der eher ein schönes Gartengelände als ein Tierpark ist. Geradeaus am *Weiher* entlang führt euch der X11 über den Steg. Wollt ihr Kaulquappen fischen? Oder Enten beobachten? Ihr kommt am berühmt-berüchtigten *Otto-Teich* vorbei, in den der gleichnamige Ritter samt Pferd und Wagen stürzte und ertrunken sein soll. Am Ende des Weges wendet ihr euch nach rechts. Für ca. 1,5 km verlasst ihr X11 und macht einen Spaziergang geradeaus durch den herrlichen Wald. Im Herbst könnt ihr prima Blätter und Bucheckern sammeln, um daraus schöne Bilder zu kleben. Am Waldrand trefft ihr die Markierung X11 wieder, der ihr bis zum **Sägewerk** folgt. Schnuppert mal, wie gut frisch bearbeitetes Holz riecht! Dann geht es dem A4 nach zum *Pötterberg*. Nach der Autostraße wandert ihr auf dem X15 bis zur *Ziegelei* und nach **Erle.** Seht ihr die alte Mühle? Nehmt euch Zeit für eine Pause zum Anschauen. Aber dann geht es weiter, nochmals über die Autostraße der Route A1 folgend. Schon wenig später seht ihr eine der ältesten Eichen Deutschlands, wenn ihr den kleinen Platz rechts hinuntergeht.

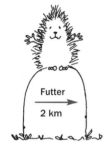

Futter

2 km

Hunger & Durst
Pizzeria Ristorante ciao ciao, Höltingswall 1, 46348 Raesfeld-Erle, ✆ 02865/603605. Di – Sa 12 – 15 und 17.30 – 23 Uhr, So und Fei 12 – 22 Uhr. Hier könnt ihr euch mit italienischen Leckereien stärken.

© Archiv Münsterland Touristik

Schloss Raesfeld mit allem Drum und Dran: Wasser, Restaurant, Park …

Restaurant Schloss Raesfeld, Harry Konopka, Freiheit 27, Raesfeld, ✆ 02865/20440. Mi – So 11 – 22 Uhr. Hier speist ihr wie die Fürsten, denn das Restaurant ist bekannt für seine gute Küche.

Schaurig ist die Geschichte der alten **Femeiche,** zu deren Füßen früher eine Gerichtsstätte gewesen sein soll. Hier wurden Verbrecher zum Tode verurteilt und an der Eiche erhängt. Natürlich spuken deren Geister noch in der Nähe des Baumes herum – wenn man daran glaubt! Aber ich kann euch versprechen, dass euch bestimmt etwas mulmig wird, wenn ihr diesen Wanderweg an einem nebligen Tag oder in der Dämmerung begeht.

Zurück geht es über Ekhornsloh und Höltingswall zur Truvenne, die euch geradeaus nach Raesfeld bringt. Am Ortseingang biegt ihr in den Schelderhoff, dann seht ihr Am Burgesch die Schlossanlage und dort wartet dann auch die wohlverdiente Stärkung im **Schlossrestaurant** auf euch.

Gegen Gespensterangst hilft nur eine richtig gute und weit reichende Taschenlampe. Eine Jacke für die kühleren Waldabschnitte ist auch unbedingt nötig. Eine Kappe schützt vor der Sonne und ein Taschenmesser könnt ihr im Wald sicher auch gebrauchen – vielleicht zum Schnitzen eines Wanderstocks?!

Die Teufelssteine in Heiden

Länge: 7 km langer Rundweg. **Anfahrt:** ↗ Heiden, Bus bis Alter Kirchplatz, HeideSpassBad circa 5 Min Gehweg. **Rad:** Rad- und Wanderwegenetz um Heiden, HeideSpassBad ist beschildert. **Preise:** Kostenlos und frei zugänglich. **Infos:** Tourist-Info Heiden, Rathausplatz 1,

Freizeithaus, Dirk Waldner, Am Sportzentrum 5, ☏ 02867/8142. Di – Sa 14 – 22, So 10 – 22 Uhr. Dort gibt's 50 Sitzplätze direkt am Spielplatz. Mit Minigolf-Anlage, Ki bis 14 Jahre 1 €, Erw 1,50 €. Schläger im Freizeithaus ausleihen.

Landhotel Beckmann, Borkener Straße 7a, ☏ 02867/9747-0. Mo – Fr 11 – 14.30 und 16.30 – 24 Uhr, Sa und So sowie im Sommer 11 – 24 Uhr, im Winter Do Ruhetag. 500 m vom Rundweg enfernt. Hier könnt ihr kegeln, Planwagen fahren und Räder für 7,50 €/Tag ausleihen. So ab 8 Uhr Familienbuffet und Brunch, Kinder bis 5 Jahre frei!

46359 Heiden, Frau Ricarda Vreden, ☏ 02867/977-211, tourist-info@heiden.de.

▶ Naja, so richtig teuflisch sind sie gar nicht. Bei den im Dialekt *Düwelsteene* genannten Steinen handelt es sich vielmehr um ein 4000 Jahre altes Riesen-**Steinkammergrab,** in dem die ansässigen Menschen früher ihre Toten begruben. Ein lohnendes Ziel für einen Spaziergang, bei dem ihr der Geschichte des Münsterlandes ein wenig auf den Grund gehen könnt. Schließlich liegen die Teufelssteine 3,5 km östlich von Heiden in einer Dünenlandschaft, wo es gar kein Meer mehr gibt. Wie haben die Münsterländer der Jungsteinzeit es bloß mit ihren damaligen Werkzeugen und Möglichkeiten geschafft, mit den schweren Findlinge ein Steinkammergrab zu bauen? Vom **HeidenSpassBad** aus geht ihr zwischen Bad und Freizeithaus den schmalen Pfad entlang, der euch auf den Wanderweg führt. Folgt dem 7 km langen Rundweg, der euch nicht nur zu den Teufelssteinen bringt, sondern auch auf der Strecke als *Naturlehrpfad* einiges zu bieten hat. Die Jogger unter euch können auf den Streckenschildern sehen, wie viele Kilometer sie schon geschafft haben. Pulskontrolle gefällig? Aber auf den gelben Schildern seht ihr noch mehr, zum Beispiel erfahrt ihr, was eine Stieleiche ist.

▶ Das 1125 Jahre alte Heiden mag ein kleines Örtchen sein, die Landschaft drumherum aber ist weit über die deutschen Grenzen hinaus als *Schwarzes Venn* bekannt. Hier wabert

NEBELGEISTER Nebel über sumpfige Moore, die Pflanzen wirken uralt und eine abendliche Wanderung lädt einfach ein zu schaurig-schönen Gruselgeschichten. Packt die Taschenlampen ein und die Hand eurer Eltern haltet fest, denn wer weiß, ob nicht noch Geister hier lauern? ◀

Natur und Umwelt erforschen

Naturlehrpfad Haltern-Holtwick

Länge: 5,5 km insgesamt, die auch abgekürzt werden
können. **Anfahrt:** Bahn bis ↗ Haltern-Mitte, Busse ab
Dülmen oder Recklinghausen bis Haltern. **Rad:** Römerroute. **Zeiten:** Ganzjährig. **Preise:** Kostenlos. **Infos:**
Stadt Haltern, ☎ 02364/933-366, Fax -364. www.hal-
tern-am-see.de. stadtagentur@haltern.de.

▶ Der Naturlehrpfad in Haltern-Holtwick führt euch
vom **Gasthaus Uhlenhof** durch eine im Münsterland
eher seltene Hügellandschaft und durch wunderbare
Hochwälder. Ab und an gibt es auch Felder zu sehen
– schaut mal, was gerade wächst oder ob der Bauer
wieder am Wochenende arbeiten muss. Die Schilder
zeigen euch, mit welchen Pflanzen ihr es jeweils zu
tun habt. Da könnt ihr erstaunliche Dinge nachlesen
und ab und zu sogar probieren, was euch so in den
Schoß fällt. Bucheckern z.B. sind erst richtig lecker,
wenn ihr sie beim Spazieren selbst puhlt!

Preen's Hoff — Schlafen im Heu und eine bäuerliche Olympiade

Fam. Schulze-Kellinghaus, Sundern 20, 46348 Raesfeld-Erle. ☎ 02865/7093, Fax 6446. www.preens-
hoff.de. info@preens-hoff.de. **Anfahrt:** ↗ Raesfeld.
Richtung Raesfeld-Erle. **Rad:** 100-Schlösser-Route bis
Raesfeld, dann Raesfelder Radrouten Richtung Erle-
Femeiche folgen. **Zeiten:** Ganzjährig, Unterkunft nach
Vereinbarung. **Preise:** Je nach Arrangement; Führungen
ab 4 €. **Infos:** Führungen und Programme auch für Kin-
dergarten- und Schulgruppen.

▶ Schon beim Hereinkommen macht der Hof einen
urigen Eindruck. Kopfsteinpflaster, schmiedeeiser-
nes Tor, Gesindehaus, Stallung und ein großes Bau-
ernhaus. Verbunden mit einer Führung können Kinder ab 10 Jahre z.B. den Waldspaziergang »Mein
Freund, der Baum« mitmachen, der eine Treckerfahrt
beinhaltet, oder den Hof besichtigen und eine Bau-

Wie wäre es mit
Weihnachtsge-
schichten auf dem Heu-
boden? Zum **Weih-
nachtsmarkt auf
Preen's Hoff** könnt ihr
das Warten auf die Be-
scherung in ganz beson-
derer Weise genießen.
Fragt einfach an, an wel-
chem Wochenende in
diesem Jahr der Niko-
laus Einzug hält:
info@preens-hoff.de.

Ihr radelt gern? Muss es eine echte »Tour de Münster« sein? Dann gefällt euch vielleicht diese Idee: Radwanderstrecken zwischen 27 – 80 km inklusive Lunchpaket, Infos, Souvenirs und Streckenplänen sind zu buchen beim Dülmen Marketing ab 17,90 € pro Person unter ℂ 02594/12345. Noch mehr Radtouren unter www.step-in.de.

ernhof-Olympiade absolvieren. Im 1x1 der Kräuterküche lernt ihr so einige Dinge, die sich daheim gut nachkochen lassen. Auf der *Deele,* kann man sogar Hochzeiten feiern, so groß ist sie. Schließlich fuhr hier einst der Erntewagen ein. Es gibt eine Spielwiese mit Obstbäumen, wo ihr fast wie im Schlaraffenland die Früchte in den Mund fliegen seht. Auch im Heu zu schlafen ist auf Preen's Hoff möglich und bestimmt eine ganz besondere Urlaubserinnerung!?

Wildpferdebahn Merfelder Bruch

Herzog von Croy'sche Verwaltung, Schlosspark 1, 48249 Dülmen-Merfeld. ℂ 02594/963-0, Fax -111. www.wildpferde.de. croy@wildpferde.de. 12 km westlich von Dülmen. **Anfahrt:** Bus nur bis Merfeld. **Auto:** A1 Abfahrt 34 Borken, L600 zwischen Borken und Merfeld. **Rad:** Radwanderweg R7 ab Dülmen. **Zeiten:** März – Nov Sa, So und Fei 10 – 18 Uhr. **Preise:** Kostenlos. **Infos:** Führung nach Vereinbarung unter ℂ 02594/9630 oder Frau Rövekamp ℂ 0170/3478005, Routenplaner auf der Internetseite vorhanden.

▶ Wildpferde mitten in Deutschland – das ist etwas sehr Seltenes! Und mit ein bisschen Glück könnt ihr sie beobachten, denn sie leben im 4 qkm großen *Naturreservat Merfelder Bruch* das ganze Jahr über in freier Wildbahn. Schon 1316 werden die Wildpferde in einer alten Urkunde erwähnt, die 350 verbliebenen Tiere sind also alteingesessene Münsterländer! Ihr könnt mit dem Rad oder zu Fuß neben dem Freigehege entlangspazieren. Ein Fernglas ist eine gute Hilfe, denn die Tiere sind tatsächlich wild und kommen nicht einfach zum Streicheln an den Zaun. Nur einmal pro Jahr, da wird ein großes Fest aus dem Einfangen der Jährlinge gemacht, ↗ Festkalender. Am letzten Samstag im Mai werden die jungen Hengste per Hand gefangen und verkauft, damit sie keinen Unfrieden in der bestehenden Herde stiften, wenn sie als Erwachsene gegeneinander kämpfen. Am Radweg R7 gibt es in Höhe Merfeld auch einen Grill-

platz. So könnt ihr viel Zeit ganz in
der Nähe eurer Lieblinge verbringen.

Tierparks und Bauernhöfe

Naturwildpark Granat und Reitstall Granat in Haltern

Günter Beckmann, Granatstraße 626, 45721 Haltern
am See-Lavesum. ✆ 05975/93537, Fax 93579.
www.naturwildpark.de. Guenter.Beckmann@Naturwild-
park.de. **Anfahrt:** Bus 275 bis Ketteler Hof, ab da zu
Fuß circa 1 km. **Auto:** A43 Ausfahrt 7 Lavesum und
3,5 km Richtung Reken oder A31 Ausfahrt 35 Reken,
dann 15 km über Klein-Reken – Sythen – Haltern am
See, ab Ketteler Hof beschildert. **Rad:** Von Reken 4 –
5 km entlang der Straße. **Zeiten:** Täglich 10 – 18 Uhr
außer Heiligabend und Silvester. **Preise:** 3,50 €; Kinder
2 – 14 Jahre 2,50 €; Gruppen ab 20 Pers 3 €, 2 €.

▶ Wann wandert ihr schon einmal zwischen ganzen
Herden von Rehen herum? Im Naturwildpark bewegen sich nämlich die Tiere genauso frei wie ihr. Nur
die Wildschweine, Kängurus, Strauße
und Luchse sind hinter Zäunen. Die
rund 500 Tiere aus unterschiedlichen,
meist heimischen Arten lassen sich
geduldig aus der Nähe beobachten.
Ganz schön kess können die Rehe und
Mufflons werden, wenn ihr ihnen das
vor Ort erhältliche Tierfutter anbietet.
Außer dem Rot- und Damwild gibt es einige Vogelvolieren und -ställe, ein paar
Kamele und Wildschweine zu sehen.
Auf dem Hochsitz habt ihr einen prima
Überblick über das Gelände, das zu
weitläufigen Spaziergängen einlädt.
Klar, dass es auch Rast- und Picknickplätze gibt, wo ihr unter den neugierigen Blicken des Wildes euren Imbiss

Haben sich zum Fressen
zusammengerottet und
nun schmatzen alle wie
die Schweine

HOHE MARK

Rund um Haltern findet ihr Radtouren zwischen 18 und 84 km Länge. Wie wäre es mit dem H3: »Römische Stippvisite« vom Römermuseum über die Römerstraße, den Tannenberg zur Hexenbuche? Oder möchtet ihr lieber auf H2 »Hohe Mark« verhext werden? Ab dem Seebad durch das Moor und am Wildgehege Granat vorbei bis zur Sundernheide gibt es reizvolle Geschichten und Rastplätze zu entdecken. Info und Karten bei der Stadtagentur, ✆ 02364/ 933365, stadtagentur@ haltern.de.

verzehren könnt. Der Park hat sicher schon bessere Tage gesehen, aber die Nähe zu den Tieren ist wirklich eindrucksvoll. Auf dem Spielplatz findet ihr zudem eine Wippe, einen hervorragenden Kletterturm mit Hangeln und eine Tellerschaukel.

Für die Reiter unter euch gibt es direkt vor der Zufahrt zum Wildpark einen **Ponyhof,** der auch einen Pferdeverleih betreibt. Schaut doch mal rein unter www.reitstall-granat.de.

Wildpark Frankenhof

Frankenstraße 32, 48734 Reken. ✆ 02864/1715, 2535, Fax 882279. www.wildpark-frankenhof.de. info@wildpark-frankenhof.de. **Anfahrt:** Ab Bhf ↗ Reken Bus 713 bis Frankenhof (3 x täglich), sonst 20 Min Fußweg ab Bhf. **Rad:** 100-Schlösser-Route, Wellness-Route, K48. **Zeiten:** März – Okt täglich 9 – 18 Uhr, Nov – Feb täglich 10 – 17 Uhr. **Preise:** 4,50 €; Kinder ab 2 Jahre 3,50 €; Rabatt für Gruppen ab 20 Pers.

▶ Im 35 ha großen Wildpark Frankenhof könnt ihr nicht nur Tiere füttern oder an ihnen vorbeispazieren, hier gibt es auch an den Wochenenden immer wieder Vogelflugschauen, bei denen ihr den Raubvögeln bei ihrem Sturzflug zuschauen könnt. Da saust und flattert es in der Luft und ihr könnt erleben, wie zielsicher und mit welch »Adleraugen« diese Tiere ihre Beute aus großer Entfernung anpeilen. Nicht umsonst ist »Falkenauge« oder »Adlerblick« ein Kompliment, nicht nur bei den Indianern! Es lohnt sich also in jedem Fall, sich nach den aktuellen Flugschauterminen zu erkundigen. Zum Spielen sollte die Zeit auch noch reichen, denn der angeschlossene Erlebnisspielplatz hat es in sich.

Ketteler Hof Abenteuerland und Wildgehege in Haltern

Familie Schulze Robert, Rekener Straße 234, 45721 Haltern am See-Lavesum. ✆ 02364/3409, Fax 167230. www.kettelerhof.de. info@kettelerhof.de. **Anfahrt:** Ab

Hbf ↗ Haltern, Bus 275 jeweils zur halben Std. A43 Ausfahrt 7 Lavesum und 3,5 km Richtung Reken oder A31 Ausfahrt 35 Reken, dann 15 km über Klein-Reken – Sythen – Haltern am See. **Rad:** Römerroute bis Haltern. **Zeiten:** Mitte März – Mitte Okt täglich 9 – 18 Uhr. **Preise:** Tageskarte pro Pers (ab 2 Jahre) 8,50 €, Saisonkarte 40 €; Sonderpreise für Schulen und Kindergärten ab 20 Pers (nicht an Wochenenden oder Fei) 7 €. **Infos:** Sommerrodelbahn pro 2-Pers-Schlitten 1 €, Bollerwagen Tagesmiete 3 €, Hunde nicht erlaubt.

▶ Der Ketteler Hof ist im Münsterland fast jedem Kind bekannt, denn hierher fahren Schüler oder Kindergartenkinder mit ihren Erziehern genauso gern wie Wochenendausflügler und Familien. Die Mischung aus tollen Spielgeräten, einer sauseschnellen Sommerrodelbahn, einer Mini-Kartbahn, himmelhohen Klettergerüsten und Rutschbahnen sowie Ponyreiten und einem Wildgehege ist einfach unwiderstehlich. Einige Picknickplätze und -hütten mit fest installierten Grills gibt es auch. Bringt also reichlich Proviant mit, denn ihr bleibt garantiert den ganzen Tag, sonst schafft ihr die vielfältigen Angebote kaum. Der Park hat für die ganz Kleinen genauso wie für Teenager ansprechende und altersgemäße Spielmöglichkeiten, deshalb könnt ihr ihn bis ca. 14 Jahre richtig auskosten.

Wer früh ankommt, der kann sich einen der fest stehenden **Grills** sichern, denkt also an Holzkohle, Grillanzünder, Teller, Besteck und Würstchen.

Prickingshof Haltern-Sythen

Thomas Döpper, Niehuser Weg 14, 45721 Haltern am See-Sythen. ℂ 02364/6588, 6595, Fax 69558. www.Prickings-Hof.de. info@Prickings-Hof.de. **Anfahrt:** RB bis Bhf Haltern-Sythen. **Auto:** A43 Ausfahrt 7 Lavesum und 3,5 km Richtung Reken oder A31 Ausfahrt 35 Reken, dann 15 km über Klein-Reken – Sythen. **Rad:** Römerroute bis Haltern. **Zeiten:** Ganzjährig täglich 9 – 18, im Sommer bis 19 Uhr, circa 4 Wochen im Dez/Jan geschlossen (Tagespresse und Internetseite beachten). **Preise:** Bäuerliche Tierschau 4 €, Erholungspark 3 €, Planwagenfahrt 2 € (mindestens 20 Teilnehmer); Kinder

🍎 Zur Grillsaison lohnt sich der Besuch der hauseigenen **Schlachterei,** denn hier bekommt ihr eure Würstchen und Koteletts garantiert frisch aus der eigenen Zucht. Wenn euch dabei nicht so ganz wohl ist und ihr eure Lieblinge nicht in die Pfanne hauen wollt, kauft einfach den leckeren selbst gemachten Prickings-Stuten.

bis 4 Jahre frei; Gruppenermäßigungen ab 15 Pers, City-Power RWE-Card 50 %.

▶ Europas größter Muster-Bauernhof wartet auf euch! Zwar rief einst Bauer Ewald die große Anlage ins Leben, doch heute könnt ihr euch weit über die Landwirtschaft hinaus im Kinderparadies mit kleinen Streicheltieren vergnügen oder im Freiwildgehege Nutztiere wie Kühe oder Schweine sehen. Für die Augen gibt's bunte Blumen im Rhododendron- und Rosenpark, für den Magen selbst gebackenes Brot und hofeigene Wurst. Ein riesiger Biergarten lädt zum Verweilen ein und der schwerste Zuchtbulle Europas lässt euch den Mund vor Staunen offen stehen! Für technikbegeisterte Kinder und Erwachsene gibt es ein *Traktoren- und Cadillac-Museum.* Na, jetzt kommt wohl auch Papa freiwillig mit, was? Der große Spielplatz mit extralanger Rutsche ist da schon fast überflüssig. Aber nur fast.

HANDWERK UND GESCHICHTE

Betriebe und Museen

Ziegenkäserei Hof Sondermann

Michaelisweg 10, 46286 Dorsten-Lembeck.
☏ 02369/77-138, Fax -445. www.ziegenkaeserei-sondermann.de. email@ziegenkaeserei-sondermann.de.
Anfahrt: ↗ Dorsten-Lembeck. Gegenüber Michaelis-Stift einbiegen. **Rad:** 100-Schlösser-Route bis Raesfeld, ab dort Radwegenetz Raesfeld. **Zeiten:** Mo – Sa 8 – 12.30 und 14 – 18.30 Uhr. **Preise:** Hofladen frei, Besichtigung nach Absprache/Gruppengröße. **Infos:** Besichtigungen ab 4 – 50 Pers nach vorheriger Anmeldung werktags möglich.

▶ He, du alte Ziege! Wie oft habt ihr dieses arme Tier schon als Schimpfwort benutzt? Dabei ist eine Ziege ein sehr nützliches Tier, und über den Käse und die Ziegenmilch kann man wirklich nicht meckern. Hier könnt ihr euch anschauen, wie auf diesem Hof schon seit dem 17. Jahrhundert durch viel

Handarbeit ein leckerer Käse entsteht. Mmmhhh, auf Pizza oder im Salat ist Ziegenkäse oft das Tüpfelchen auf dem i. Wenn ihr also statt der verpackten Ware im Supermarkt einmal den Weg des Käses nachvollziehen und dann herzhaft und guten Gewissens hineinbeißen wollt, dann seid ihr hier richtig.

Vom Faden zum Stoff

Westfälisches Industriemuseum, Sekretariat, Nora Rüben, Uhlandstraße 50, 46399 Bocholt. ✆ 02871/ 21611-0, Fax -33. www.lwl.org/LWL/Kultur/wim/S/ bocholt/. textilmuseum@lwl.org. **Anfahrt:** ↗ Bocholt, ab Hbf mit Bus 751 bis Am Kreuzberg, ca. 500 m Fußweg. **Auto:** Über Münsterstraße ausgeschildert. **Rad:** Auf allen ortseigenen Radrundwegen beschildert, Industriekultur-Route. **Zeiten:** Di – So 10 – 18 Uhr, 24. Dez – 2. Jan geschlossen. **Preise:** 2,40 €; Kinder 6 – 17 Jahre 1,50 €, Schüler im Rahmen eines Programms 1,10 €; mit Schüler-/Studentenausweis oder Behinderte ab 80 % 1,60 €, Familientageskarte 5,80 €, kostenlose Führungen jeden So um 15 Uhr, Programme für Schulklassen und Kindergruppen: 1 Std 30 €, 1,5 Std 35 €, 2 Std 40 € plus jeweils 1,10 € pro Kind. **Infos:** LWL, 48133 Münster.

▶ Die berühmte Frage »Wat is een **Dampfmäschin?**« aus dem Filmklassiker »Die Feuerzangenbowle«, die Lehrer Bömmel seinen Schülern stellt, könnt ihr auch hier stellen. Mit dem Unterschied, dass es hier nicht pufft und stinkt, sondern ihr tatsächlich eine Antwort darauf bekommt. Und auch darauf, was eine Zettelmaschine ist. Kann man damit etwa einen Streit anzetteln? Oder hat die etwas mit der Zettelwirtschaft zu tun, die manche Leute auf ihrem Schreibtisch hinterlassen? Dreißig Webstühle zeigen euch die Entwicklung der Textilgeschichte zwischen 1900 und 1960, vor euren Augen entstehen bunte Stoffe, Tischdecken und Handtücher. Das Leben der Weber und ihr Haus samt dem angrenzenden Schweinestall gehören ebenfalls zum Einblick in diese Zeit. Für

Hans Dampf, euer Museumsführer, ist Heizer in der Textilfabrik. Als die Dampfmaschine noch in Betrieb war, schippte der Heizer mit seiner Schaufel Kohlen in den riesigen Kessel. Mit Feuer wurde Wasser erhitzt, mit dem entstehenden Dampf wurden die großen Maschinen und industriellen Webstühle in Bewegung gesetzt. Der Heizer musste ständig den Druck kontrollieren und auch im Hochsommer tüchtig einheizen. Er war morgens der Erste und abends der Letzte in der Textilfabrik.

Restaurant Schiffchen,
im Textilmuseum,
✆ 02871/7508.
www.schiffchen-bo-
cholt.de. Täglich außer
Mo ab 11 Uhr. Restau-
rant, Café und schöner
Biergarten mit westfäli-
schen Spezialitäten, Bo-
cholter Kaffeetafel und
coolen Hits für Kids.

Nördlich des Münsterlandes solltet ihr unbedingt auch nach Römern Aus-schau halten, denn bei Osnabrück-Bramsche wurden sie entscheidend geschlagen: Die Spuren der Schlacht im Teuto-burger Wald, in der Varus durch Hermann den Cherusker zurückge-drängt wurde, findet ihr noch heute bei Kalkriese – manchmal sogar Speerspitzen und Mün-zen im Wald! Und na-türlich ein weiteres spannendes Museum mit Außengelände.

Schulklassen gibt es besondere Mitmach-Program-me, für Familien, die auf eigene Faust entdecken wol-len, gibt es den Kinderpass »Mit Hans Dampf auf Ent-deckertour« am Eingang. Er führt euch auf einen spannenden Rundweg durch die Ausstellung.

Westfälisches Römermuseum Haltern

Landschaftsverband Westfalen-Lippe, Dr. Aßkamp, Öf-fentlichkeitsarbeit, Weseler Straße 100, 45721 Haltern am See. ✆ 02364/9376-0, Fax -30. www.roemermu-seum-haltern.de. roemermuseum@wl.org. **Anfahrt:** Ab Hbf ↗ Haltern Bus 208 bis Römermuseum. **Auto:** Ab Abfahrt 1,5 km in Richtung Innenstadt. **Rad:** Römer-route. **Zeiten:** Di – Fr 9 – 17, Sa, So, Fei 10 – 18 Uhr. **Preise:** 3 €, Gruppen ab 16 Pers 2,40 €; Kinder 6 – 17 Jahre 1,50 €, bei Führungsteilnahme mit Lehrperson 1,10 €; Familien 7 €, Ermäßigte mit Ausweis 1,80 €. **Infos:** Museumspädagogische Angebote für Kinder, Jugendliche und Erwachsene buchbar, z.B. Bogen-schnitzen, Ausgrabungen, etc.

▶ Wenn ihr im Spätsommer oder Herbst nach Hal-tern kommt, könnt ihr euch gleich am Eingang des Museums wie die Römer fühlen, denn an den Seiten-pfeilern wachsen Weintrauben, die euch an Italien, die Heimat der Römer erinnern. Hier befand sich zu Zeiten der römischen Besatzung (ca. 12 v.Chr – 16 n.Chr) ein Wall, der in der Architektur des Museums wiederzufinden ist. Tretet ein in die Welt der großen Eroberer und staunt über die Kunst, die Bauwerke, die weiten Wege, die sie mit ihren Armeen zurückge-legt haben, und über die Kampfkunst, der sich kaum jemand widersetzen konnte. Aber bis hierher und nicht weiter, so lautete die Devise des Cherusker-fürsten, der heute mit dem *Hermannsdenkmal* im Teutoburger Wald geehrt wird. Denn er hat die Römer in der **Varusschlacht** bei Kalkriese oder bei Heiden im Jahr 9 n.Chr. wieder hinausgeworfen aus Germa-nien und weiter als bis nach Haltern haben sie sich daher nicht ausbreiten können.

> ▶ Die römischen Kinder liebten Brettspiele so sehr, dass sie sie auch noch als Erwachsene gespielt haben, z.B. Mühle. Dafür genügt es, mit
>
> **SPIELEN WIE DIE RÖMER: MÜHLE**
>
> einem Stock das Spielfeld auf den weichen Waldboden zu zeichnen (zwei Quadrate mit Kreuz und Diagonalen) und drei kleine Tannenzapfen und drei dicke Steine zu suchen. Jeder setzt nun seine Spielsteine abwechselnd an gute Positionen, um beim anschließenden Ziehen eine Mühle bauen zu können. Wer seine Mühle zuerst zumacht – drei Steine bzw. Zapfen in einer Linie – hat gewonnen. ◀

Blinkende Münzen, Werkzeuge und Geschirr erzählen heute die Geschichte der hier ansässigen Garnisonssoldaten und Familien, die den unzivilisierten Barbaren Kultur und so manche unbekannte Leckerei mitbrachten. Buntglasfenster, Oliven, Gewürze, Hygiene, Wasserversorgung und die Weintrauben. Die Römer waren schon weit entwickelt!

Theater für Kinder im Römermuseum
Foto @ LWL

Happy Birthday!
Lass deine Nüsse zurück! Was das bedeutet? Bei den Römern hieß das, die Spielnüsse abzugeben und erwachsen zu werden. Wer zwischen 7 und 12 Jahre ist, kann sich eines von verschiedenen Geburtstagsprogrammen für einen ganz besonderen Tag mit seinen Freunden aussuchen: Maskenkunst, Nussspiele, Schlemmen wie die Römer oder glasklar durchblicken bei der Glasherstellung. 20 – 40 € je Programm, ✆ 02364/9376-0.

2 »Rickeracke! Rickeracke! geht die Mühle mit Geknacke.« Das ist das Ende der Lausbuben Max und Moritz, deren sieben Streiche Wilhelm Busch 1865 erzählt und gezeichnet hat.

Spielzeugmuseum Max und Moritz

Museumsleiterin Eva Gutersohn, Auf der Kirchwiese 1, 46414 Rhede. ✆ 02872/981012, 981000, Fax 7860. www.max-u-moritz.de. **Anfahrt:** ↗ Rhede. **Rad:** 100-Schlösser-Route, Radelpark Münsterland (Broschüre Münsterland Tourismus). **Zeiten:** Di, Mi, Do, So 15 – 18 Uhr. **Preise:** 2,50 €; ab 10 Pers 2 €, Führungen 60 Min 15 €, 90 Min 20 €. **Infos:** Rhede Tourist-Info, Rathausplatz 9, 46414 Rhede oder www.rhede.de.

▶ Im Münsterland gibt es unzählige Geschichten über den »Tollen Bomberg«, einen Baron mit Witz, gehöriger Frechheit und einem großen Herzen. Der hielt nicht viel davon, sich vornehm und adelig zu benehmen, sondern hatte viel für Scherze und kleine Sticheleien übrig. Eine der Geschichten erzählt davon, wie Buldern zu seiner Bahnstation kam: Wie ihr euch vorstellen könnt, hielten zu früheren Zeiten die Eisenbahnen nicht in

DER TOLLE BOMBERG

jedem Örtchen, sondern nur in wichtigen und großen Städten. Nun wohnte der Tolle Bomberg aber in einem kleinen Ort und so zog er jedes Mal in der Nähe von Buldern die Notleine und zahlte freiwillig die 30 Mark Strafe, damit er auf kürzestem Weg zu seinem Schloss spazieren konnte. Die anderen Reisenden regten sich schrecklich auf. Selbst die Zeitung schrieb schon ganz entrüstet darüber. Der Tolle Bomberg aber hielt selbst auf der Strecke nach Hannover einmal den Zug bei voller Fahrt an und dem Herzog, der gerade mit seiner Gemahlin im Speisewagen tafelte, fiel fast die Gabel aus der Hand! Der Tolle Bomberg aber stieg aus und pinkelte seelenruhig an einen Telegrafenmast, bevor er lächend wieder einstieg. Na, das war nun wirklich zuviel! Briefe und Mahnungen flogen hin und her, der Berg an Beschwerden wuchs stetig, der Eisenbahnpräsident aber war machtlos. Schließlich konnte er dem Baron ja nicht die Mitfahrt verbieten, denn die Strafe zahlte er jedes Mal anstandslos. Also entschloss man sich, in dem winzigen Örtchen Buldern eine eigene Bahnstation einzurichten. Das war die kleinste Station im ganzen Münsterland und man bekam dort fast nie einen Fahrgast zu sehen – mit Ausnahme des Tollen Bomberg! ◀

▶ Das meiste Spielzeug im Max-und-Moritz-Museum stammt aus den Jahren 1850 bis 1950. Zusätzlich zu einem Eindruck davon, wie eure Urgroßeltern und deren Kinder gespielt haben, könnt ihr euch auch ein Bild einer Schulklasse von 1900 machen. Da ging es anders zu als heute, und ihr könnt froh sein, dass ihr im 21. Jahrhundert lebt – auch wenn ihr manchmal trotzdem über die Schule stöhnt. In der Sonderausstellung über alte Spiele könnt ihr außerdem etwas über Hinkeln, Pimpeln, Stelzen und Kricket erfahren. Das sind ganz schön alte Spielideen für draußen, die schon in Rom oder im England des 16. Jahrhunderts Spaß machten.

@ Wer mehr Geschichten über den Tollen Bomberg oder andere Münsterländer Originale erfahren möchte, der schaue einfach ins Internet unter www.kiekin.de. Da gibt es auch Ausflugsideen und Spezialitätentipps.

Aktionen & Märkte

Römertage Haltern am See

Westfälisches Römermuseum, 45721 Haltern am See. ✆ 02364/9376-0, Fax -30. www.roemermuseum-haltern.de. roemermuseum@lwl.org. **Anfahrt:** Ab Hbf ↗ Haltern Bus 208 bis Römermuseum. **Auto:** Ab Abfahrt 1,5 km in Richtung Innenstadt. **Rad:** Römerroute. **Termine:** In geraden Jahren im Sep. **Preise:** 3,50 €.

▶ In allen geraden Jahren können sich die Römerfreunde unter euch auf ein besonders spektakuläres Fest freuen, denn dann werden in Haltern am See die Rüstungen angelegt und die **Cornicen** geblasen. In Schildkrötenformation und mit viel Enthusiasmus organisiert das Römermuseum ein spannendes Ereignis rund um die »ungebetenen Gäste« der westfälischen Region. Brot und Spiele heißt das Motto und im Museum und auf dem Außengelände hat man das Gefühl, ganz plötzlich in einer Welt vor 2000 Jahren angekommen zu sein. Dabei könnt ihr einen Blick auf antikes Spielzeug werfen oder auf die Haushaltsgegenstände aus damaliger Zeit. Lanzen und Schilde sind natürlich ebenso zu bewundern wie Münzen und echte Kerle in Fell, Leder und Metallgarnitur.

AUS DEM KALENDER

Cornicen sind antike Blasinstrumente, die ähnlich wie ein Horn gebogen sind und im alten Rom z.B. in der Arena zum Start der Spiele geblasen wurden.

HOHE MARK

JoJo ist eine herrliche Sache, weil ihr es überall spielen könnt und es in jede Reisetasche passt. Schon im alten Griechenland war es bekannt, und im Frankreich des 19. Jahrhunderts galt es als vornehm, also benehmt euch ausgezeichnet – und spielt mal wieder!

Nikolausumzug und Nikolausmarkt

Haltern am See. ℰ 02364/933-365, Fax -364. <u>www.haltern-am-see.de</u>. buergermeister@haltern.de. Markt am Alten Rathaus. **Anfahrt:** ↗ Haltern-Mitte. **Auto:** A43 Ausfahrt 8 Haltern-Mitte oder 9 Marl-Nord Richtung Seeufer. **Rad:** Römerroute, ortseigene Radwege entlang Straße/Seeufer. **Termine:** 6. Dez.

▶ Jedes Jahr am 6. Dezember zieht in Haltern der Nikolaus mit seinem Gefolge vom See zum Marktplatz. Und wenn ihr auch noch so sicher seid, dass es ihn nicht gibt, kommt ihr vielleicht doch ins Grübeln, wenn ihr den heiligen Mann so nahe seht. Falls ihr jedoch schon da drüber steht, dann freut euch einfach auf den Nikolausmarkt mit Waffeln, heißem Kakao und Weihnachtsdekoration.

Adventszeit in Dülmen

<u>www.duelmener-winter.de</u>.

▶ Zwischen Advent und Heilige Drei Könige gibt es in Dülmen eine Schlittschuhbahn. Traditionell verwandeln sich die Fenster des Rathauses in einen Adventskalender, an dem jeden Tag bis zum 24. Dezember eine Klappe geöffnet wird.

FESTKALENDER

Mai: letzter Sa im Mai, Meerfelder Bruch: **Einfangen der Jährlingshengste** – absolut sensationell, Karten sollten vorbestellt werden!

September: in geraden Jahren, Haltern am See: **Römertage** des westfälischen Römermuseums.

1. So, Heiden: Radwandertag mit Start an der Ludgerusschule. Infos: Verkehrsamt Heiden, ℰ 02867/977-211.

Dezember: Advent bis Januar: **Dülmen on Ice,** Eislaufen in der Innenstadt.

6. Dez und folgende Woche, Haltern am See: **Nikolausumzug und -markt.**

LIPPE – STEVER

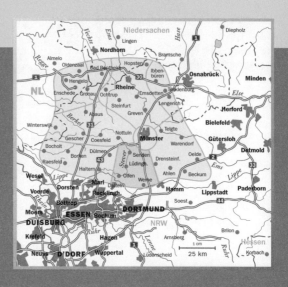

Geschichte pur und wuchtige Schlossanlagen erwarten euch in der Region zwischen den Flüssen Lippe und Stever. Nicht ohne Grund wird das Schloss in Nordkirchen als westfälisches Versailles bezeichnet, denn es ist dem großen französischen Vorbild bei Paris »wie aus dem Gesicht geschnitten«.

Ritterleben und Turniergefühle könnt ihr dagegen kindgerecht in Lüdinghausen erleben, denn dort gibt es gleich zwei Burgen, die sich anzuschauen lohnen. Hier fand man auch den ältesten Ammoniten Deutschlands und züchtet die prächtigsten Rosen – so richtig was für moderne Dornröschen und angehende Tiefseeforscher oder Archäologen. Ein bisschen Gruseln gefällig? Da seid ihr in der Davert rund um den Davensberger Turm und die Teufelseiche genau richtig, denn neben Wölfen sollen hier früher auch ganz andere Gestalten ihr Unwesen getrieben haben. Zur Erholung geht's eine Runde durch die Olfener Auen, denn auch dort warten ungewöhnliche Viecher auf euch, gehörnt aber diesmal nicht teuflisch. Wer Halligalli mag, der findet auf dem Feriengut Eversum in Olfen Raum und Gelegenheiten, sich auszutoben.

WASSER-SCHLÖSSER UND MOOR-GEISTER

@ Ladet euch die Broschüre »Schlösser zwischen Lippe und Stever« aus dem Internet herunter – darin findet ihr tolle Infos und Tipps rund um die Burgen der Gegend. www.aschendorff.de/ media/wn_aus-flug_2005_lippe_ste-ver.pdf.

Hallen- und Freibäder

Aqua-See Lüdinghausen

s.a.b. aqua-see Gesundheits- und Badepark Lüdinghausen GmbH, Rohrkamp 23, 59348 Lüdinghausen. ✆ 02591/2376-0, Fax -23. www.aqua-see.de. info@aqua-see.de. **Anfahrt:** ↗ Lüdinghausen. Über B58, im Ort ausgeschildert. **Rad:** Radwegen zum Klutensee folgen. **Zeiten:** Mo, Di 13 – 16, Mi – Fr 13 – 21, Sa und So 10 – 20 Uhr. **Preise:** Pro Person nur Bad 2 Std 3,50 €, 3 Std 4,50 €, 4 Std 5,50 €, Tag 6,50 €, 20 – 21 Uhr 1,50 €; Kinder 3 – 10 Jahre 2 €, 3 €, 4 €, 5 €. **Infos:** Sauna pro Pers 4 Std 11,50 €, Tag 14,50 €, 20 – 22 Uhr 9 €, Kombipreise Bad und Sauna möglich.

TIPPS FÜR WASSER-RATTEN

LIPPE – STEVER

Eiszeit: Im Winter könnt ihr übers Wasser zum Schloss Nordkirchen gehen

Gasthaus & Kultur Ricordo, Sendener Straße 8, 59348 Lüdinghausen, ✆ 02591/940750, www.ricordo.de. Täglich ab 10 Uhr. Auch zum Frühstücken oder für diverse Konzerte, Lesungen und Aktivitäten lohnt sich das Einkehren hier! Mit Kanuverleih-Service.

Ein Solebad hat ein Becken mit mineralhaltigem, salzig schmeckendem Wasser. Das ist gut für die Haut, den Kreislauf und die Atemwege. Da das Salz dazu führt, dass ihr mehr Auftrieb habt, könnt ihr schwerelos auf der Oberfläche treiben. Im Toten Meer in Israel kann man sogar Zeitung auf dem Wasser lesen, so salzhaltig ist es.

▶ Aus dem ehemaligen Panoramabad ist nach dem Umbau 2004 eine Gesundheitsoase geworden, die Sauna, Wellness und Schwimmen vereint und daher eigentlich mehr für Erwachsene gedacht ist. Trotzdem haben die Planer euch nicht vergessen, denn es gibt neben dem 25-m-Becken auch ein Nichtschwimmerbecken, ein Kinderplantschbecken und eine Tripple-Slide-Rutsche. Nach vorheriger Absprache könnt ihr zudem am Kinderbetreuungsprogramm teilnehmen.

Natur-SoleBad Werne

Bäderbetrieb der Stadt Werne, Am Hagen 2, 59368 Werne. ✆ 02389/909-20, Fax -200. www.natur-solebad-werne.de. **Anfahrt:** ↗ Werne. **Rad:** Ortseigene Radwege entlang der Autostraßen, Kanalroute. **Zeiten:** Mo 14 – 21, Di – Fr 6 – 20, Sa, So, Fei 7 – 19 Uhr, im Sommer bis 20 Uhr, Sauna 10 – 23 Uhr, Sa, So, Fei bis 20 Uhr. **Preise:** Badelandschaft 5 €, Saunatageskarte 12,50 €; Kinder, Schüler bis 20 Jahre 2,50 €, Schüler/Studenten 21 – 27 Jahre 3,50 €, Saunatageskarte bis 16 Jahre 8,50 €; Familientageskarte bis 3 Kinder 10 €, Schülerferienkarten 7,50 €.

▶ Hier werdet ihr bei Regen oder Sonnenschein nicht enttäuscht, denn das Solebad ist ein Hallen- und Freibad, in dem ihr bei schlechtem Wetter drinnen, bei gutem Wetter draußen baden könnt. Ihr könnt wählen zwischen 30 Grad warmem Solefreibad oder dem 25 Grad warmen Sportfreibad mit Kinderparadies zum Klettern, Plantschen und Austoben. Drinnen fordert ein Sportbecken mit fünf Bahnen und Startblöcken zum Wettschwimmen auf. Wem nach einem kalten Guss ist, der kann das Kneippbecken ausprobieren oder sich so richtig von den Massagedüsen durchschütteln lassen. Im Sole-Hallenbad geht es ein bisschen ruhiger zu, da treffen sich die älteren Leute. Aber ein Kleinkinderbecken mit einer Mini-Rutsche findet ihr gleich nebenan, also kommt hier jeder auf seine Kosten.

Freibad Stockum

Bäderbetrieb der Stadt Werne, Werthweg 2, 59368 Werne-Stockum. ℘ 02389/6256, www.natur-solebad-werne.de. **Anfahrt:** ↗ Werne. **Rad:** Kanalroute. **Zeiten:** 15. Mai bis Ende Aug Mo – Fr 6 – 10 und 13 – 19 Uhr, Sa, So, Fei 9 – 19 Uhr. **Preise:** 2,50 €, 10er-Karte 22,50 €; 1,30 €, 10er-Karte 10 €; Ferienkarte für Schüler 13 €, Familiensaisonkarte 72 €.

▶ Nicht schlecht, die 50 m Wasserrutsche hinunter zu rasen! Für alle mutigen Klippenspringer gibt es einen 3-m-Sprungturm. Bei 25 Grad Wassertemperatur könnt ihr es euch im Sommer hier gut gehen lassen.

Zu diesem Freibad kann man gut ein Picknick mitnehmen, da der Kiosk nur an heißen Tagen besetzt ist, und einem sonst der Magen knurrt nach all dem Springen und Rutschen.

Schiffsfahrten

Ahoi! Ein Ferientag auf dem Wasser ab Lüdinghausen

Fahrgastschifffahrt/Westfälischer Anzeiger, Hamm, A. und E. Janssen, Lünener Straße 201, 59348 Lüdinghausen. ℘ 02381/105148, Bordtelefon 0171/3409702, www.santamonika.de/haupt.htm. lokales-hamm@westfaelischer-anzeiger.de. Einstieg am Lüdinghausener Kanal, Hammer Schiffswerft, Lünener Straße 201, 59077 Hamm, ℘ 02381/460444, Fax 9569733, zweite Einstiegsstelle Allee-Center Hamm. **Anfahrt:** ↗ Lüdinghausen. Burg Lüdinghausen ausgeschildert. **Rad:** Kanalroute, 100-Schlösser-Route. **Zeiten:** Juli – Aug, Auskunft erteilt Westfälischer Anzeiger, Ganztagestour 9.30 – 18.45 Uhr. **Preise:** 14,40 €; Kinder bis 16 Jahre 8,70 €. **Infos:** Vorverkauf: Westfälischer Anzeiger, Gutenbergstraße 1, 59065 Hamm, ℘ 02381/105148, wechselnde Angebote, z.B. ins Venner Moor oder zum Prickingshof.

▶ Die wechselnden Schiffsprogramme auf Initiative des Westfälischen Anzeigers lohnen sich, um einmal den Kanal nicht nur vom Ufer aus zu betrachten. Ihr Landratten verbringt einen ereignisreichen Tag an Bord der *Santa Monika III,* einem Fahrgastschiff, das

Was ist eigentlich »chartern«? Das ist ein Fachwort für »mieten« und das kann man mit ganzen Flugzeugen oder Schiffen (natürlich mit dem nötigen »Kleingeld«) machen. Die Santa Monika z.B. kostet für 8 – 9 Std 700 € – bisschen viel für euren nächsten Geburtstag. Aber für Papas oder Mamas Betriebsfeier oder die Silberhochzeit von Oma oder Opa ab 30 – 40 Personen wäre das doch mal was, oder? Und ihr seid dann zweiter Maat!

LIPPE – STEVER

regelmäßig den Dortmund-Ems-Kanal befährt und dabei so manchen Lastkahn und seine interessante Ladung sieht. So transportieren etliche Kapitäne außer den Schüttgütern auch ihr eigenes Auto auf dem Wasser hin und her. Was seht ihr sonst noch? Am Hebewerk in Henrichenburg wird es spannend, denn da werdet ihr 13,5 m Höhenunterschied überwinden. Wie das funktioniert, könnt ihr anhand eines Modells gut verstehen. Im Fahrpreis ist die Modellschau inbegriffen. An Bord gibt's für die Eltern Kaffee und Kuchen, für die Kinder ein Hörnchen-Eis als Zugabe. Also dann, ahoi!

RAUS IN DIE NATUR

Bei Radtouren im Münsterland sollte man vorsichtshalber eine **Regenjacke** mitnehmen, denn auch im Sommer freuen sich die Bauern über regelmäßigen Landregen! **Badehosen** einzupacken, kann ebenfalls nicht schaden, denn am Schloss gibt es ein Hallenbad, das nachmittags für die Öffentlichkeit zugänglich ist.

Radeltouren

Von Ascheberg-Davensberg nach Nordkirchen

Länge: circa 10 km, asphaltiert, durch flaches Gelände. **Anfahrt:** Bus R53 Lüdinghausen – Nordkirchen; R52 Lüdinghausen – Werne bis Am Schlosspark. In einigen öffentlichen Verkehrsmitteln ist die Mitnahme von Fahrrädern erlaubt. **Auto:** Kreisstraße 3 ab ↗ Ascheberg. **Rad:** F32, 100-Schlösser-Route.

▶ Von **Davensberg** aus nehmt ihr den Fahrradweg F32 Richtung Nordkirchen. Ihr kommt an Feldern und Wiesen vorbei, aber Vorsicht, die Wege müsst ihr euch mit den Autos teilen. Kurz vor Nordkirchen fahrt ihr eine **Baumallee** entlang, die als Lehrgarten gedacht ist. Ratet mal, was für Bäume das sind. Die Schilder stehen immer auf einem kleinen Pfahl davor, sodass ihr die Namen nachgucken könnt. Ich bin mal gespannt, ob eure Lehrer genau so häufig spicken müssen wie ihr! Am Hinweisschild Minigolf biegt ihr in die Straße Am Schlosspark ein und seht schon das riesige Gebäude durch die Bäume schimmern. Zur Belohnung winken hier einige schöne Aktivitäten, zum Beispiel die müden Beine in den See vor dem **Schloss** zu tauchen und die Enten zu füttern.

Radeln rund um die Steverauen bei Olfen

Länge: 8 km, leichte Radwanderroute, nur eine Steigung, ab Olfen beschildert. **Anfahrt:** ↗ Olfen. **Rad:** 100-Schlösser-Route, Kanalroute. **Infos:** Flyer zum Download auf der Olfen-Seite unter Radwandern um die Steverauen.

▶ Nala ist die beste Freundin von Simba, dem König der Löwen? Ach was! Nala ist ein überaus imposantes Rindviech! Bei eurer Radeltour um die Steverauen könnt ihr mit etwas Glück Nala und ihren Freunden begegnen. Allein die Hörner sind schon ein Foto wert – jetzt bloß nix Rotes anhaben, Torero!

Eure Tour startet in **Olfen** und führt euch auf 8 km unter anderem an der **Füchtelner Mühle** vorbei, wo ihr die besten Chancen habt, Nalas Familie, allesamt Heckrinder, beim Grasen und Säugen zu beobachten. Hier könnt ihr auch die Füße ins Wasser halten oder den Anglern beim Fischen zusehen, denn im Schatten der Mühle aus dem 13. Jahrhundert lohnt sich eine Pause besonders. Geheimtipp für Verhungernde: Hinter der **Mühle** steht der gleichnamige Gasthof! Oder verkneift euch den ersten Hunger und wartet bis zum **Hof Schulze-Kökelsum**. Hier, nachdem ihr die einzige Steigung der gesamten Strecke locker gemeistert habt, verkauft der Bauer frisch vom Feld; Hofladen und Bauerncafé lassen Schleckermäuler aufjubeln. Nächster Stopp: Die **Alte Fahrt,** ein stillgelegtes Stückchen Dortmund-Ems-Kanal mit idealen Bedingungen für Steinchenschleuderer. Wer lässt den Stein am weitesten übers Wasser tanzen? Für Pferdefreunde heisst es Obacht geben, denn 14 Konikpferde grasen auf den Auen. Mit etwas Glück zeigen sie sich fotogen für einen Erinnerungsschnapp-

Hunger & Durst

Landhaus Füchtelner Mühle, Koekelsumer Straße 66, 59399 Olfen, ✆ 02595/430, Fax 387604, www.fuechtelner-muehle.de. Mi – Fr ab 14, Sa und So ab 11.30 Uhr.

Radeln nach Maß: Die Tour nach Nordkirchen bietet viele Haltepunkte

🍎 **Hof Schulze-Kökelsum,** Kökelsum 2, 59399 Olfen, ✆ 02595/1073, www.koekelsumer-bauernladen.de. April – Aug täglich 9 – 18.30 Uhr. Bauerncafé und Laden in einem.

LIPPE – STEVER

schuss. Der Rundweg geht nun über die Anhöhe Sternbusch wieder zurück.

Wandern und Natur erforschen

Wandern um den Davensberger Turm

Anfahrt: ↗ Ascheberg. Im Ort ausgeschildert. **Rad:** W2 ist auch mit dem Rad oder dem Kinderwagen problemlos möglich. **Infos:** Führungen im Turm und abendliche Spukwanderungen zu buchen bei Herrn Grube vom Heimatverein, ✆ 02503/880.

Ein ganz toller **Picknickplatz** ist das alte Mühlrad hinter dem Turm. Im Schatten eines knorrigen alten Baumes auf einer der Bänke drum herum – da schmeckt das Lunchpaket noch einmal so gut.

Rutschpartie am Davensberger Turm

▶ Los geht es in die **Davert,** die Moorlandschaft um Davensberg. Beim Heimatverein könnt ihr eine Führung durch den Turm mit seinem Gefängnis und Verlies buchen. Schon das kann ja ganz schön schaurig sein, aber die allerbeste Wanderung für Gruselfans ist der abendliche Spaziergang mit einem Führer durch die Davert. Da geht es an der Teufelseiche vorbei und die Geschichten, die dort bei Dämmerlicht und Laterne erzählt werden, sind nur was für Mutige. Aber natürlich könnt ihr dort auch tagsüber eine **Wanderung** machen. Ihr lauft einfach den Markierungen W2 nach, die in weißer Schrift auf horizontal grün-blauer Farbe gekennzeichnet sind. Vom Turm geht es Richtung Mühlendamm. Hinter dem Eisenbahntunnel führt der Telgenpatt durch den Wald. Einmal müsst ihr über die Rinkeroder Straße, dann kommt ihr am Sportplatz vorbei. Geht vorbei an den Tennisplätzen und durch den Wald. Links ab geht ein Weg zum Hof Möllers und am Wald entlang. Über die Autobahnbrücke, dann den Schotterweg zum Hof Schulze Pellengahr und an ihm vorbei auf der Eichenallee. Wer von euch ist als Erster am Wegekreuz? Wettlauf ist angesagt! Und

Achtung: Nur noch wenige Meter in den Wald und rechts steht dann die **Teufelseiche.** Jetzt könnt ihr euch gegenseitig die gruseligsten Geschichten ausdenken, warum die wohl so heißt. Ihr kommt auch am *Grillplatz Grube* vorbei, da kann man prima eine Essenspause einlegen. Über den Emmerbach (Füße hineinhalten?) und in den Wald, nochmals über den Emmerbach (na, Libellen beobachten?) und ihr seht schon fast wieder den **Burgturm.** W2 ist auch an Bäumen und Pfählen angemalt – immer die Augen auf!

Mehr sehen an den Moorseen um Senden

Länge: 30 – 45 Min Weg, je nach Streckenkombination.
Anfahrt: Bus 612 Münster – Senden Richtung Ottmarsbocholt. **Auto:** B235 Münster – Bösensell – Senden, am Ortsausgang L884 Richtung Ottmarsbocholt. **Rad:** Kanalroute.

▶ Vom Parkplatz der Gaststätte **Venner Moor** biegt ihr auf die L884 und nach circa 200 m in den Wald ein. Hier verläuft auch der Wanderweg X3/A9, dem ihr links bis zur Venner Straße folgt. Ihr kommt an der Gärtnerei de Jong vorbei, wo ihr schon mal einen Blick auf die Blüten des Sommers werfen könnt. Im Wald hinter dem Betrieb liegt ein alter **Wall.** Er heißt *de Olle Dieck,* obwohl es hier ja nicht so aussieht, als

DER KNABE IM MOOR

O schaurig ist's übers Moor zu gehn,
Wenn es wimmelt vom Heiderauche,
Sich wie Phantome die Dünste drehn
Und die Ranke häkelt am Strauche,
Unter jedem Tritt ein Quellchen springt,
Wenn es aus der Spalte zischt und singt! –
O schaurig ist's übers Moor zu gehn,
Wenn der Röhrich knistert im Hauche!

Annette von Droste-Hülshoff, *Der Knabe im Moor,* 1. Strophe, 1841/42.

Gasthaus Zur Davert, Am Mühlendamm, Davensberg, Di 17 – 24, Mi – Sa 11.30 – 24, So und Fei 10 – 24 Uhr. Im Winter Mi – So 14 – 17 Uhr. Kindermenüs 2,50 € – 7,50 €. Mit Rutsche und Wippe vor dem Haus, Biergarten und Kinderkarte lädt das Gasthaus geradezu ein, sich vor dem Wald noch einmal zu stärken.

☀ Das Umweltbildungszentrum Osnabrück (UBZ) bietet für Schulklassen und Kindergartengruppen **museumspädagogische Angebote** und Arbeit im Freigelände des Venner Moors bei Senden-Ottmarsbocholt an. Ihr könnt auch für Umweltprojekte eurer Schule Infos bekommen. Kontakt: www.osnabrueck. de/schoelerberg oder ✆ 0541/56003-32.

LIPPE – STEVER

Menschgemacht: Moor

müsse man sich vor einem Meer mit Deichen schützen. Eigentlich lagen innerhalb der Wälle wohl einmal Fischteiche, die im Mittelalter genutzt wurden. Links durch den Wald geht es zum Hof *Schulze-Tomberge.* Ein großer Gräftenhof ist das, der zu früheren Zeiten Zeichen für recht wohlhabende Bauern gewesen ist. Die *Gräften* (niederdeutsch für »Wassergraben«), ließen sich besonders gut als Verteidigungsanlage nutzen. Rechts führt euch die Straße zum Kanal, auf dem ihr vielleicht ein paar Ruderboote oder auch einen Schleppkahn erblickt. Richtung Münster geht ihr weiter auf dem Leinpfad, der hierzulande in Anlehnung an die wandernden Leinweber, die Tödden, so heißt. Nach etwa 700 m rechts geht's durch das *Naturschutzgebiet Venner Moor* zurück zu de Jong. Nun führt euch X3 wieder zur Gaststätte.

Ihr könnt auch ab Venner Straße rechts zu den Moorseen gehen (X3, teilweise X21). Hier ist es so richtig schaurig! Hinter den Moorseen geht es rechts in einer großen Schleife wieder zum Parkplatz an der Gaststätte. Beide Routen sind ca. 5 km lang.

Seppenrader Rekorde

Anfahrt: ↗ Lüdinghausen. **Rad:** Radelpark Münsterland, 100-Schlösser-Route. **Zeiten:** Jederzeit zugänglich. **Preise:** Kostenlos.

▶ Seppenrade ist sicher nicht der berühmteste Ort der Welt, der **Ammonit** aber, der dort gefunden wurde, hat dem Ort einen Hauch von Weltruhm eingebracht. Zwar steht das Original im Landesmuseum Münster, aber ein Abguss des 1895 gefundenen, mit

Hunger & Durst
Gaststätte Venner Moor, Zum Venne 3, 48308 Senden-Ottmarsbocholt, ✆ 02598/409. Täglich ab 11 Uhr. Hier gibt es auch die im Münsterland sehr bekannten Struwen. Portion mit Suppe und Dessert 7,50 €. Das Lokal ist Ausgangspunkt vieler Wanderungen in das Naturschutzgebiet.

70 Zentnern und 1,95 m Durchmesser größten versteinerten Gehäuses ist im Ortszentrum noch zu bewundern. Das Urvieh aus der Kreidezeit wurde in einem Steinbruch gefunden. Er hat seiner Art sogar einen eigenen lateinischen Namen beschert: *Pachydiscus Seppenradensis.* Das ist rekordverdächtig!

Wenn euch mehr die bunten Dinge dieser Welt interessieren, dann schaut euch im **Seppenrader Rosengarten** um, denn auch der ist zu Recht sehr bekannt. Immerhin wachsen hier auf einer ehemaligen Mülldeponie über 700 verschiedene Rosensorten, ca. 30.000 einzelne Rosen! So wurde Seppenrade vom Verein der Rosenfreunde zum dritten deutschen Rosendorf ernannt.

Wer es lieber steil und felsig mag, der begibt sich direkt vom Rosengarten auf einen 2-stündigen Rundweg (A2) von 6 km durch das *Lippsche Holt,* das **Naturschutzgebiet Katernberg** und kurz vor Ende des Rundgangs in die **Wolfsschlucht.** Ihr kommt dabei durch die Hochzeitsallee, die aus von Hochzeitspaaren gepflanzten Bäumen besteht.

Hier in der Gegend gab es früher tatsächlich Wölfe. Stellt euch mal vor, wie die Menschen die damals noch dichten Wälder mühsam und unter Gefahr für ihre Dörfer und Felder abgeholzt haben. Die Einkerbungen in der Landschaft, die *Siepen* gaben Seppenrade seinen Namen. Um die Siepen herum begann die Rodung und Besiedlung.

Ammoniten waren Kopffüßler, die in den Urmeeren vor circa 200 Mio Jahren lebten. Sie waren nahe verwandt mit den Tintenfischen und nur ganz entfernt mit den heutigen Schnecken. Sie gehören zur Gattung der Mollusken, d.h. der Weichtiere.

Wer eine kürzere Wanderung machen möchte, richtet sich nach der Blauen Rose. Dieser Spaziergang streift ebenfalls die **Wolfsschlucht** und dauert bei 1,5 km nur 45 Minuten.

Freizeitparks und Minigolf

Freizeitpark und Waldferiendorf Gut Eversum in Olfen

Eversumer Straße 77, 59399 Olfen-Eversum. ✆ 02595/38587-0, Fax -80. www.gut-eversum.de. info@gut-eversum.de. **Anfahrt:** ➶ Olfen. A43 Abfahrt 7 Lavesum, Sythener Straße Richtung Haltern – Flaesheim – Haltener Straße – Eversumer Straße. **Rad:** Ab Olfen K9 oder ab

Wie wäre es mit einer Runde **Minigolf** in Olfen? J. Kleibel, Kanalstraße 9, 59399 Olfen, ☎ 02595/9144, Mo – Fr 14 – 21, Sa, So, Ferien 11 – 21 Uhr, Erw 2,60 €, Kinder bis 14 Jahre 1,50 €.

Hunger & Durst
Das Kleine Café, An der Alten Schmiede, ☎ 02596/980305. Do – Mo 8.30 – 12, 15 – 20 Uhr. Gemütliches Café mit urig alten Möbeln.

Hunger & Durst
Zum Schlauncafé, Mauritiusplatz 5, ☎ 02596/97120, www.schlaun-cafe.de. Di – Sa 10 – 19, So 11.30 – 19 Uhr. Das Café ist so edel-alt eingerichtet wie das Schloss.

Flaesheim L609. **Zeiten:** Mo Ruhetag (außer in den Ferien), sonst täglich ab 10 Uhr. **Preise:** Ab 2 Jahre 3,50 €; Gruppen auf Anfrage. **Infos:** Hunde sind nicht erlaubt.

▶ Ein Tag voller Action wartet auf euch: Neben dem gesundheitlich orientierten Einkauf im Bioladen gibt es im Freizeitpark nämlich auch magenverwirrende Erlebnisse wie die Wasserbahn oder die Wackelräder, Vicing Cars oder Trampolin springen. Richtig widerlich schön wird es aber erst im Speedflipper, der euch kopfüber herumwirbelt. Danach könnt ihr euch in einem Bad voller bunter Bälle erholen oder auf dem Abenteuerspielplatz austoben und die Kleintiere streicheln. Wer gar nicht genug bekommen kann, der kann versuchen, seine Verwandtschaft zur Miete eines Ferienhauses zu überreden. Infos dazu erteilt die Verwaltung des Freizeitparks gern.

Minigolf und Biergarten Nordkirchen

Josef und Debby Voß, Am Schlosspark, 59394 Nordkirchen. Handy 0170/4073213. **Anfahrt:** ↗ Nordkirchen. **Rad:** Liegt am F32, 100-Schlösser-Route. **Zeiten:** Mo – Fr 14 – Dämmerung, Sa, So, Fei, Ferien 11 – Dämmerung. **Preise:** 2,60 €; Kinder 4 – 12 Jahre 1,80 €, Jugendliche 13 – 18 Jahre 2,30 €.

▶ Nach dem Kulturprogramm am ↗ **Nordkirchener Schloss** lässt sich prima eine sportliches Kontrastprogramm anschließen, denn am Schlosspark gibt es die frei zugängliche Sport- und Skateranlage sowie einen Minigolfplatz mit einem Spielplatz und einer Sandkiste. Ihr bekommt einen Block für den Spielstand, Schläger und Bälle und los geht es. Die einzelnen Bahnen sind natürlich unterschiedlich schwer. Die Loopings lassen sich besser schaffen als man denkt, aber eine Bahn hat es richtig in sich: da muss der Ball in einem Netz auf Bauchhöhe landen! Kleine Erfrischungen gibt es natürlich auch und ihr könnt hier sogar Kindergeburtstag feiern.

Indigo und Salz

Blaudruckerei Lüdinghausen

Elke und Rolf Schlüter, Münsterstraße 51, 59348 Lüdinghausen. ✆ 02591/792929, www.blaudruckerei-luedinghausen.de. webmaster@blaudruckerei-luedinghausen.de. **Anfahrt:** ↗ Lüdinghausen. Burg Lüdinghausen ausgeschildert. **Rad:** 100-Schlösser-Route. **Zeiten:** Di – Fr 10 – 12 und 15 – 18 Uhr, Sa 10 – 14 Uhr. **Preise:** Führungen Gruppen 10 – 50 Pers 30 €, bei Verzehr im Café Indigo 15 €, Einblicke für Einzelpersonen bei wenig Betrieb immer möglich. **Infos:** Empfehlenswert für Kinder ab 10 Jahre, da der Vortrag nicht ganz einfach zu verstehen ist.

▶ Habt ihr schon einmal ein Münsterländer Geschirrtuch in der Hand gehalten? Dann wird euch vielleicht der schöne blaue Druck aufgefallen sein, mit dem auch Decken, Servietten, Handtücher oder Umschlagtücher verziert werden. Wenn ihr wissen wollt, welche Technik dahintersteckt und was es mit dieser Tradition auf sich hat, dann müsst ihr euch einmal in der Blaudruckerei umschauen. Wieso Indien? Wieso Holland? Was haben diese Länder denn mit dem Münsterland zu tun? Warum das Ergebnis beim Indigo-Färben erst gelb erschien, bevor das intensive Blau entstand, das verrät euch Frau Schlüter während der Führung. Schließlich sollt auch ihr euer blaues Wunder erleben – daher kommt dieser Spruch nämlich! Heute wird ein anderer Wirkstoff zum Färben benutzt, der beim Waschen oder in der Sonne nicht ausbleicht.

Für das leibliche Wohl ist ebenfalls gesorgt: Dem Betrieb ist das gemütliche **Café Indigo** angeschlossen, in dem ihr die Informationen zusammen mit einem leckeren Kakao verdauen könnt.

 Elke und Rolf Schlüter, ✆ 02591/792929, organisieren für Gruppen ab 10 Pers **betreute Radtouren** z.B. ins Venner Moor, durch »Heide, Wasser, Sand« oder zu den Burgen. Der Rentner und »Pedalloge« Hans führt euch, repariert bei Bedarf, tröstet erschöpfte Kinder und erzählt allerlei Geschichten auf dem Weg. Abschließend sorgen Elke und Rolf für eine zünftige Mahlzeit.

Seeluft in Werne? Auf zum Gradierwerk!

Verkehrsverein Werne e.V., Markt 19, 59368 Werne. ✆ 02389/53-4080, Fax -7095. www.verkehrsverein-wer-

LIPPE – STEVER

*Werne war früher für den **Kohleabbau** bekannt, denn unter der Stadt wurde seit 1902 Kohle gefördert. Mehrere Schächte führten in die Tiefe, doch die Förderung war schwierig. Die Kohleflöze lagen nicht so gleichmäßig, dass sie gut zu berechnen und abzubauen gewesen wären. 1975 wurde die Zeche deswegen stillgelegt. Heute seht ihr nur noch in der Siedlung Brachtstaße, in welchen Häuschen die Bergarbeiter damals gelebt haben.*

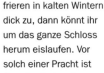

Der See und der Schlossgraben frieren in kalten Wintern dick zu, dann könnt ihr um das ganze Schloss herum eislaufen. Vor solch einer Pracht ist das ein einzigartiger Spaß!

ne.de. verkehrsverein-werne@t-online.de. **Anfahrt:** ↗ Werne, Bus R81 bis Zeche Werne (Route der Industriekultur). Richtung Stadtpark. **Rad:** Route Industriekultur. **Zeiten:** Ganzjährig zugänglich. **Preise:** Kostenlos.

▶ Tief durchatmen, hier riecht es nach Meer! In Werne haben die Stadtväter ganz in der Nähe des Solebades ein Gradierwerk aufgestellt, bei dem über eine Rieselwand aus Schwarzdornreisig salziges Wasser geleitet wird, das wie ein feiner Salznebel niederrieselt. Für Menschen mit Atemwegserkrankungen ist das eine erholsame Sache, für euch ein Vorgeschmack auf den nächsten Urlaub an der Nordsee. Lasst euch das ruhig auf der Zunge zergehen, der feine Wassernebel schmeckt salzig und an der Rieselanlage könnt ihr sogar Salzkrusten sehen und vielleicht naschen. Wenn ihr abends dort entlang geht, sorgt eine Lichtanlage für romantische Stimmung, denn dann schimmert der Wassernebel in allen Regenbogenfarben.

Schlösser und Burgen

Das Versailles des Münsterlandes — Schloss Nordkirchen

Fachhochschule für Finanzen NRW, Schloss, 59389 Nordkirchen. ✆ 02596/933-1020, -2402, Fax -1225. **Anfahrt:** ↗ Nordkirchen. **Rad:** Liegt am F32/Kreisstraße K3. **Zeiten:** Stündliche Führungen durch das Gebäude Mai – Sep 11 – 17, Okt – April 14 – 16 Uhr mit Voranmeldung auch täglich 9 – 18 Uhr möglich. **Preise:** Gartengelände kostenlos zugänglich, Führungen 2 €; Kinder 6 – 14 Jahre 1 €; Gruppenpreis mindestens 20 €.

▶ Eure Großeltern wollen sich ein barockes Schloss anschauen? Klar, darauf könnt ihr euch getrost einlassen, wenn sie euch danach zum ↗ **Minigolf** gegenüber begleiten. Hier am Barockschloss Nordkirchen kann man nämlich beides: Zuerst in einem beeindruckenden schönen Park um das Schloss spazieren

SCHLOSS NORDKIRCHEN

▶ *Ludwig XIV.* lebte vor über 300 Jahren in Frankreich. Er war zu seiner Zeit der mächtigste König der Welt. Um seine Macht allen zu zeigen, ließ er das prächtigste Schloss aller Zeiten bauen: Versailles. Dort lebte er mit hunderten von Beamten, Gästen, und aberhunderten von Bediensteten. Alles war sehr pompös ausgestattet, schwülstig verziert, der weitläufige Park samt Seen und Büschen in geometrische Formen getrimmt: Das war der Geschmack des Barocks, der 150 Jahre währte. Als 1703 – 1734 Fürstbischof *Christian von Plettenberg-Lenhausen* und *Wilhelm Ferdinand Graf von Plettenberg* das Schloss in Nordkir-

chen bauen ließen, wollten Sie auch so etwas Schönes und Barockes haben. Und wie ihr seht, ist es ihnen gelungen ◀

und sich bei der Führung ein paar Ideen über das Leben der Menschen im 18. Jahrhundert holen, danach lässig den Schläger schwingen und Oma und Opa ein paar Bälle um die Ohren fegen. Fragt die Schlossführer doch einmal, wie das Leben der Kinder in solchen Luxusgebäuden ausgesehen hat und welche Sportarten sie gespielt haben – wohl kaum Minigolf, oder? Vielleicht guckt ihr bei den Portraits im Schloss einmal nach, ob auch Kinder oder Jugendliche gemalt worden sind und was sie für Kleidung trugen.

Das Schloss wurde 1703 – 1734 unter anderem von dem berühmten Architekt *Johann Conrad Schlaun* gebaut. Wenn ihr in Münster seid, vergleicht mal das Universitäts-Schloss dort mit diesem – da war der gleiche Baumeister am Werk!

Hier finden in den Gärten oder im Innenhof im Sommer klassische und moderne **Konzerte** statt. Die Kulisse und der Klang bezaubern auch jüngere Zuhörer. Info und Vorverkauf über die Telefonzentrale, www.schlosskonzerte-nordkirchen.de.

LIPPE – STEVER

173

Berenbrock 1, 59348 Lüdinghausen. ✆ 02591/7990-0,
Fax -29. www.kreis-coesfeld.de. kultur@kreis-coes-

**Café Restaurant Burg
Vischering,** ✆ 02591/
78278. April – Okt 10 –
18, Nov – März auf An-
frage. Im Innenhof
könnt ihr ein Ritter-
essen für Kinder vorbe-
stellen. Auf Anfrage
gibt's dazu den Ritter-
schlag und das entspre-
chende Kostüm. Wäre
das nicht eine tolle Idee
für einen Kindergeburts-
tag? Klar, dass ihr
hier auch ganz normal
essen könnt.

feld.de. **Anfahrt:** ↗ Lüdinghausen, ab Bhf zu Fuß bis zur
Burg. Ausgeschildert. **Rad:** Radwege um die Burg aus-
geschildert, Teil der 100-Schlösser-Tour. **Zeiten:** April –
Okt Di – So 10 – 12.30 und 13.30 – 17.30 Uhr, Nov –
März 10 – 12.30 und 13.30 – 16.30 Uhr. **Preise:** 2,50 €;
Kinder 6 – 18 Jahre 1 €; Familien 6 €, Gruppen ab 20
Pers 2 €/Pers, Kinder 0,75 €/Pers. **Infos:** Museums-
pädagogisches Angebot und Führungen unter
✆ 02591/799011 buchbar.

▶ »Freifrau von Droste-Vischering, Vi-Va-Vische-
ring ...« So beginnt ein altes deutsches Lied, das
sich ein wenig über das Mittelalter lustig macht. Wie
es wirklich war, das könnt ihr auf der 700 Jahre alten
Burg Vischering ganz besonders intensiv nachempfinden, denn zur Burgbesichtigung kommt hier auch
noch ein auf Kinder zugeschnittener Aktivitätenraum
in der Ausstellung »Ritter und Pferde« dazu, in dem
ihr auf Turnierpferden sitzen könnt oder das Gewicht
einer Rüstung in Form eines Sandsackes heben
dürft. Überall gibt es etwas auszuprobieren und zu
staunen. Ein Highlight für Burgfräulein und Ritter zugleich, denn auch die Räume der Burg, die großen
Kamine, die übervolle Kü-
che oder eine mit Truhen
versehene Kemenate und
ein lichterfüllter Saal laden zum Nachspielen ein.
Nach einem Großbrand
1521 wurden die eher
kleinen und kargen Räu-
me des frühen Baus
durch einige Verzierungen
und mehr Pomp ergänzt.
Der jetzige Stand ist also
eine Sicht auf das Leben
im 16. Jahrhundert.

Attacke!

Nehmt euch auf jeden Fall Zeit für einen Rundgang um den Wassergraben und das Außengelände. Die lauschigen Wege unter urigen alten Bäumen sind einladend schön. Auf dem See seht ihr Enten ihre Kreise ziehen und so manche knorrige Eiche oder Kastanie lädt zum Klettern ein.

Renaissanceburg Lüdinghausen

Amtshaus 8, 59348 Lüdinghausen. ☏ 02591/926-141, Fax 926-144. www.burgluedinghausen.de. info@burgluedinghausen.de. **Anfahrt:** ↗ Lüdinghausen, ab Bhf zu Fuß bis zur Burg. Burg Lüdinghausen ausgeschildert. **Rad:** 100-Schlösser-Route. **Zeiten:** Mo – Do 14.30 – 17.30, Sa 14.30 – 17, So 11 – 13 und 14 – 17 Uhr. **Preise:** Kostenlos.

▶ Die Vorburg stammt schon aus dem Jahre 1569 und der Zugang zur Burg ist nur über eine Brücke möglich. Die Kulisse ist einfach toll, da glaubt man glatt, es würde ein Ritter über das Kopfsteinpflaster reiten. Der älteste Teil der Wasserburg geht auf das 13. Jahrhundert zurück. Für euch Kinder ist die Burg Vischering sicherlich der spannendere Tipp, doch diese Gräftenanlage lohnt auf jeden Fall das Herumspazieren! Und wer von euch weiß, welcher Fluss hier fließt? Schließlich befinden wir uns zwischen Lippe und Stever – findet heraus, welcher von beiden es wohl ist.

Wer langsam fußlahm wird und sich ein Rad herbeisehnt, der kann es vor Ort gut ausleihen. Die ADAC-Fahrradstation befindet sich direkt im Torhaus der Burg, ↗ Info & Verkehr.

Schloss Westerwinkel in Herbern

Horn-Westerwinkel, 59387 Ascheberg-Herbern. ☏ 02593/6324, Fax 7525. www.verkehrsverein-ascheberg.de. info@verkehrsverein-ascheberg.de. **Anfahrt:** ↗ Ascheberg-Herbern, vom Bhf zu Fuß circa 2 km durch den Lembecker Forst. **Rad:** 100-Schlösser-Route. **Zeiten:** April – Okt Fr – So und Fei 14 – 17 Uhr, Führun-

 Kiepenkerlführung Seppenrade, Buchung: Lüdinghausen Marketing, ☏ 02591/78008. Pro Gruppe 10 – 50 Pers 30 €, Dauer 1,5 Std.

Bistro-Café Amadeus, Langenbrückenstraße 10a, ☏ 02591/892385. So – Do 10 – 2, Fr und Sa 10 – 3 Uhr, Mo keine warme Küche. Hier gibt es von morgens bis spät in die Nacht etwas, um den hungrigen Bauch zu füllen.

LIPPE – STEVER

Spieglein, Spieglein …: Westerwinkel will das schönste Schloss sein

© Torsten Rink

Annabella Klimperauge, Geschichten aus dem Kinderzimmer, Jutta Richter, Hanser, 14,90 €

*In Herbern steht eine der drei dicksten Lindenbäume Westfalens. Schon 1962 wurde der so genannte **Drachenbaum** mit 8,90 m Umfang im Heimatbuch verzeichnet – ein echter Koloss, oder? Schaut mal nach, die Linde steht am Fußweg Horn-Westerwinkel nahe dem Schloss.*

gen alle halbe Stunde, Gruppen nach Voranmeldung. **Preise:** 3 € ab 8 Pers. **Infos:** Graf von Merveldt, ✆ 02599/98878.

▶ Schloss Westerwinkel stammt aus dem 16./17. Jahrhundert. Dick und trutzig steht es westlich von Herbern, ausgestattet mit vier Pavillontürmen zur besseren Sichtung der Feinde. Dabei ist der Standort gut gewählt, denn schon im 12. Jahrhundert hat hier eine Wasserburg in baumloser Umgebung gestanden. Heute ist das Schloss gar nicht so leicht zu finden, weil es hinter Hochwald versteckt liegt. Und statt Wurfgeschossen und Pfeilen von Feinden verirren sich wohl eher die abgeschlagenen Golfbälle des nahe gelegenen Platzes über die Zinnen.

Fans von englischen Gartenanlagen kommen hier auf ihre Kosten, denn der **Schlossgarten** ist zum Spazieren, Toben und Gucken bestens geeignet. Stellt euch vor, hier wandeln Perücken tragende Adlige, von fern klingt ein Cembalo und die Schnupftücher vor den Nasen der Kniebundhosenträger flattern elegant im Wind. Um etwas aktueller zu werden – hier wohnt auch die Kinderbuchautorin Jutta Richter. Vielleicht seht ihr sie an einem Fenster lehnen, ganz in Gedanken bei ihrem nächsten Buch.

Museen

Stadtmuseum Werne

Altes Amtshaus Karl-Pollender-Stadtmuseum Werne,
Kirchhof 13, 59368 Werne. ✆ 02389/780-773, Fax
-776. www.museum-werne.de. info@museum-werne.de.
Anfahrt: ↗ Werne, circa 15 Min Fußweg zum Zentrum.
Tiefgarage Museum. **Rad:** Kanalroute, Route der Industriekultur. **Zeiten:** Di – Fr 10 – 12, 14 – 17 Uhr, So 10 –
13, im Sommer auch Sa 14 – 17 Uhr. **Preise:** Kostenlos.

▶ Schuster, bleib bei deinen Leisten – aber was sind
überhaupt Leisten? Um das herauszufinden, müsst
ihr nicht mehr leisten, als einfach hinzugehen, in die
Schuhmacherwerkstatt im Stadtmuseum. Aber noch
viel mehr lernt ihr hier, z.B. über die Schiffchen, die
nicht auf dem Wasser, sondern zwischen den Reihen
der Webstühle hindurch flitzen. Und was man mit
ausgefallenen Haaren für ausgefallene Sachen an-
stellen kann, darüber erfahrt ihr auch noch etwas.
Also viel Spaß mit diesem mysteriösen Museum!

Museum Heimathaus Herbern

Altenhammstraße 20, 59387 Ascheberg-Herbern.
www.ascheberg.de. schmitz-ascheberg@t-online.de.
Anfahrt: ↗ Ascheberg, von dort nur Taxibus T12. **Rad:**
100-Schlösser-Route. **Zeiten:** Jeweils von letzter Oster-
ferienwoche bis einschließlich Herbstferien Sa und So
15 – 17 Uhr, Pfingsten geschlossen. **Preise:** Eintritt frei.
Infos: Führungen, auch plattdeutsch, unter Voranmeldung ✆ 02599/1340 oder 1824.

▶ Wie lebten die Leute um die Jahrhundertwende
des 19. zum 20. Jahrhundert? Keine luxuriösen Ba-
dezimmer, keine regulierbare Heizung und ganz bestimmt keine Schränke voller bunter Klamotten. Damals hatten die Menschen ein viel härteres Leben
und das fing schon mit der Kleidung an, denn diese
musste ja erst aus Schafswolle gemacht werden.
Bettwäsche und Tücher waren aus Leinen, aber auch

 Verschiedene pä-
dagogische Pro-
gramme bietet das Mu-
seum für Grundschulkin-
der an, z.B. »Werne,
eine mittelalterliche
Stadt« oder »Schule
Anno dazumal«. Auch
»Such die Maus« beim
Museum zum Kennen-
lernen. Für höhere Klas-
sen gibt es z.B. ein
Steinzeitprogramm oder
den mittelalterlichen
Rundgang für 6- bis 12-
Jährige durch Werne.
Buchung über
✆ 02389/780773.

Versucht in Ascheberg einmal, den Gedenkstein zu finden, der an den letzten Wolf in Westfalen erinnert. Wann genau erlegte der Gastwirt Joseph Hennemann-Herbern den armen Isegrimm? Tipp: Schaut in der Nähe der Wirtschaft, die nach dem Tier benannt ist.

das konnte man nicht einfach im Laden kaufen. Im Heimathaus arbeiten Mitglieder des Heimatvereins, die euch auch in richtigem Plattdeutsch durch die Ausstellungen führen. Ihr könnt euch gar nicht vorstellen, was es für eine Arbeit bedeutete, aus dem getrockneten Flachs feinstes Leinen zu machen! Aber weil man alles besser lernt, wenn man es ausprobieren kann, greift ruhig zu, hier könnt ihr den Flachs in die Hände nehmen und den Samen abstreifen. Dabei lernt ihr, was eine Reepe ist oder eine Breche. Spätestens, wenn ihr die Bündel durch die Hechel gezogen habt, fangt ihr selbst an zu hecheln. Ob der Begriff daher kommt? Fragt ruhig die netten ehrenamtlichen Mitarbeiter. Geht auch in die Schlafräume im ersten Stock und überlegt mal, wie gemütlich es wohl war, wenn die Erwachsenen manchmal mit bis zu vier Kindern in diesen 90 cm breiten Betten gelegen haben. Erholsam? Entspannend? Ich glaube, ihr schlaft heute Nacht richtig gern wieder in eurem eigenen Bett.

AUS DEM KALENDER

Theater und Feste

Freilichtbühne Werne

Freilichtbühne Werne von 1959 e.V., Südring 22, 59368 Werne. ✆ 02389/6849, 532696, Fax 535285. www.freilichtbuehne-werne.de. info@freilichtbuehne-werne.de. **Anfahrt:** ↗ Werne, zu Fuß bis Stadtpark. **Auto:** Direkt

FESTKALENDER

Juli/August:	Sommerferien, **Lüdinghausener Sommerfestival** mit Veranstaltungen für alle Altersgruppen
August:	3. Wochenende, Lüdinghausen-Seppenrade, **Seppenrader Rosenfest** mit Feuerwerk.
	Burg Vischering und Burg Lüdinghausen: **Ritterfestival.**

an der B233. **Rad:** Ausschilderung Stadtpark folgen. **Termine:** Mai – Sep, Mi, Do, Sa, So zumeist 16 und 20.30 Uhr, aktuelle Termine im Internet. **Preise:** 6,10 €; Kinder ab 3 Jahre 4,10 €, Schüler/Studenten 5,60 €; Gruppenpreise ab 20 Pers. **Infos:** Tickets auch: VV Werne, Markt 19, ℂ 02389/534080.

▶ Ausgesprochen kinderfreundlich geht es auf dieser Bühne zu, denn seit 1986 hat sich das Freilichttheater besonders auf Vorstellungen für ein jüngeres Publikum spezialisiert. Wundert euch nicht, wenn ihr plötzlich vom Zuschauer zum Mitspieler befördert werdet, denn die Schauspieler sind dafür bekannt, dass sie Menschen aus dem Publikum mit in das Stück einbeziehen. Das ist ein Heidenspaß, auch wenn einem dabei vor Aufregung schon mal die Düse geht!

Lüdinghauser Sommerfestival

Lüdinghausen Marketing e.V., Borg 11, 59348 Lüdinghausen. ℂ 02591/780-08, Fax 780-10. www.luedinghausen-tourismus.de. info@luedinghausen-marketing.de. **Anfahrt:** ↗ Lüdinghausen. Über B58. **Rad:** 100-Schlösser-Route. **Termine:** Sommerferien, aktuelle Zeiten bitte der Tagespresse entnehmen.

▶ Theater, Kabarett, Konzerte und Märkte – für jede Altersgruppe gibt es während des Festivals etwas zu entdecken. Und da es in den Ferien stattfindet, könnt ihr ja getrost auch mal etwas länger aufbleiben und die Abendveranstaltungen bei lauem Lüftchen genießen. Musik und Bratwurst vom Stand machen den Heimaturlaub perfekt.

Seppenrader Rosenfest

Lüdinghausen Marketing e.V., Borg 11, 59348 Lüdinghausen-Seppenrade. ℂ 02591/780-08, Fax -10. www.luedinghausen-tourismus.de. info@luedinghausen-tourismus.de. **Anfahrt:** ↗ Lüdinghausen. **Rad:** Radelpark Münsterland, 100-Schlösser-Route. **Termine:** Alljährlich 3. Wochenende im Aug. **Preise:** Kostenlos.

Happy Birthday! Wer als Geburtstagskind zur Freilichtbühne kommt, der kann mit seiner Karte kostenlos ins Natursolebad gehen. Arrangement ab 10 Kinder für 4,10 €/ Kind, Geburtstagskind freier Eintritt. Unbedingt vorbestellen!

Knackig frische Erzeugnisse aus der Gegend gibt es auf dem **Bauernmarkt:** Innenstadt Lüdinghausen April – Okt, jeden 1. Sa. im Monat. Zwei Wochen vor Ostern findet der **Kunsthandwerkermarkt** in der Burg Lüdinghausen statt und zu Weihnachten kauft ihr niedliche Geschenke am 1. Adventswochenende auf dem **Weihnachtsmarkt** im Ortsteil Seppenrade.

▶ Wenn die herrlichen Rosen in allen Farben erblühen, dann feiert Seppenrade diese Pracht mit einem großen Rosenfest. Falls ihr abends noch aufbleiben dürft, erwarten euch dort die besonders schönen Lichterketten, die zu Rosen geformt sind, und ein Feuerwerk.

PARKLANDSCHAFT WARENDORF

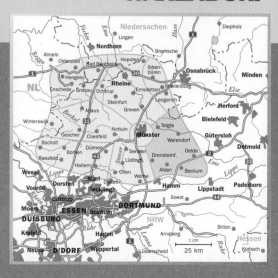

Im Kreis Warendorf wird wohl nichts den Ruhm der Pferde übertreffen können, die immerhin durch die Zucht im Landgestüt einen erstklassigen weltweiten Ruf genießen. Für Reiter ist hier das Paradies auf Erden, über 120 km Reitwege und Trabrennen, Springturniere oder Dressurprüfungen zum Zuschauen.

Aber neben den edlen Vierbeinern spielen auch andere Attraktionen eine Rolle, z.B. der *Vierjahreszeitenpark* in Oelde, der für Kinder einfach das Größte ist. Oder soll es der Einblick in das Leben der kleinen Leute von früher sein? Ein *Gadem* bringt es nahe. Trimmpfade durch ausgedehnte Wälder und Wiesen sowie Kletterparks und Badeseen bringen euch auf Trab. Uralt wird es an den Steinkistengräbern von Beckum, traditionell beim Ziegenbock-Montag zum Karneval. Oder darf es dann doch lieber ein eigenes Pferd sein? Beim Mariä-Geburtsmarkt in Telgte könnt ihr noch per Handschlag eins kaufen. Da müsst ihr aber ordentlich Taschengeld einstecken, was?

Frei- und Hallenbäder

Waldfreibad Klatenberg Telgte

Bäder-Gesellschaft Telgte mbH, Waldweg/Schmedehausener Straße, 48291 Telgte. ℂ 02504/1891, Fax -493. www.muensterland-tourismus.de. touristik@muensterland.com **Anfahrt:** R13 bis Brandhove, ca. 400 Fußweg zum Freibad ausgeschildert. **Auto:** B51 Münster – Warendorf bis Telgte, am Ortseingang/Planwiese. **Rad:** Radwege entlang Warendorfer Straße. **Zeiten:** Mo 13 – 19, Di 6.30 – 7.30 und 9 – 19 Uhr, Mi, Do, Sa, So 9 – 19, Fr 6.30 – 7.30 und 9 – 18 Uhr. **Preise:** 3 €, 10er-Karte 25 €, Saisonkarte 56 €; Kinder 6 – 16 bzw. bis 27 mit Ausbildungsnachweis 1,50 €; Familienkarte 70 €.

▶ Dieses Freibad liegt herrlich am Rande eines Wandergebietes. Hohe Bäume spenden Schatten an heißen Tagen, Wasserspiele, ein Sprungturm und idyllisch gelegene Liegewiesen laden zum Verweilen ein,

TIPPS FÜR WASSER-RATTEN

Warten auf ihre neuen Besitzer: Pferdchen auf dem Markt in Telgte

Wie wäre es mit einem Spaziergang zum Kalvarienberg oder einer Besichtigung des ↗ Krippenmuseums? Telgte ist auch eine Wallfahrtsstadt und so gibt es hier auch auf religiösem Gebiet einiges zu entdecken.

die Sportler vergnügen sich auf dem Beachvolleyballfeld. Ein toller Tipp für diejenigen, die einen ausgedehnten Rundgang, einen Trimmpfad und eine anschließende Abkühlung kombinieren möchten. Vor dem Freibadeingang zeigt ein Schild die möglichen Spazier- und Rundwanderrouten in und außerhalb von Telgte, sodass das Auto dort prima geparkt werden kann, bevor es losgeht. Dann muss man die Badesachen auch nicht von Anfang an mitschleppen und es ist für Naturfreunde und Wassernixen gleichermaßen ein gelungener Tag in Sicht.

Vitus-Bad

Vitus-Bad Everswinkel, Gemeindewerke Everswinkel GmbH, Alverskirchener Straße 29, 48351 Everswinkel. ✆ 02582/88680, Fax 88580. www.vitus-bad.de. info@vitus-bad.de. **Anfahrt:** Bus R22, 320 und 323 Münster – Warendorf bis Vitus-Bad. **Auto:** B51 Münster – Telgte, B64 Richtung Warendorf, Abzweig Everswinkel, im Ort ausgeschildert. **Rad:** Ortseigenes Radnetz. **Zeiten:** Schulzeit Mo 14.30 – 21, Di 6 – 8 und 14.30 – 21, Mi und Fr 14.30 – 21, Do 6 – 21, Sa, So, Fei 9 – 18 Uhr, Ferien Mo, Mi, Fr 10 – 21, Di und Do 6 – 21, Sa, So, Fei 9 – 18, in den Sommerferien 9 – 19 Uhr. **Preise:** Tageskarte 4,50 €, ab 19.30 Uhr 2,40 €, 10er-Karte 38 €; Kinder 2,50 €, ab 19.30 Uhr 1,20 €, 10er-Karte 19 €, Kasse schließt eine Stunde vor Ende der Badezeit; Mini-Familien (alleinerziehend mit mind. 1 Kind) Jahreskarte 150 €, Familien (Ehepaar, mind. 1 Kind) 14 €, ab 19.30 Uhr 7 €, Jahreskarte 180 €.

▶ Das ganze Jahr drinnen und draußen schwimmen bei 28 Grad warmen Wassertemperaturen – das ist schon klasse. Besser aber ist all das, was man dort zusätzlich noch erleben kann: Wasserkanonen, Großspielgeräte und Kletterlandschaften für kleine und große Äffchen an 3 Tagen die Woche. Aber selbst, wenn die Schwimmer im Mehrzweckbecken das Sagen haben, könnt ihr auf die Felsenbrunnen ausweichen, denn da sprudelt es so herrlich und ihr könnt rutschen, klettern und euch unter den Augen des Wasser spuckenden Dinos entlanghangeln. Für die kleinen Geschwister gibt es Sprudeltiere und Wasserspielzeug, eine Babyrutsche in 34 Grad warmes Wasser und einen Kletterfelsen. Schickt eure Eltern doch mal ins Suhlebecken – da brodelt und gluckert es und sie sitzen mittendrin und lassen es sich gut gehen. Ihr erobert derweil den Wasserfall oder liefert euch ein paar Wasserschlachten mit dem Schlauch oder der Wasserkanone (naja, es ist wohl eher ein Kanönchen für die kleineren Wasserpiraten). Taucherbrillen, Flossen und Wasserspielzeug werden kostenlos ausgeliehen. Im ersten Stock könnt ihr außerdem toben und das **Spielehaus** unsicher machen. In den Ferien finden besondere Veranstaltungen und Gewinnspiele statt.

Aus vollen Rohren: Im Vitusbad und seinem Spielehaus seid ihr den ganzen Tag beschäftigt

Freizeitbad »Berliner Park« Ahlen

Stadtwerke Ahlen Bäderverwaltung, Dolberger Straße 66, 59229 Ahlen. ℘ 02382/788249, www.ahlen.de. baeder@stadtwerke-ahlen.de. **Anfahrt:** ↗ Ahlen, mit Stadtbus C3. **Rad:** Kultur-Parcours, Skulptur-Biennale-Route. **Zeiten:** Mo 14 – 23, Di – Sa 9 – 23, So und Fei 9 – 20 Uhr, Mi FKK 19 – 23 Uhr, in den Ferien ab 9 Uhr täglich geöffnet. **Preise:** 5 €; Kinder ab 4 Jahre 3 €.

▶ Weil das Berliner-Park-Bad mit einem großen Glasdach ausgestattet ist, wird hier selbst ein regnerischer Tag zu einem Festtag. Ihr seid drinnen und plantscht in 30 Grad warmem Wasser, während draußen vielleicht gerade ein Herbststurm heult. Im Sommer könnt ihr die Kombination aus Außen- und Innenbad natürlich noch besser nutzen: 40 m lange Wasserrutsche, Wasserdüsen und Gegenstromanlage, große Liegewiesen und eine einmalige Saunalandschaft gehören zum Angebot. Die Sauna ist etwas ganz Besonderes, denn das ist ein Dörfchen für sich, mit einem Dach aus Gras und einem gemütlichen Kamin. In der Erdsauna fühlt ihr euch glatt wie im Urlaub in Finnland.

Wassersport in Badeseen

Emssee in Warendorf

Verkehrsverein Warendorf e.V., Emsstraße 4, 48231 Warendorf. ℘ 02581/7877-00, 19433, Fax -11. www.warendorf.de. verkehrsverein@warendorf.de. **Anfahrt:** ↗ Warendorf. **Rad:** Ems-Auen-Weg, Kultur-Parcours, Emssee beschildert.

▶ Wenn ich hier die Ems seh, bin ich schon am Emssee. Das Naherholungsgebiet in Warendorf ist nämlich gar nichts anderes als ein Teil der Emsaue, die das überschüssige Wasser des Flusses aufnimmt. Am Emssee liegen auch das *Freibad* und der *Bentheimer Turm,* sodass sich das Erholungsgebiet zum Spazieren und Baden gleichermaßen eignet. Segel-

☀ Ein Highlight ist die sommerliche Veranstaltung **Emssee in Flammen,** bei der die Schiffsmodellbauer den See mit den herrlichsten Kleinstbooten bevölkern und mit Fackeln ausleuchten. Modellbau und Emssee in Flammen: SMC Warendorf e.V., ℘ 02583/940691, Bernd.Engbert@smc-warendorf.de.

boote dümpeln auf der 100 x 800 m großen Wasserfläche und ein Spielplatz lädt zum ausgiebigen Toben ein.

Feldmarksee in Sassenberg

Erholungsgebiet Feldmark, 48336 Sassenberg.
✆ 02583/309-0, Fax -8800. www.sassenberg.de. stadt@sassenberg.de. Südöstliches Naturschutzgebiet Füchtorfer Moor. **Anfahrt:** Ab Warendorf mit Bus 315 bis Füchtorfer Straße oder mit Bus 312 bis Ferienpark Waldesruh, ab da zu Fuß. **Auto:** ↗ Sassenberg. **Rad:** Kultur-Parcours. **Zeiten:** Mai – Sep 9 – 20 Uhr. **Preise:** 2,50 €; Kinder ab 2 Jahre 1,20 €.

▶ 114 ha ehemaliger Kiesbaggersee sind nun zum Erholungsgebiet Feldmark geworden. Dieser See hat sogar leichte Wellen, da kommt man sich fast vor wie am Meer, obwohl das Wasser natürlich nicht bis zum Horizont reicht. Wenn ihr Lust habt auf eiskalten Wassergenuss, dann probiert doch das Wassertretbecken aus, zum Wiederwarmwerden hangelt euch den Trimmpfad entlang. Auch für Windsurfer und Segler ist das Freizeitgebiet attraktiv und die Badeinsel lockt Freibeuter zur Eroberung. Wenn ihr bleiben wollt, könnt ihr euch auf gleich zwei Campingplätzen einmieten oder aber ihr nutzt nur die Grillhütte und den Abenteuerspielplatz für euren Tagesausflug. Vergesst euer Fernglas nicht, denn hier nisten auf der Vogelschutzinsel einige bemerkenswerte Studienobjekte!

Freizeitanlage Tuttenbrock in Beckum

Stadtmarketing Beckum GmbH, Linnenstraße 14, 59269 Beckum. ✆ 02521/8257-25, Fax -27. www.beckum.de. An der A2. **Anfahrt:** Ab Münster Bus S30, ab Ennigerloh Bus R61 oder R62 bis Grevenbrede. **Auto:** Über A2 Ausfahrt 20 Beckum, Richtung Beckum, dann an der ersten Ampel rechts. **Rad:** Durch Gewerbepark Grüner Weg oder ab Ortsteil Roland über Feld- und Radwege. **Zeiten:** Ganzjährig. **Preise:** Kostenlos.

Tipp: Übernachtungen sind unter anderem im ↗ **Campingpark Eichenhof,** ✆ 02583/1585, www.campeichenhof.de oder auf dem ↗ **Campingplatz Heidewald,** ✆ 02583/1394, www.campheidewald.de möglich.

▶ 31 ha Freizeitgebiet und ein renaturierter Steinbruch-See, der nicht zugebaut oder durch Ferienanlagen in Beschlag genommen ist. Hier lässt man es sich einfach gut gehen und bringt seine Vorräte und Speckbrettschläger selbst mit. Es gibt zwar in der Nähe einen Kiosk, aber wer eine komplette vorgefertigte Touristenhochburg sucht, der sollte lieber an anderer Stelle baden. Hierher fahrt ihr vor allem im Sommer am besten mit dem Rad, denn es tummelt sich viel Volk im und ums Wasser, sodass Parkplätze rar sind.

RAUS IN DIE NATUR

Radeln oder Reiten?

Die Grand Tour: Der Ems-Auen-Weg

Länge: 2 – 3 Tage für Familien mit Kindern, durchweg leicht.
Infos: Teilstrecken oder Unterkünfte beim Verkehrsverein, ℡ 02581/787700.

▶ Der Ems-Auen-Weg als 110 km lange Radtour ist ausgezeichnet, und zwar mit dem Siegel Qualitätsroute 2005! Kein Wunder, denn gerade für Familien eignet sich die Strecke entlang der Ems durch ihre hervorragende Ausschilderung und ihre leichte Fahrbarkeit. 78 verschiedene Punkte entlang dem Weg markieren die Sehenswürdigkeiten, die von Eiszeitlandschaften und Legenden rund um den Fluss erzählen. Die Strecke ist zwischen Warendorf und Rheine erstklassig ausgeschildert, ihr folgt einfach den Kennzeichnungen oder kauft euch beim Verkehrsverein den entsprechenden Radreiseführer.

Radeln oder reiten?
Das ist doch keine Frage!
Natürlich r...

Das höchste Glück der Erde — 120 km Reitwege rund um Warendorf

Kreis Warendorf, Amt für Planung und Naturschutz, Touristische AG Parklandschaft Kreis Warendorf, Waldenburger Straße 2, 48231 Warendorf. ☎ 02581/532360, Fax 532452. www.reitroute.de. martin.terwey@kreis-warendorf.de. **Anfahrt:** ↗ Warendorf. Stadtmitte/Emssee. **Rad:** Kultur-Parcours, Skulptur-Biennale-Route.

▶ Das höchste Glück der Erde liegt im Kreis Warendorf wohl mehr als anderswo auf dem Rücken der Pferde, denn diese Gegend ist bekannt für sein ↗ Nordrhein-Westfälisches Landgestüt und sehr erfolgreiche Züchtungen. Warum also den allseits beliebten Drahtesel nicht einmal gegen den Pferdesattel tauschen? Die **Reitwanderkarte** mit den regionalen Reitrouten im Kreis Warendorf bietet dazu detaillierte Hilfe. Wollt ihr mit dem Pferd vor dem Kutschenmuseum in Ostbevern Halt machen? Oder darf es ein Rastplatz mit Tränke und Weide direkt an der

Auch Übernachtungsadressen für Pferd und Reiter liefert die Reitwanderkarte 1:50.000 des Kreises Warendorf im Internet unter www.reitroute.de oder bei den Verkehrsvereinen in Everswinkel, Ostbevern, Sassenberg, Telgte und Warendorf.

Ems sein? Eingezeichnet sind nicht nur schöne Strecken, sondern auch Gastronomie und sehenswerte Attraktionen, Unterkünfte für Pferde und Reiter sowie Besuchertipps rund ums Pferd. Lobenswert ist die Kennzeichnung von Gefahrenstellen auf der Karte mit einem roten Dreieck. So lässt sich ein ungetrübtes Naturerlebnis planen. Die Regionale Reitroute ist mit Pferd und Reiter in grün auf weißem Grund gekennzeichnet und ermöglicht so auch ohne Karte eine gute Orientierung.

Familientag im Landgestüt Warendorf

Sassenberger Straße 11, 48231 Warendorf. ✆ 02581/ 6369-14, Fax 6369-50. www.landgestuet.nrw.de.

Anfahrt: RB stündlich, Bus 312, 314 – 316. **Auto:** ↗ Warendorf. **Rad:** Ausschilderung Emssee folgen.

Zeiten: Jährlich an einem Sa im Aug 10 – 16 Uhr, allge-

Und hopp: Beim Springturnier schlagen nicht nur Pferdeherzen höher

meine Öffnungszeiten Mo – Fr 9 – 12 und Mo, Di, Do, Fr 14 – 17 Uhr, Sa 9 – 13 und 17 – 18 Uhr, So 11 – 12 und 17 – 18 Uhr. **Preise:** 6 €; Kinder bis 16 Jahre frei. **Infos:** Führungen durch das Gestüt über den Verkehrsverein Warendorf, ☏ 02581/787700.

▶ Reitprüfungen, Voltigieren, Stallgeruch und Herzklopfen für echte Reitfans bietet der alljährliche Familientag, zu dem im letzten Jahr allein 1500 Besucher die Gebäude und deren Bewohner inspizierten. Sogar der Kinderhörfunk hat live übertragen, also solltet ihr euch diese Chance nicht entgehen lassen, wenn das Gestüt seine Tore für alle öffnet. Während des normalen Betriebs könnt ihr nur über den Verkehrsverein Warendorf an einer Führung teilnehmen und die berühmten Hengste bewundern.

 Das Landgestüt veranstaltet jährlich die berühmte **Hengstparade** und die so genannte **Symphonie der Hengste**. Da seht ihr die elegantesten Pferde, geschniegelt und gestriegelt. Mit glänzendem Fell zeigen sie ihre absoluten Bestleistungen – ein Traum für Freunde edler Tiere! www.hengstparade.de.

Erlebnisparks & Sinneserfahrung

Vier-Jahreszeiten-Park Oelde

Forum Oelde, Herrenstraße 9, 59302 Oelde. ☏ 02522/72-800, Fax -815. www.vier-jahreszeiten-park.de. forum@oelde.de. Behindertengerechte Einrichtung, Rollstuhlverleih. **Anfahrt:** ↗ Oelde. **Rad:** Beschildert ab Bhf, Innenstadtradwege, Kultur-Parcours. **Zeiten:** April – Sep Mi 14 – 18, Sa, So, Fei 10 – 18; Okt – März Mi und Sa 14 – 18, So und Fei 11 – 17 Uhr. **Preise:** 2,50 €, Familienkarte 5 €; Kinder 7 – 17 Jahre, Schüler/Studenten bis 26 Jahre 1 €; Park- und Freibadkarte für ein Jahr bietet für 10 €/25 €/50 € für Familien günstigen Eintritt in Park, Freibad und Museum sowie 50 % Rabatt auf viele Veranstaltungen.

▶ Ob ihr im Frühling, Sommer, Herbst oder im Winter unterwegs seid, dieser Park hat in jeder Jahreszeit seine besonderen Höhepunkte: Angefangen mit dem Matschspielplatz für die Kleinen (nehmt am besten eine Ersatzhose mit) und der Burgwiese mit Spielburg für die Ritterkinder bis zu dem Skater-Areal für coole Kids und natürlich dem Freibad mittendrin. Der

PARKLANDSCHAFT WARENDORF

Café Ulithi, Konrad-Adenauer-Allee 20, ✆ 0522/832183. www.cafe-ulithi.de. Täglich 9.30 – 19 Uhr. Leckere Torten und Kuchen! Das Café liegt im Parkgelände und sonntags spielt dort manchmal ein Pianist. Das Café hat seinen Namen von der alten Bezeichnung für Oelde.

berühmte Künstler *Otmar Alt* hat einen bunten Picknickplatz gestaltet und ihr könnt auf dem Sinnespfad »Über Stock und Stein« pieksige und merkwürdige Eindrücke bekommen. Der große Mühlensee lädt ein, die Füße einzutauchen und auf der Museninsel gibt es eine für Tierfreunde besonders interessante Vogelvoliere. Schon mal in China gewesen? Nicht? Dann geht doch mal durch den fernöstlichen Garten, um einen Eindruck vom Reich der Mitte zu bekommen. Am besten hat uns allerdings das Laufen über die Hängebrücken von Baumhaus zu Baumhaus gefallen. Auf der Aue kann man nebenbei ganz spannende Dinge über die Natur lernen, z.B. beim Lehrbienenstand oder im Treffpunkt Grünes Klassenzimmer. Dieser Park ist einfach klasse und ich kann gar nicht alles aufzählen, was man dort erleben kann.

Naherholungsgebiet Stadtwald Ahlen

Stadt Ahlen, Am Stadtwald, 59227 Ahlen. ✆ 02382/590, Fax 59465. www.ahlen.de. rathaus@stadt.ahlen.de. Nördlich vom Rodelberg und Industriegebiet Ost. **Anfahrt:** ↗ Ahlen, ab Bhf Bus 447. **Auto:** B58 von Drensteinfurt – Schinkelstraße – Vorhelmer Weg/Am Stadtwald bzw. B58 von Beckum über Roland, K42 Richtung Vorhelm. **Rad:** Kultur-Parcours. **Zeiten:** Ganzjährig. **Preise:** Kostenlos. **Infos:** Tiergehege, ✆ 02382/83779.

▶ Hier dürft ihr nach Herzenslust toben, spielen, rennen, bolzen oder einfach nur im Gras liegen und ein Picknick genießen. Zu Recht sind die Ahlener sehr stolz auf ihren Stadtwald, der auch einen Waldlehrpfad zu bieten hat. So richtig nett ist das Tiergehege, das mit einem Gratis-Streichelzoo und einem Spielplatz besonders die Kleineren begeistert. Ein Wassertretbecken und eine Minigolfanlage machen den Tag komplett. Nehmt eure Packtaschen mit, es gibt einige Grill- und Picknickplätze im Naherholungsgebiet, die sich für eine schöne Pause anbieten.

Phoenix-Park Beckum

Deutscher Alpenverein Sektion Beckum e.V., Geschäftsstelle, Lönkerstraße 18, 59269 Beckum. ✆ 02521/28273, Fax 828380. www.dav-beckum.de/anlage. info@dav-beckum.de. **Anfahrt:** Bus 334 von Stromberg, Stromberger Straße bis Zementwerk Phönix, ab da zu Fuß. **Auto:** ↗ Beckum, Richtung Innenstadt, Naherholungsgebiet Phoenix Nähe B61 ist ausgeschildert. **Rad:** Innenstadt-Radnetz. **Zeiten:** Täglich nach Absprache mit Geschäftsstelle (Kartenverkauf). **Preise:** Nichtmitglieder 11 €/Tag, 125 €/Jahr; Mitglieder 4 € bzw. 26 €; Jugendliche unter 16 Jahre kostenlos, Schüler, Auszubildende etc. bis 27 Jahre 6 €/Tag, 36 €/Jahr, Mitglieder 2,50 € bzw. 13 €. **Infos:** Kinder unter 14 Jahre nur in Begleitung der Eltern.

▶ Der Deutsche Alpenverein hat hier eine richtige Herausforderung für Flachlandtiroler geschaffen, denn die Kletteranlage im Naherholungsgebiet Phoenix ist nicht einfach eine kleine Kletterwand, nein, hier geht es um Touren mit Schwierigkeitsgraden 3 – 9! Die Outdoor-Anlage, die sich auf einer Fläche von 760 qm erstreckt und eine Höhe von 14 m aufweist, hat sogar einen 17 m hohen Turm und eine abgetrennte 70-qm-Boulderwand. Für diejenigen, die lieber auf festem Boden bleiben, sind ein Spielplatz, ein Kiosk und eine Sonnenwiese vorhanden. Ganz in der Nähe gibt es zudem eine Skateranlage und Beachvolleyballplätze.

Sinnespark in Wadersloh-Liesborn

St.-Josef-Haus, Königstraße 1, 59329 Wadersloh-Liesborn. ✆ 02523/991-0, Fax -290. www.st-josef-haus.de. kontakt@st-josef-haus.de. **Anfahrt:** ↗ Wadersloh, Bus auch ab Lippstadt. **Auto:** Im Ort Beckumer Straße – Königstraße. **Rad:** Kultur-Parcours. **Zeiten:** Ganzjährig frei zugänglich. **Preise:** Kostenlos.

▶ Vielen Dank, Herr **Kükelhaus**! Denn diesem Pädagogen ist der 1998 gebaute Sinnespark zu verdanken, in dem ihr einen fantastischen Tag verbringen

🦋 Schülergruppen im Rahmen des Sportunterrichts dürfen die Anlage ebenfalls nach Absprache nutzen. Wäre doch eine Abwechslung zu Brennball oder Gymnastiktanz, oder?

🦉 *Hugo Kükelhaus (1900 – 1984) war vielseitig interessiert und begabt. Er war Tischler und Pädagoge, Philosoph, Schriftsteller und Künstler. Und Entwickler von ungewöhnlichen Spielgeräten nicht nur für Kinder. »Wir sind seit Jahrhunderten darin geübt, die Erfahrungen durch die Kenntnis zu ersetzen. Und leben in einer Ersatzwelt. In der nichts anderes ersetzt wird als das Leben selbst, eben: die Erfahrung.« Hugo Kükelhaus*

könnt. An 16 verschiedenen Stationen gibt es unzählige Dinge auszuprobieren, zu hören, zu tasten und viel zu lachen! Was ist wohl ein Dendrophon? Es gibt sogar ein Wasserdendrophon! 11.000 qm groß ist der Park, in dem die Steine summen und ihr mit einem Partner eine ganz besondere Schaukel ausprobieren könnt. Und ein wenig Wasser treten darf an warmen Sommertagen natürlich auch nicht fehlen. Wem all diese Sinneserfahrungen und Möglichkeiten dort noch nicht reichen, der kann ja im angrenzenden Minigolf-Parcours sein Glück versuchen.

HANDWERK UND GESCHICHTE

Steinzeitliches und Museen

Steinkistengrab bei Beckum

Stadt Beckum, Alleenstraße 72, 59269 Beckum.
℡ 02521/29-260, Fax -55260. **Anfahrt:** ↗ Beckum, südlich des Ortes. In der Bauerschaft Dalmer, ausgeschildert. **Rad:** Kultur-Parcours. **Zeiten:** Ganzjährig zugänglich. **Preise:** Kostenlos.

▶ Steinkistengrab? Ihr kennt wahrscheinlich eher den Begriff **Hünengrab,** den die meisten Menschen für diese Art Bestattung verwenden. Dennoch ist das mit der Kiste aus Stein wohl der treffendere Ausdruck, da hier nicht nur eine Person, sondern gleich ganze Familien oder Sippen miteinander unter riesigen Felsen bestattet wurden. In manchen dieser Gräber fanden sich Skelette von bis zu 200 Personen! Zwar wurden die Toten Platz sparend in Hockstellung untergebracht, dennoch brauchte man eine sehr große Steinkiste. Diese in Beckum ist tatsächlich 27 Meter lang. Sie besteht aus großen, auf dem Boden aufgehäuften Steinen, von denen einige noch heute sichtbar sind. Und alt ist das Steinkistengrab auch: Immerhin schon 2500 – 2000 Jahre vor Christus, in der Jungsteinzeit, wurden in ihr Tote zur letzten Ruhe gebettet. Da kann einem schon ein bisschen mulmig werden.

Die Steinkistengräber werden auch als Hünengräber bezeichnet, weil man im Mittelalter glaubte, dass in den großen Gräbern Riesen, also Hünen, bestattet wurden.

Kindermuseum Klipp Klapp

Forum Oelde, Zum Mühlenteich, 59302 Oelde.
✆ 02522/72-800, Fax -815. www.kindermuseum-klipp-klapp.de. info@kindermuseum-klipp-klapp.de. **Anfahrt:** ↗ Oelde. **Rad:** Beschildert ab Bhf, Innenstadtradwege, Kultur-Parcours. **Zeiten:** April – Sep Mi 14 – 18, Sa, So, Fei 10 – 18; Okt – März Mi und Sa 14 – 18, So und Fei 11 – 17 Uhr. **Preise:** 2,50 € für den gesamten Vier-Jahreszeiten-Park inklusive Museum; Kinder 7 – 17 Jahre, Schüler und Studenten bis 26 Jahre mit Ausweis 1 €; Familienkarte 5 €, Eintritt gilt für den gesamten Park inklusive Museum und Freibad.

▶ Es klappert die Mühle … Im Kindermuseum Klipp Klapp könnt ihr alles ausprobieren, was mit dem Mahlen von Mehl zu tun hat. Wusstet ihr schon, wie das Mahlwerk die Spreu, also den unverwertbaren Teil der Pflanze, vom Weizen trennt? Das und vieles mehr könnt ihr hier selbst ausprobieren. Am besten ist die Sackrutsche, die euch von oben mit Schwung bis ins Erdgeschoss bringt. Dazu gibt es Rätsel, Riechaufgaben und Hörerlebnisse, einen ganz besonderen Spiel-Dachboden und Hocker, auf denen euer Popo fühlen muss, mit was sie wohl gefüllt sind. Das kann witzig werden, wenn alle nacheinander die Stühle wechseln und darauf wie wild herumrutschen, um das richtige Sitzgefühl zu bekommen! In der Winterecke könnt ihr euch Geschichten am Ofen vorlesen und ein bisschen vom Frühling träumen. Wem das noch nicht spannend genug ist, der sollte erst einmal die Was-

Happy Birthday!

Party oder Zirkus zum Geburtstag? Ein Seeräuberdasein oder das Leben im Mittelalter, das Land der Pharaonen oder Cowboys und Indianer testen? Alle Programme bis max. 12 Kinder für 80 € inklusive Spielmaterial, Kuchen und Getränk. ✆ 02522/ 72-822.

Das will ich auch zu Hause: Eine Sackrutsche

PARKLANDSCHAFT WARENDORF

serspiele im Nebengebäude ausprobieren. Wenn ihr eine Frage habt, dann helfen euch die netten Mitarbeiterinnen.

Von kleinen Leuten statt großen Tieren — Ein Gadem in Warendorf

Stadt Warendorf, Zuckertimpen 4, 48231 Warendorf. ✆ 02581/7877-00, Fax -11. www.warendorf.de. verkehrsverein@warendorf.de. **Anfahrt:** ↗ Warendorf. Altstadt. **Rad:** Kultur-Parcours. **Zeiten:** So 10 – 12 und 15 – 17 Uhr. **Preise:** Kostenlos.

▶ Wenn es um Geschichte geht, dann stehen zumeist die hochherrschaftlichen Häuser, die Burgen und Ritter, die gut betuchten Händler und die streitbaren Herrscher im Mittelpunkt. Was aber war mit den so genannten kleinen Leuten? Wie lebten sie? Genau dieser Frage geht das einzigartige Museum in Beckum nach. Dass das Leben nicht immer ein Zuckerschlecken ist, erfahrt ihr im Gadem »Zuckertimpen« in Warendorf. Schon das kruckelige kleine Häuschen in der schmalen Gasse der Altstadt erzählt eine eigene Geschichte. Schließlich guckt es schon seit dem 17. Jahrhundert so klein und bescheiden auf die anderen Häuser. Wenn ihr durch die Tür tretet, findet ihr euch um 1925 wieder und erlebt die Armut der Bewohner, die nach dem Zweiten Weltkrieg (1939 – 45) noch bis Anfang der 1950er Jahre ohne Strom oder fließendes Wasser auskommen mussten.

Ein Gadem ist ein kleines Haus, das meistens nur aus einem Raum besteht. Im Mittelalter wurden diese Häuschen oft von Witwen, unverheirateten Frauen oder Handwerkern bewohnt.

Krippenmuseum

Herrenstraße 1 – 2, 48291 Telgte. ✆ 02504/93120, Fax 7919. museum@telgte.de. **Anfahrt:** Ausgeschildert ab Wiesengelände. **Zeiten:** Di – So sowie Oster- und Pfingstmontag 11 – 18, ab Mitte Nov 10 – 18 Uhr. **Preise:** 2,50 €; Kinder und Jugendliche frei; Familienkarte 6 €, Gruppen ab 10 Pers 2 €/Pers.

▶ Vielleicht könnt ihr euch hier wunderbare weihnachtliche Bastelideen holen, denn in Telgte gibt es ein Krippenmuseum, in dem Figuren aus aller Welt ausgestellt werden. Da könnt ihr euch davon anstecken lassen, eure Weihnachtskrippe in diesem Jahr selbst zu basteln.

Museum der historischen Waschtechnik

Schmedehausener Straße 6, 48346 Ostbevern-Brock. ℰ 02532/8217, Fax 8246. www.ostbevern.de. tourist-info@ostbevern.de. **Anfahrt:** ↗ Ostbevern. **Rad:** Skulptur-Biennale Route, Kultur-Parcours, Radwegesystem Radelpark Münsterland. **Zeiten:** April – Nov, So 14 – 17 Uhr, Gruppen nach Vereinbarung. **Preise:** 2,50 €.

▶ Immer, wenn zu Hause die Waschmaschine wieder ein sauberes T-Shirt ausgespuckt hat, müsstet ihr euch eigentlich vor Freude überschlagen. Denn zu früheren Zeiten war das Waschen eine arge Qual und hatte viel mit schwerer Muskelarbeit zu tun. Statt mit chemiehaltigem Waschpulver und automatischer Schleuderkraft mussten die Frauen bis Mitte des vorigen Jahrhunderts die Wäsche mit Kernseife per Hand rubbeln und walken, klopfen und auswringen, bis aller Schmutz raus war. Im Dampf der heißen Waschküche war das ein Knochenjob, bei dem sich kein Mann blicken ließ! Vom Waschbrett über urige und riesige Waschtröge bis hin zur modernen Waschmaschine reicht das Repertoire der über 5000 ausgestellten Exponate im Waschmuseum. Danach betrachtet ihr die Flecken auf eurem T-Shirt bestimmt mit ganz anderen Augen!

Mitmachmuseum Up'n Hoff Everswinkel

Wester 31, 48351 Everswinkel. ℰ 02582/6693-13, Fax 6693-14. www.technikfuehrer-muensterland.de. info@verkehrsverein-everswinkel.de. Am Sportplatz. **Anfahrt:** Bus R22, 320, 323 bis Vitus-Bad. Münster L793 über Wolbeck – Everswinkel, Stadtmitte Beschilderung Vitus-Bad. **Rad:** Örtliche Radwege bis Ortsausgang Richtung Alverskirchen/Vitus-Bad, Kultur-Parcours. **Zeiten:** April – Sep So 14 – 17 Uhr oder nach

Eintauchen ins alte Handwerk und voller Bewunderung für die Menschen der früheren Zeit wieder auftauchen im herrlich einfachen 21. Jahrhundert, in dem die Butter im Supermarkt auf euch Leckermäuler wartet. Regelmäßige Vorführungen und Programme zeigen zudem den Weg vom Korn zum Brot.

Absprache. **Preise:** 2 €; Kinder bis 14 Jahre 1 €; Gruppen 1,50 € pro Pers.

▶ Butterfässer oder Kaffeemühlen, alte Geräte der Landwirtschaft und des Haushalts hält das Mitmachmuseum bereit. Hier könnt ihr euch nach dem eigenen Ausprobieren vorstellen, wie schwer die Arbeit früher war. Die Butter aufs Brot muss schließlich erst einmal hergestellt werden, bevor man sie genießen kann, und früher wurde der Milchrahm nicht mit Maschinen, sondern per Hand gestampft bis er zu Butter wurde. Dafür schmeckte es allen dann doppelt gut.

AUS DEM KALENDER

Feste und Veranstaltungen

Warendorf gilt als Pferdehauptstadt Deutschlands. Hier sind die Väter vieler berühmter Rosse zu Hause, denn die Zuchtstation wählt die besten Hengste aus, um erfolgreiche Turnierpferde zu züchten. Auch das Deutsche Olympiakomitee für Reiterei (DOKR) hat seinen Sitz in Warendorf.

Sommerfestival des Pferdes

48231 Warendorf. ℭ 02581/633149, www.warendorfer-rennverein.de. leve2@aol.com. **Anfahrt:** ➚ Warendorf. **Rad:** Kultur-Parcours der Stadt Warendorf. **Termine:** Mai/Juni, nähere Auskunft bitte aktuell erfragen.

▶ Ende Mai dreht sich in Warendorf alles ums **Pferd.** Ob Kaltblüter oder rassige Vollblutpferde, hier werden Rennträume wahr. Wollt ihr einmal die leichten Jockeys auf ihren schnellen Vierbeinern davonstürmen sehen? Das ist ein ganz besonderes Erlebnis, bei dem die Erde bebt und ihr das Schnauben der Pferde bis auf die Ränge hören könnt. Ganz egal, ob ihr dabei euer Taschengeld riskieren wollt. Das Zu-

FESTKALENDER

Februar:	eine Woche vor Rosenmontag, Wolbeck: **Karnevalsumzug** am Ziegenbock-Montag.
Mai/Juni:	Warendorf, **Sommerfestival des Pferdes,** alles rund um die edlen Vierbeiner.
September:	2. Wochenende, Telgte: **Mariä-Geburtsmarkt,** Pferdemarkt, Flohmarkt und Kirmes.

schauen ist auch ohne Wetteinsatz schon eine einzigartige Erfahrung.

Mariä-Geburtsmarkt Telgte

Städtische Wirtschaftsbetriebe Telgte GmbH, Baßfeld 4 – 6, 48291 Telgte. ✆ 02504/13-227, 690100 (Stadttouristik Telgte), Fax 13-493. www.maria-geburtsmarkt.de. susanne.fuhlrott@telgte.de. Planwiese Emsaue. **Anfahrt:** ↗ Telgte. Bis Planwiese. **Rad:** Radwege entlang B51. **Termine:** Zweites Wochenende im Sep, Sa ab 15, So 9 – 12, Mo 10 – 23, Di 7 – 19 Uhr. **Preise:** 3 €; Kinder bis 10 Jahre frei. **Infos:** Parkgebühr 2 €.

▶ Hereinspaziert, ihr lieben Leute, hier wird schon seit 1615 gefeiert und gefeilscht, denn in Telgte findet an diesem Wochenende der Mariä-Geburtsmarkt

Hallo du! Du bist ja noch kleiner als ich!

statt. Montagabend leuchtet der Himmel vom Feuerwerk und der Höhepunkt der Kirmes am Dienstag ist der Familientag mit Krammarkt, Landmaschinen und Marktschreiern schon ab 7 Uhr morgens. Der größte **Pferdemarkt** Westfalens wartet auf euch mit edlen Rassepferden und kleinen Zwergponies, aber auch Meerschweinchen, Enten, Gänsen und Kaninchen. Überall werden per Handschlag Geschäfte abgeschlossen. Auf der Turnierwiese könnt ihr überregional bekannten Reitern beim Reit- und Springturnier zusehen.

ZiBoMo Wolbeck

KG ZiBoMo Wolbeck e.V., Jugendbeauftragte, Heike Schapmann, Am Berler Kamp 17, 48167 Münster -Wolbeck. ✆ 02506/1437, www.zibomo.de. hschapmann@zibomo.de. **Anfahrt:** RB Münster – Sendenhorst. **Auto:** ↗ Münster – Wolbecker Straße oder Albersloher Weg – Angelmodde auswärts folgen. **Rad:** 100-Schlösser-Route. **Zeiten:** Jährlich am Mo vor Rosenmontag,

Jugendumzug ab 12.11 Uhr, eigentliche Parade ab 14.11 Uhr. **Preise:** Kostenlos.

▶ Die neben dem Zug in Münster wohl bekannteste Parade findet eine Woche vor dem Rosenmontag, am so genannten **Ziegenbockmontag** statt. Der ZiBoMo ist mittlerweile eine Institution und besonders zu empfehlen für diejenigen, deren kleinere Kinder im Gewühl des großen Rosenmontagszuges unterzugehen drohen. Hier kriegt man hautnah alles mit, ohne sich verloren zu fühlen. Nicht umsonst ist der ZiBoMo schon eine echte münstersche Legende!

INFO- & FERIENADRESSEN

Touristen-Information

Ein erholsamer Urlaub fängt wie ein gelungener Ausflug mit guter Vorbereitung an. Mit diesem pmv-Freizeitführer habt ihr schon die wichtigsten Informationen über eure Wunschziele in der Hand. In den örtlichen Touristen-Informationen gibt es zusätzlich Karten, aktuelle Tipps zu Festen und Veranstaltungen sowie weitere Übernachtungsadressen.

Übergeordnete Informationsstellen

Tourismusoffensive Niederlande, Projektbüro Steinfurt c/o Münsterland Touristik Grünes Band e.V., An der hohen Schule 13, 48565 Steinfurt. ✆ 02551/9392-29, Fax -829. www.urlaubfuerkinder.de.

▶ Eine erstklassige Internetseite zum Urlaub mit Kindern, die ihr besuchen solltet, wenn ihr im Münsterland oder der Grenzregion Urlaub macht, ist www.urlaubfuerkinder.de des Projektbüros der Tourismus-

Das Münsterland aus der Luft gesehen: Frei schwebend in einem Ballon

---

... UND CONNEXIONS SIND ALLES!

Die zentralen Internetportale der Region sind die folgenden:

www.muensterland-tourismus.de: Internetseite des Fremdenverkehrsverbands Münsterland.

www.muensterland.de: Hier findet ihr Informationen zu Tourismus und Wirtschaft in der Region sowie die lokalen Nachrichten.

www.tecklenburger-land-tourismus.de: Internetseite der Tecklenburger Land Tourismus e.V. mit Infos zu Ferienorten, Übernachtungen, Veranstaltungen und vielem mehr.

www.kreis-warendorf.de: Offizielle Homepage des Kreises Warendorf mit Informationen zu Wirtschaft, Freizeit und Tourismus.

www.baumberge.com: Internetseite der Touristischen Arbeitsgemeinschaft Baumberge mit Informationen zu Ferienorten, Ausflugszielen, Übernachtungen etc.

www.naturpark-hohemark.de: Hier könnt ihr euch über den Naturpark Hohen Mark, seine Flora und Fauna sowie seine Sehenswürdigkeiten informieren.

www.hoppsala.de: Münstersches Familien- und Kinderportal.

INFO- UND FERIENADRESSEN

offensive. Hier findet ihr alle erdenklichen Ideen, Unterkünfte, Aktivitäten, Museen und Spielmöglichkeiten beschrieben, die die Region zu bieten hat – und das sind nicht wenige! Viel Spaß beim Stöbern, wenn ihr euren Traumurlaub schon am PC zusammenstellt. Ganz nebenbei trefft ihr auf euren Touren dann sicherlich auch viele Kinder aus den Niederlanden, denn dort existiert diese Infoseite ja auch, www.kinder-vakanties.nl.

Münsterland Touristik, An der hohen Schule 13, 48565 Steinfurt. ✆ 02551/939291, Fax 939293. **Infos:** Service-Hotline ✆ 0800/9392919.

Münster

MÜNSTER: Information im historischen Rathaus und **Stadthaus I,** Prinzipalmarkt 10, 48143 Münster-Altstadt. ✆ 0251/492-2710, Gruppen und Unterkünfte ✆ 492-2726, Fax -7954. www.tourismus.muenster.de. tourismus@stadt-muenster.de. Weiterer Sitz: Klemensstraße 9. **Zeiten:** Di – Fr 10 – 17 Uhr, Sa und So 10 – 16 Uhr, Tourist-Info im Stadthaus I, Mo – Fr 9 – 18 Uhr, Sa 9 – 13 Uhr. **Anfahrt:** Regionaler Überlandbus oder IC, EC, RB, RE bis Münster Hbf. **Zur TI:** Ab Hbf viele Busse zum Prinzipalmarkt. **Auto:** A1 Abfahrt 78 oder A43 Abfahrt 2 Kreuz Münster Süd, Richtung Innenstadt. **Rad zur TI:** Ab Promenade gegenüber Aasee in die Aegidiistraße, am Ende rechts in Rothenburg und folgend in Prinzipalmarkt bzw. rechts zum Stadthaus. Hier gibt es nicht nur alle Infos, sondern auch Bücher und Karten der Gegend, Broschüren und Beratung. Bei der Info im *historischen Rathaus* kann es wegen der Touristengruppen, die den Friedenssaal besichtigen wollen, hektisch werden. In der *Klemensstraße* am Stadthaus könnt ihr in der Tourist-Information mit angrenzendem Münster-Shop allerlei typische Souvenirs kaufen. Kinder, haltet das Taschengeld fest, denn hier gibt es auch spannende Münsterbücher und -puzzle oder die tollen Fahrrad-Ansteckadeln. In Münster steht nämlich alles im Zeichen der Leeze. Für alle Kids, die

Im Münsterland nennen wir unsere Fahrräder Leeze. Und ohne eine Leeze ist man auch kein echter Münsterländer. Hier fahren alle damit, und zwar auf den vorgezeichneten Pättkes. Achtung auf dem Bürgersteig: Die roten Radwege werden von schnellen Flitzern befahren, die fast eine eingebaute Vorfahrt haben – also niemals auf Radwegen laufen und beim Spurwechsel immer umschauen!

sich in Münster auch mal allein zurecht finden wollen, gibt es von der Stadt Münster und der WN den *Stadtplan für Kids,* der alle Aktivitäten und Ämter, Bolzplätze und Treffpunkte für Kinder und Jugendliche zum Thema hat. Gut angelegte 5 € zeigen euch alles Wissenswerte innerhalb der 2004 als kinderfreundlichste Stadt ausgezeichneten Metropole.

Tecklenburger Land

IBBENBÜREN: **Stadtmarketing und Tourismus Ibbenbüren GmbH & Co. KG,** Bachstraße 14, 49477 Ibbenbüren. ✆ 05451/5454540, Fax 5454590. www.tourismus-ibbenbueren.de. touristinformation@ibbenbueren.de. **Zeiten:** Mo – Fr 9 – 17, Sa 9 – 13 Uhr. **Anfahrt:** RB Rheine – Osnabrück bis Bhf Ibbenbüren, Schnellbus Münster über FMO. **Zur TI:** Haltestelle Amtsgericht, Weberstraße bis Kreuzung Bachstraße. **Auto:** A1 bis Abfahrt 14 Lotte/Osnabrück, dann auf A30 Richtung Amsterdam bis Ausfahrt 11 Ibbenbüren. L823. **Zur TI:** Ausschilderung Rathaus. **Rad:** Friedensroute.

TECKLENBURG: **Tecklenburg Touristik GmbH,** Markt 7, 49545 Tecklenburg. ✆ 05482/9389-0, Fax 9389-19. www.tecklenburg-touristik.de. info@tecklenburg-touristik.de. **Zeiten:** Mo – Fr 9 – 17, April – Okt auch Sa, So, Fei 11 – 16 Uhr. **Anfahrt:** RB Münster – Osnabrück bis Lengerich, dann Bus 145. **Auto:** A1 Abfahrt 73 Tecklenburg. **Zur TI:** Bahnhofstraße – Am Weingarten, Parken am Burgberg. **Rad:** Sagenroute bis Burg. Bei der Tecklenburg Touristik gibt es unterschiedlichste Pauschalangebote und Infos zu Wanderungen auf dem Hermannsweg, kombinierten Wander- und Radeltouren, Kneippkuren oder Stadtführungen.

Links und rechts der Ems

GREVEN: **Verkehrsverein Greven e.V.,** Alte Münsterstraße 23, 48268 Greven. ✆ 02571/1300, Fax 55234. www.greven-tourismus.de. verkehrsverein@greven.net. **Zeiten:** Mo – Fr 9 – 12.30, 14 – 17, Mai – Okt auch Sa 9 – 12.30 Uhr. **Anfahrt:** Bahn ab Münster halbstündlich, Bus 51.

Sagen erwandern in einem geführten Stadtgang, z.B. zu den Themen Hexenzauber und Hexenwahn, Leinenweber, Raubritter und Edelleute. Ihr könnt direkt bei der Tecklenburg Touristik buchen. Gruppenpreise zwischen 40 – 60 €, Kinderermäßigungen möglich.

Ein Venn ist ein Moorgebiet und hier in Emsdetten gibt es das alte Emsdettener Venn, das jetzt renaturiert, d.h. wieder mit den ursprünglichen Pflanzen und Tieren beheimatet wird. Die Emsdettener Radrundwege führen durchs Venn. Schaut euch doch mal dort um, es warten Lehrpfade und schöne Waldstücke und Auen auf euch.

Hunger & Durst

Eiscafé Calzavara, Marktstraße 21, Saerbeck, ✆ 02574/8488, im Winter geschlossen, Mi Ruhetag. Besonders leckeres Vanilleeis naben der Pizzeria an der Hauptstraße.

B219, **Auto:** Innenstadtbeschilderung folgen. **Rad:** R66/67, 100-Schlösser-Route, Ems-Auen-Weg. Empfehlenswerte Pauschalangebote zu Familienausflügen und Wasserspaß auf der Ems. Wie wäre es mit einer Drachenboottour mit der Jugendgruppe oder einer Kanutour ab 10 Teilnehmer? Auch Kanu-Wochenenden und Floßfahrten sind buchbar. Wer sich für die Führung am Flughafen interessiert, ist hier ebenfalls richtig und sollte sehr frühzeitig anrufen.

EMSDETTEN: Verkehrsverein Emsdetten e.V., Friedrichstraße 1 – 2, 48282 Emsdetten. ✆ 02572/9307-0, Fax -50. www.emsdetten.de. info@vvemsdetten.de. **Zeiten:** Mo – Fr 9 – 17 Uhr. **Anfahrt:** RB Münster – Emsdetten. Direkt an Stroetmanns Fabrik/Mühlenstraße. **Auto:** B219 bis Greven, B481 nach Emsdetten.

SAERBECK: Gemeinde Saerbeck, Ferrières-Straße 11, 48369 Saerbeck. ✆ 02574/89405, Fax 89291. www.saerbeck.de. info@saerbeck.de. **Zeiten:** Mo – Fr 8.30 – 12.30 Uhr, Do 14 – 18 Uhr. **Anfahrt:** Bus R61 Greven-Saerbeck, R62 Emsdetten-Saerbeck, S50 von Münster nach Ibbenbüren, Nachtbus Sa auf So N9. **Auto:** B219 Münster – Greven, B475 Richtung Saerbeck. **Rad:** 100-Schlösser-Route.

RHEINE: Verkehrsverein Rheine e.V., Bahnhofstraße 14, 48431 Rheine. ✆ 05971/54055, Fax 52988. www.rheine.de. verkehrsverein@tourismus.rheine.de. **Zeiten:** Mo – Fr 9 – 17.30, Mai – Sep auch Sa 10 – 12 Uhr. **Anfahrt:** IC, RB, RE Münster – Rheine halbstündlich. **Auto:** Ab Münster A1 bis Lotte/Osnabrück, A30 Abfahrt 8 Rheine Stadtmitte oder B219 Greven – Emsdetten – Mesum – Rheine. **Rad:** Ems-Auen-Weg, R40, R5. Filiale: Mai – Okt, Salinenstraße 105 an der Saline Gottesgabe, ✆ 05971/9127894. Ritter auf Drachenjagd oder Huckleberry-Finn-Tour, so vollmundig klingen die Pauschalangebote, die der Verkehrsverein Rheine e.V. für euch bereit hält. Für Gruppen werden Sport-Fun-Days organisiert, bei denen merkwürdige sportliche Disziplinen selbst Couch potatoes munter machen, z.B. »human soccer«, ein Kickerspiel mit echten Menschen, oder eine Nilüberquerung.

HÖRSTEL, Verkehrsverein Hörstel, Kalixtusstraße 6, 48477 Hörstel-Riesenbeck. ℡ 05454/911-112, Fax -102. www.hoerstel.de. verkehrsverein@hoerstel.de. **Zeiten:** Mo – Fr 8 – 12.30, 14 – 16 Uhr. **Anfahrt:** RB Münster – Rheine – Hörstel sowie Rufbus RS ℡ 01803/504031 (9 ct/Min) 30 Min vor Abfahrt. **Auto:** A30, Abfahrt 10 Hörstel.

NEUENKIRCHEN: Verkehrsverein Pro Neuenkirchen e.V., in der Villa Hecking, Alphons-Hecking-Platz, 48485 Neuenkirchen. ℡ 05973/5454, Fax 5792. www.neuenkirchen.de. verkehrsverein@neuenkirchen.de. **Zeiten:** Di – Fr 10 – 12.30, Di auch 14.30 – 16.30, Do 14.30 – 17.30 Uhr. **Anfahrt:** RB von Emsdetten und Ibbenbüren, von Rheine Bus R80 oder 182. **Auto:** A30 Abfahrt 7 Rheine-Nord, dann B70, von Süden über B54 und B499.

WETTRINGEN: Verkehrsverein Wettringen e.V., Heimathaus, Werninghoker Straße 3, 48493 Wettringen. ℡ 02557/929676, Fax 929678. www.verkehrsverein-wettringen.de. vvwettringen@t-online.de. **Zeiten:** Mo – Fr 9 – 12, Mi auch 14.30 – 17.30 Uhr. **Anfahrt:** Ab Rheine mit Bus 180 und Bus R80. **Auto:** B54 Münster – Gronau, Abfahrt Rheine, am Kreisverkehr B499 Richtung Wettringen.

GRAFSCHAFT BENTHEIM: Fremdenverkehrsverband, Van-Delden-Straße 1 – 7, 48529 Nordhorn. ℡ 05921/96-1196, Fax -1197. www.grafschaft-bentheim-tourismus.de. tourismus@grafschaft.de. Besucheradresse: Stadtring 22, 48529 Nordhorn. **Zeiten:** Mo – Do 8.30 – 12.30 und 14.30 – 16, Fr 8.30 – 12.30 Uhr. **Anfahrt:** Mit RB ab Meppen. **Zur TI:** Bus 100 Richtung Innenstadt. **Auto:** A30 Abfahrt 3 Nordhorn, über B403. **Zur TI:** über Bentheimer Straße Richtung Innenstadt, am Stadtring links.

STEINFURT: Verkehrsverein Steinfurt e.V., Markt 2, 48565 Steinfurt. ℡ 02551/1383, Fax 7326. www.steinfurt-touristik.de. info@steinfurt-touristik.de. **Zeiten:** Mo – Fr 9 – 12.30, 14 – 17 Uhr, Mai – Sep auch Sa 10 – 13 Uhr. **Anfahrt:** RB Münster – Gronau stündlich. **Auto:** B54 Abfahrt Steinfurt, ins Zentrum über B499 oder L510.

OCHTRUP: Veranstaltungs- und Werbegemeinschaft Ochtrup e.V., Weinerstraße 31, 48607 Ochtrup. ℡ 02553/98180, Fax 98181. www.ochtrup-info.de. kontakt@ochtrup-

@ Im **Fietsenbus** könnt ihr sogar euer Fahrrad überall hin mitnehmen. Wer nicht mehr kann, der steigt einfach in den Bus, der während der Saison an allen bekannten Sehenswürdigkeiten bzw. Orten hält. Wo genau, könnt ihr hier sehen: www.grafschaft-bentheim-tourismus.de/fietsentour/fietsenbus/fietsenbus_ausflugsziele.pdf.

info.de. **Zeiten:** Mo – Fr 10 – 12, Mo, Di und Do auch 15 – 17 Uhr. **Anfahrt:** RB Münster – Enschede stündlich. **Auto:** A31 Abfahrt 30 Gronau/Ochtrup oder über B54 ab Münster Richtung Gronau/Enschede.

METELEN: **Tourist-Information,** Sendplatz 20, 48629 Metelen. ℰ 02556/89-22, Fax 89-44. www.metelen.de. touristinfo@metelen.de. **Zeiten:** Mo – Fr 10 – 12 Uhr. **Anfahrt:** RB Münster – Enschede stündlich. **Auto:** B54 Münster – Steinfurt, B70 Richtung Metelen und Heek. **Rad:** Vechtetal-Route. Klein, aber fein, bietet Metelen aufregende Programme für Jung und Alt. Bei der *Kid & Fun Tour* vergnügen sich die kleinen Leute: Heidegeister jagen, Schatzsuche, Schnupper-Kanutour und Fruchtcocktail, Märchenerzähler und Draisinenwettfahrt sowie Eintrittsgelder und Siegerehrung gehören dazu. 18,50 € pro Person bei mind. 10 Teilnehmern.

LADBERGEN: **Tourist-Info,** Bettina Korte, Alte Schulstraße 1, 49549 Ladbergen. ℰ 05485/3635, Fax 3568. **Zeiten:** Di – Fr 9 – 12, Sa (im Sommer) 10 – 12 Uhr. **Anfahrt:** RB, RE (Rufbus Richtung Kattenvenne Bhf, Lienen, ℰ 01803/504031, 9ct/Min) und Bus 205, R51, S50 ab Münster bis Christiäner. **Auto:** A1 Abfahrt 74 Ladbergen. **Rad:** 100-Schlösserroute führt in die Nähe von Ladbergen. Neben dem üblichen Verkauf von regionalen Büchern und Karten erwarten euch hier eine herzliche Atmosphäre und umfassende Informationen über die Gegend. Auch Pauschalangebote wie Mehrtagestouren könnt ihr hier buchen.

Gronau & Enschede

HAAKSBERGEN: **VVV ANWB Haaksbergen,** Molenstraat 20 – 22, NL-7481 Haaksbergen. ℰ 0031-53/5722811, Fax 5740219. www.vvvhaaksbergen.nl. info@vvvhaaksbergen.nl. **Zeiten:** Di – Fr 10 – 12.30, 13.30 – 17 Uhr, Sa 10 – 15 Uhr. **Anfahrt:** Zug bis Enschede, dann Bus, Busanbindung nur innerhalb der Niederlande. **Auto:** B54 Abfahrt Gronau West/Vreden, Richtung Vreden/Alstätte, rechts nach Haaksbergen. **Rad:** Ortseigene Radnetze, Buurserzand-Route von Alstätte nach Haaksbergen.

*In **Haaksbergen** steht die älteste **Wassermühle** mit doppelter Funktion in den Niederlanden. Die Ostendorper Wassermühle wurde 1548 noch unter dem spanischen König Karl V. erbaut. Sie ist sowohl Korn- als auch Öl-mühle und einen Besuch wert. Mi und Sa 14 – 17 Uhr, Info: VVV Boekelo, ℰ 053/4339805.*

ENSCHEDE: VVV, Oude Markt 31, NL-7530 Enschede. ☏ 0031-53/4323200, Fax 4304162. vvvenschede.nl. info@vvvenschede.nl. Postbus 1003, 7500 BA Enschede. **Zeiten:** April – Okt täglich 11 – 16, Nov – März Mo – Sa 11 – 16 Uhr. **Anfahrt:** RB und PEG (Prignitzer Eisenbahn-Gesell.) bis Enschede Centraal. **Zur TI:** Fußgängerzone Ausschilderung VVV folgen. **Auto:** Ab Münster B54, ab Osnabrück A30, Abfahrt 25 Enschede-Zuid, Beschilderung Enschede Innenstadt folgen, in der Stadt die Parkhäuser nutzen. **Rad:** Ortseigenes Radnetz, Achtung: Fußgängerzone!

BOEKELO: VVV Boekelo, Windmolenweg 4, NL-7548 Boekelo. ☏ 0031-53/4339805, Fax 4333410. www.vvvboekelo.nl. info@vvvboekelo.nl. **Anfahrt:** RB Münster – Enschede, Taxibus ab Hbf Enschede, ☏ 0900/9292. A1/A35 Abfahrt 27 Haaksbergen N18, am Kreisverkehr in Beckum links Richtung Boekelo, ab hier beschildert, circa 4 km. **Rad:** Ab Enschede – Haaksbergen Radwege entlang der Straßen. **Zeiten:** Mo – Sa 11 – 16, an Fei geschlossen.

DE LUTTE: VVV De Lutte-Losser, Plechelmusstraat 14, NL-7587 De Lutte-Losser. ☏ 0031-0541/552-539, Fax -211. www.vvvdelutte.nl. info@vvvdelutte.nl. **Zeiten:** April – Sep Mo – Fr 9 – 17, Sa 10 – 13, Okt – März Mo 13 – 16, Di – Fr 10 – 16, Sa 10 – 13 Uhr. **Anfahrt:** Stündlich regionale Busse ab Nordhorn und Enschede Hbf. **Auto:** B54 bis Ochtrup, L510, L582, Ochtrup – Bad Bentheim – Gildehaus – Hengelo L39 bis Grenze, N735 Bentheimer Straat bis Losser. **Rad:** Hellehond-Schilder mit Hund auf weißem Grund.

DENEKAMP: VVV Denekamp, Kerkplein 2, NL-7591 Denekamp. ☏ 0031-541/355752, Fax 355742. www.vvvdenekamp.nl. info@vvvdenekamp.nl. **Zeiten:** Mo – Fr 10 – 12.30, 13.30 – 16 Uhr, April – Sep 9 – 12.30, 13.30 – 17, Mai – Aug Sa 10 – 12.30 Uhr. **Anfahrt:** Ab Enschede Hbf mit Bus 62. A30, Abfahrt 32 Oldenzaal, über N1 und N342.

BORNE: VVV Borne, Nieuwe Markt 7, NL-7622 Borne. ☏ 0031-74/2593639, Fax 269301. www.vvvborne.nl. info@vvvborne.nl. **Zeiten:** Mo 13.30 – 16.30, Di – Fr 9.30 – 12.30, 13.30 – 16.30 Uhr, Sa 10 – 13 Uhr, Mai – Sep auch Sa 10 – 14 Uhr. **Anfahrt:** Ab Enschede mit Bus 51 oder 3 bis Hengelo, von dort RB oder Bus 57. **Auto:** Ab

Schwer bepackt: Dem Straßenhändler ist in De Lutte dieses Töddendenkmal gesetzt worden

Tipp: Unter ☏ 0091814 erreicht ihr das **Regio-Taxi,** das von Tür zu Tür fährt und reserviert werden kann. www.regiotaxitwente.de.

INFO- UND FERIENADRESSEN

209

Münster über B54 Richtung Gronau, Anschluss 30 nach Enschede, A35 bis Abfahrt 30 Borne. **Rad:** Radwege entlang der Straßen.

BAD BENTHEIM: Verkehrsamt, Schlossstraße 18, 48455 Bad Bentheim. ✆ 05922/9833-0, Fax 9833-20. www.badbentheim.de. verkehrsamt@badbentheim.de. **Zeiten:** Mo – Fr 8.30 – 12.30 und 14.30 – 17 Uhr, Mai – Sep auch Sa 9 – 12.30 Uhr. **Anfahrt:** RB bis Bentheim, R135. **Auto:** A30 Abfahrt 3 Bad Bentheim, A31 Abfahrt 29 Ochtrup-Nord oder B54 Münster – Ochtrup – Bentheim. **Rad:** 100-Schlösser-Route, Kastelenroute Ijssel-Ems. **Infos:** reisezentrumbadbentheim@t-online.de oder ✆ 05924/11861.

GRONAU: Touristik und Stadtmarketing, Bahnhofstraße 45, 48599 Gronau. ✆ 02562/9900-6, Fax -79. www.gronau.de. **Zeiten:** Mo – Fr 9 – 12 und 14.30 – 17 Uhr. **Anfahrt:** RB, PEG stündlich Münster/Dortmund/Enschede – Gronau, ICE Richtung Amsterdam. **Auto:** A30 Abfahrt 2 Gildehaus oder A31 Abfahrt 30 Gronau/Ochtrup, dann über B54n. Von Münster über B54. **Zur TI:** in Gronau L572, dann K25 Richtung Losser, K25 Zollstraße – Bahnhofstraße. **Rad:** Radnetz Richtung Inselpark/Innenstadt folgen. Gronau und der Inselpark bieten verschiedene Programme für diverse Altersgruppen nach telefonischer oder schriftlicher Absprache. Download des Anmeldeformulars unter www.stadtmarketing.gronau.de Rubrik: Kreatives Klassenzimmer. Besonderer Pauschaltipp: 7 Tage Familienurlaub in einer FeWo auf dem Reiterhof, inklusive 14 Reitstunden. Buchbar beim Stadtmarketing für ca. 470 €/2 Erw und 2 Kinder, mit Rallye, Infounterlagen, Minigolf und Ruderpartie.

 Nicht verpassen, hier gibt es die **Dinkelstadtmäuse-Erkundungstour** der Stadt Gronau, die ihr für 1 Euro erwerben könnt. Damit geht es auf eine heiße Rallye durch den Ort, ihr werdet zu Piraten und zu Wasserspritzern, erfahrt Bemerkenswertes über die Menschen der Stadt und könnt nebenbei auch noch Preise gewinnen.

Baumberge

WINTERSWIJK: VVV Winterswijk, Markt 17a, NL-7101 Winterswijk, ✆ 0031-543/512302, Fax 524081. www.vvvwinterswijk.nl. info@vvvwinterswijk.nl. **Zeiten:** Mo 13 – 17, Di – Fr 9.30 – 17, Sa 9.30 – 16 Uhr **Anfahrt:** RB Coesfeld – Winterswijk. **Auto:** B525 Coesfeld Richtung Südlohn über Grenze, dann über 319.

NOTTULN: Gemeinde Nottuln, Stiftsplatz 7 und 8, 48301 Nottuln. ✆ 02502/942-0, Fax -224. www.nottuln.de. info@nottuln.de. **Zeiten:** Mo – Fr 8.30 – 12.30 sowie Mo, Di, Mi 14 – 16 und Do 14 – 18 Uhr. **Anfahrt:** Bus 560 und 561 von Münster und Coesfeld. **Auto:** A43 Abfahrt 4 Nottuln, B67.

HAVIXBECK: Verkehrsverein Havixbeck und Umgebung e.V., Schulstraße 10, 48329 Havixbeck. ✆ 02507/7510, Fax 4134. www.verkehrsverein.havixbeck.de. vvh@havixbeck.de. **Zeiten:** Mo – Fr 9.30 – 12.30, Fr auch 15 – 17 Uhr, telefonisch bis 18 Uhr täglich erreichbar. **Anfahrt:** Ab Münster Bus R64, 564, 563 stündlich. **Auto:** B54 Abfahrt Nienberge/Havixbeck, Richtung Havixbeck/Billerbeck. **Rad:** Sandsteinroute.

COESFELD: Stadtmarketing, Am Markt 8, 48653 Coesfeld. ✆ 02541/939-1009, Fax -4009. www.coesfeld.de. rainer.wienk-borgert@coesfeld.de. **Zeiten:** Mo – Mi, Fr 8 – 12.30, Do 8 – 18 Uhr. **Anfahrt:** Ab Münster RB bis Bhf Coesfeld, ab Nottuln Bus R62. **Auto:** A31 Abfahrt 31 Coesfeld.

AHAUS: Ahaus Marketing & Touristik GmbH, Oldenkottplatz 2, 48683 Ahaus. ✆ 02561/444444, Fax 444445. www.ahaus.de. marketing@ahaus.de. **Zeiten:** Mo – Fr 9 – 18, Sa 9 – 16 Uhr.**Anfahrt:** RB Stadtlohn – Ahaus. **Auto:** B70 bis Ahaus.

GESCHER: Stadtinformation, Lindenstraße 2, 48712 Gescher. ✆ 02542/980-11, Fax -12. www.gescher.de. stadtinformation@gescher.de. **Zeiten:** Mo – Fr 9 – 12, 15 – 16.30, Sa 10 – 12 Uhr. **Anfahrt:** RB bis Bhf, von Borken Bus 751, von Coesfeld Bus 761. **Auto:** A1 Abfahrt 33 Gescher/Coesfeld, B525 – K6.

ROSENDAHL: Gemeinde, Hauptstraße 30, 48720 Rosendahl. ✆ 02547/77-0, Fax 77-199. www.rosendahl.de. info@rosendahl.de. **Zeiten:** Mo – Fr 8 – 12.30, Mo – Mi 13.30 – 16, Do 13.30 – 18 Uhr. **Anfahrt:** RB Coesfeld – Ahaus bis Bhf Holtwick oder RB781 Coesfeld – Ahaus. **Auto:** Von Münster B54 Abfahrt Laer, am Ortsbeginn Richtung Coesfeld, dann Rosendahl-Holtwick. **Rad:** Am Europaradweg R1, der 100-Schlösser-Route, Vechtetal-Route

Etwas zweifelhaften Ruhm hat die Stadt Ahaus dadurch erlangt, dass sie zum Zwischenlager für Abfälle aus Atomkraftwerken wurde. Immer wieder finden Demonstrationen statt, wenn eine neue Lieferung Castor-Behälter per Bahn im Ort eintrifft. Das Lager ist daher an solchen Tagen auch strengstens bewacht. Castor ist übrigens eine Abkürzung für den englischen Begriff »cask for storage and transport of radioactive material« – Behälter für Lagerung und Transport radioaktiven Materials.

gelegen sowie über die ortseigenen Radwege R16, R17, R18, 19 um Rosendahl-Holtwick bis Schloss Varlar und Darfeld erreichbar. .

BILLERBECK: Tourist-Information, Markt 1, 48727 Billerbeck. ☎ 02543/7373, Fax 7350. www.billerbeck.de. info@billerbeck.de. **Zeiten:** Mo – Fr 10 – 12.30 und 14 – 17 Uhr, Sa (Mai – Okt) 10 – 12 Uhr. **Anfahrt:** RB Münster – Coesfeld oder ab Münster und Coesfeld Bus 563. A43 Abfahrt 4 Nottuln, Billerbeck – Coesfeld B525. **Rad:** 100-Schlösser-Route, Sandsteinroute. Direkt am Billerbecker Dom, der Eisdiele, dem attraktiven Brunnen und diversen Biergärten und Cafés gelegen, beschafft man sich hier die Informationen, während der Rest der Familie genüsslich eine Pause einlegt. Neben Skatertouren und Radwanderkarten bietet die Touristeninformation im Rathaus alle Veranstaltungshinweise und auch Pauschalangebote sowie Tipps zur Übernachtung.

Dem Himmel entgegen:
Dom zu Billerbeck

LEGDEN: Verkehrsverein Legden e.V., Hauptstraße 17, 48739 Legden. ☎ 02566/9503, Fax 9505. www.legden.de. vvlegden@t-online.de. **Zeiten:** Mo – Fr 9 – 12, 14 – 17 Uhr. **Anfahrt:** RB Ahaus – Coesfeld stündlich. **Auto:** A31 Abfahrt 33 Coesfeld. **Rad:** 100-Schlösser-Route.

Hohe Mark

HALTERN: Stadtagentur/Tourist-Information, Markt 1, 45721 Haltern am See. ☎ 02364/933-365, Fax -364. www.haltern-am-see.de. stadtagentur@haltern.de. Im Alten Rathaus. **Zeiten:** Mo – Fr 8.30 – 12 und 13.30 – 17 Uhr, Mai – Sep, auch Sa 10 – 12 Uhr. **Anfahrt:** RB stündlich Recklinghausen – Münster. **Auto:** A43, Abfahrt 8 Haltern-Mitte. **Zur TI:** Innenstadtparkplatz Schmeddingstraße (gebührenpflichtig, Sa kostenlos). **Rad:** Römerroute. **Infos:** Fahrradmiete pro Tag 6 €, über Stadtagentur buchbar. Führungen durch die Altstadt organisiert die Stadtagentur ebenso wie Informationen zu den diversen Radrouten um Haltern oder den eigenständigen Spaziergang durch die ehemalige Hansestadt. In der Tourist-Information im Alten Rathaus hält man während der Öffnungszeiten selbst ein wachsames Auge auf schon getätigte Einkäufe oder mitgeführte Koffer.

DORSTEN: **Stadtinformation,** Westwall 61, 46282 Dorsten. ✆ 02362/3080800, Fax 793305. www.win-dor.de. stadtinfo@win-dor.de. Im Lippetorzentrum. **Zeiten:** Mo – Fr 9 – 17, Sa 9 – 13 Uhr. **Anfahrt:** S75 Münster – Borken – Bocholt bis Lippetor. **Auto:** A31 Abfahrt 38 Dorsten, nach Lembeck A31 Abfahrt 36 Dorsten-Lembeck. **Infos** auch über: Verkehrsverein Dorsten und Herrlichkeit e.V., ✆ 02362/24674, Fax 793305, info@verkehrsverein-dorsten.de, www.verkehrsverein-dorsten.de.

BORKEN: **Stadt Borken,** Bahnhofstraße 22, 46325 Borken. ✆ 02861/939-252, Fax 66792. www.borken.de. Touristinfo@borken.de. **Zeiten:** Mo – Fr 8 – 12.30, Mo – Do 14 – 17 Uhr, März – Okt Fr auch 14 – 17 Uhr. **Anfahrt:** R76 ab Ahaus, R74 ab Heiden. **Auto:** A31, Abfahrt 34 Borken.

RAESFELD: **Verkehrsverein Raesfeld e.V.,** Tiergarten Schloss Raesfeld, Hagenwiese 40, 46348 Raesfeld. ✆ 02865/609-10, Fax 609-129. vvr@raesfeld.de. **Zeiten:** Mo – Fr 9.30 – 12.30 und 13.30 – 16.30, April – Okt Sa 13.30 – 17, So 11 – 17, Nov – März Sa und So 13.30 – 16.30 Uhr. **Anfahrt:** S75 Münster – Borken – Bocholt. A31, Abfahrt 36 Lembeck, Richtung Raesfeld. **Zur TI:** Tiergarten und Schloss ausgeschildert. **Rad:** 100-Schlösser-Route. Hier bucht ihr z.B. das Rittermahl oder Pättkestouren rund um das Dorf. Erstklassig zusammengestellte Radwander- und Wanderbroschüren führen durch die Gegend und nennen für kleine und große Reisende viele schöne Ziele und Rundwege.

HEIDEN: **Verkehrsamt,** Rathausplatz 1, 46359 Heiden. ✆ 02867/977-211, Fax -244. www.heiden.de. tourist-info@heiden.de. **Zeiten:** Mo – Fr 10 – 12.30 Uhr. **Anfahrt:** Ab Oberhausen RB über Essen. **Auto:** A31 Abfahrt Reken-Heiden B67, L829 bis Heiden oder A43 Abfahrt 6 Dülmen-Coesfeld. **Rad:** Hohe-Mark-Tour, 100-Schlösser-Route, Ortsmitte. **Infos:** Touristik-Info in der Kreisstadt Borken im Bhf, ✆ 02861/939-252. Hier erfahrt ihr, wie die Strecke am alljährlichen Radwandertag verläuft, der am

Haltet Ausschau nach dem Lohmännken. Das ist eine Sagengestalt und in Haltern ist ihr ein Denkmal gesetzt worden. Findet ihr es? Und wer ist das überhaupt? Kleiner Tipp: Die Info gibt kostenlose Spazierpläne durch die Altstadt heraus, die euch helfen können.

Wer hoch in die Luft möchte und mindestens 12 Jahre alt ist, der kann ja mal bei den Ballonanbietern der Region vorsprechen. Wie wäre es mit einer **Ballonfahrertaufe** über dem Münsterland? Info: www.ballonfahren-nienhaus.de oder bei *Balloon Operating GmbH,* ✆ 02865/1201 oder beim Verkehrsverein.

Bauernhof Tacke, Bökenholt 1, Heiden. ✆ 02867/8507, www.bauernhof-tacke.de. Di – Sa 8.30 – 18.30, So 10 – 18.30 Uhr, Café Di – So 10.30 – 18.30 Uhr. Café mit Hofladen, wo ihr selbst gemachte Marmelade, Gemüse, Hausmacher Wurst, Eier, Hähnchen sowie Präsentkörbe kaufen könnt. Saisonal Erdbeerfelder und Blumen zum Selberpflücken.

ersten Sonntag im September an der Ludgerusschule beginnt, ↗ Festkalender.

RHEDE: **Tourist-Information,** Rathausplatz 9, 46414 Rhede. ✆ 02872/930-100, Fax -49100. www.rhede.de. tourist@rhede.de. **Zeiten:** Mo, Di, Do Fr 8 – 17, Mi 8 – 12.30, Sa 9 – 12 Uhr. **Anfahrt:** Bus S75 und 751 Borken – Rhede – Bocholt stündlich. **Auto:** B67 ab Borken. **Zur TI:** erste Ampelkreuzung nach Ortsschild Rhede rechts Richtung Kirche, geradeaus durch Kreisel, 2. Ausfahrt in Neustraße, nach 150 m.

DÜLMEN: **Dülmen Marketing e.V.,** Marktstraße 30, 48249 Dülmen. ✆ 02594/12-345, Fax -346. www.duelmen.de. **Zeiten:** Mo – Fr 9 – 18, April – Okt auch Sa 10 – 12 Uhr. **Anfahrt:** RB Essen – Münster stündlich. **Auto:** A43 Richtung Ruhrgebiet, Abfahrt 5 Dülmen-Nord, Innenstadt.

REKEN: **Fremdenverkehrsamt,** Kirchstraße 14, 48734 Reken. ✆ 02864/944-035, Fax -299. www.reken.de. a.berg-up@reken.de. **Zeiten:** Mo – Fr 8.30 – 12.30, Mo, Di, Mi 14 – 15.30, Do 14 – 18 Uhr. **Anfahrt:** RB bis Bhf Reken. **Auto:** A31 Abfahrt 35 Reken, L600.

Lippe – Stever

SENDEN: **Verkehrsbüro,** Münsterstraße 30, 48308 Senden. ✆ 02597/699-114, Fax 699-222. www.senden-westf.de. verkehrsbuero@senden-westf.de. **Zeiten:** Mo – Fr 9 – 12.30, Mo und Di 14 – 16, Do 14 – 17, Fr 14 – 15 Uhr. **Anfahrt:** RB, RE Münster – Essen bis Bhf Senden-Bösensell, Bus ab Münster S90 und 751. **Auto:** A1 Abfahrt 79 Ascheberg oder A43 Abfahrt 3 Senden, B235. **Rad:** Kanalroute, Innenstadt/Rathaus.

LÜDINGHAUSEN: **Lüdinghausen Marketing e.V.,** Borg 11, 59348 Lüdinghausen. ✆ 02591/78008, Fax 78010. www.luedinghausen.de. info@luedinghausen-marketing.de. **Zeiten:** Mo – Fr 9 – 13 und 14 – 17.30 Uhr, April – Okt zusätzlich Sa 10 – 13 Uhr. **Anfahrt:** RE, RB, PEG Dortmund – Gronau, Bus N4 Selm – Lüdinghausen – Münster, Schnellbus S90, 91, 92 Lüdinghausen – Senden – Münster. **Auto:** A43 Abfahrt 3 Senden, B235 bis Lüdinghausen oder A1, Abfahrt 79 Ascheberg, B58, B235, B474. **Rad:** Ortseigene

Rundwege mit Sehenswürdigkeiten beschildert, 100-Schlösser-Route. Hier bucht man z.B. das Ritteressen auf Burg Vischering (ca. 3 Std zünftiges Rittermenü im Gewölbekeller, 33 €/Pers, ab 12 Personen ohne Getränke) oder diverse Radwander-Angebote wie »Perlen der Wasserschlösser« oder »Von Bauern und Burgen«. Angebote ab ca. 110 €/Pers. Mit Radtransporten, ÜF in Bauernhofpensionen.

WERNE: Stadtmarketing Werne GmbH, Markt 19, 59368 Werne. ✆ 02389/534080, Fax 537099. www.verkehrsverein-werne.de. info@verkehrsverein-werne.de. **Zeiten:** Nov – März Mo – Fr 10 – 12, 15 – 17 Uhr, April – Okt Mo – Sa 10 – 12, 15 – 17 Uhr. **Anfahrt:** Von Dortmund und Münster bis Bhf Werne, aus Bergkamen mit Bus S80 oder R81. **Auto:** B54 Münster – Dortmund, Abfahrt Werne oder A1, Abfahrt 80 Hamm/Bockum/Werne. **Rad:** 100-Schlösser-Tour (Lippe-Stever-Gebiet), Römerroute.

ASCHEBERG: Verkehrsverein Ascheberg e.V., Katharinenplatz 1, 59387 Ascheberg. ✆ 02593/6324, Fax 7525. www.verkehrsverein-ascheberg.de. touristik@verkehrsverein-ascheberg.de. **Zeiten:** Mo – Do 9 – 12, 14 – 17, Fr 9 – 12, Sa 10 – 12 Uhr, Mai – Sep auch Fr 14 – 17 und Sa 9 – 12 Uhr. **Anfahrt:** RB bis Davensberg oder Bhf Capelle. **Auto:** A1 Abfahrt 79 Ascheberg oder B54 zwischen Münster und Werne Richtung Schloss Westerwinkel in östliche Richtung.

NORDKIRCHEN: Verkehrsverein Nordkirchen e.V., Elke Drebing und Marlies Korte, Bohlenstraße 2, 59394 Nordkirchen. ✆ 02596/917-137, Fax -139. www.verkehrsverein-nk.de. verkehrsverein@nordkirchen.de. **Zeiten:** Mo – Fr 10 – 12 und 14.30 – 17, Mai – Okt Sa 10 – 12 Uhr. **Anfahrt:** RB bis Bhf Capelle, RB53 zwischen Lüdinghausen und Nordkirchen, Taxibus T52 auf Anruf bis Selm Bhf, ✆ 01803/504031, Mo – Fr 6 – 20 Uhr. **Auto:** A1, Abfahrt 79 Ascheberg, westlich nach Nordkirchen über K3. **Rad:** 100-Schlösser-Route. Hier könnt ihr Konzertkarten für alle Open-Air-Veranstaltungen am Schloss kaufen oder eine Radwanderung buchen. Auch das Wandern mit dem Förster durch den ehemaligen Tier-

Die Radwanderkarte Kreis Coesfeld für 6,80 € oder die Burg- und Schlosstour für 2,50 € sind in jeder ortsansässigen Tourist-Information erhältlich.

park oder eine Planwagenfahrt lässt sich von hier organisieren.

OLFEN: **Stadtverwaltung,** Kirchstraße 5, 59399 Olfen. ✆ 02595/389-166, Fax 389-266. www.olfen.de. beine@olfen.de. **Zeiten:** Mo – Fr 9 – 13 und 14.30 – 18, Sa 9 – 12 Uhr. **Anfahrt:** R-Bus ab Lüdinghausen, Datteln oder Haltern. **Auto:** A43 Abfahrt 7 Lavesum, Sythener Straße Richtung Haltern – Flaesheim – Olfen.

Parklandschaft Warendorf

WARENDORF: **Verkehrsverein Warendorf e.V.**, Emsstraße 4, 48231 Warendorf. ✆ 02581/7877-00, 19433, Fax 7877-11. www.verkehrsverein-warendorf.de. verkehrsverein@warendorf.de. **Zeiten:** Mo – Fr 9 – 13, 14 – 18, Sa 9.30 – 12.30 Uhr. **Anfahrt:** RB Münster – Warendorf, Bus R11, 312, 314 – 316, 323, N2. **Zur TI:** bis Hbf oder Sassenberger Straße. **Auto:** B51 und 64 Münster – Telgte – Warendorf. **Rad:** Kultur-Parcours, Skulptur-Biennale-Route. Ausgezeichnete Informationen für Reiter hält der hiesige Verkehrsverein mit seiner Broschüre *Regionale Reitroute Kreis Warendorf* und seiner Informationsschrift *Reiter und Pferd im Kreis Warendorf* bereit. Hier steht jeder tatsächlich auf vier Hufe(n)!

Brunnenmädchen: Telgte ist auf seine vielen Skulpturen und Brunnen stolz

© T. Rirk

TELGTE: **Stadttouristik Telgte,** Kapellenstraße 2, 48291 Telgte. ✆ 02504/690-100, Fax -109. www.telgte.de. stadttouristik@telgte.de. **Zeiten:** Mo – Fr 9 – 12, 14 – 17.30 Uhr, Mai – Sep auch Sa 9 – 12 Uhr. **Anfahrt:** RB Münster – Rheda-Wiedenbrück, Bus R11 Münster – Warendorf oder R13 Münster – Westbevern – Ostbevern – Glandorf. **Auto:** A1 Abfahrt 76 Greven oder A43 Abfahrt 2 Münster Süd, dann über B51. **Rad:** Emsauenweg, von Warendorf R41 und R1.

SASSENBERG: **Verkehrsamt,** Schürenstraße 17, 48336 Sassenberg. ✆ 02583/309-0, Fax 309-8800. www.sassenberg.de. stadt@sassenberg.de. **Zeiten:** Mo – Mi, Fr 8.30 – 12, Do 8.30 – 18 Uhr und nach Vereinbarung. **Auto:** A1, Abfahrt 74 Ladbergen, B475 Richtung Glandorf – Sassenberg bzw. ab Münster über B51 Telgte, B64 Warendorf, B475 Sassenberg.

OSTBEVERN: Verkehrsverein Ostbevern e.V., Am Rathaus 1, 48346 Ostbevern. ✆ 02532/8217, Fax 8246. www.ostbevern.de. touristinfo@ostbevern.de. **Zeiten:** Mo, Mi – Fr 9 – 12 Uhr. **Anfahrt:** RB Münster – Warendorf stündlich oder Bus 314, 418, 419 bis Ostbevern, Taxibus nach Brock. **Auto:** B51 Münster – Telgte – Ostbevern.

EVERSWINKEL: Verkehrsverein Everswinkel e.V., Vitusstraße 8, 48351 Everswinkel. ✆ 02582/6693-13, Fax -14. www.verkehrsverein-everswinkel.de. info@verkehrsverein-everswinkel.de. **Zeiten:** Mo, Di, Do, Fr 9 – 12, 14.30 – 17.30, Mi und Sa 9 – 12 Uhr. **Anfahrt:** Ab Münster mit Bus S20, R22. Münster – Wolbeck – Everswinkel. **Auto:** Stadtmitte Beschilderung Vitus-Bad. **Rad:** Europaradweg R1, Emsauenweg, Kultur-Parcours. Vom plattdeutschen Abend mit einem Kiepenkerl bis zum Schlafen im Heu lässt sich hier alles arrangieren. Prospekte können per Mail angefordert werden. Everswinkel wirbt um euch mit Inliner-Routen und Reiterferien, mit Fahrradtouren oder Kanufreizeit. Und schließlich gibt es noch das tolle Vitus-Bad zu entdecken.

AHLEN: Stadtverwaltung, Westenmauer 10, 59227 Ahlen. ✆ 02382/590, Fax 59465. www.ahlen.de. rathaus@stadt-ahlen.de. **Zeiten:** Verwaltung, Mo, Mi, Fr 8.30 – 12, Di 8 – 16, Do 8 – 17 Uhr, 1. Sa im Monat 9 – 11 Uhr. **Anfahrt:** RB, RE Münster – Dortmund/Köln, Bus 351, N1 Warendorf – Ahlen. **Auto:** A1 Abfahrt 79 Ascheberg – Drensteinfurt oder A2 Abfahrt 19 Hamm-Uentrop, ausgeschildert. **Infos** auch über: **Touristikbüro Ahlen,** Inge Kuhn, Karl-Wagenfeld-Platz 7, ✆ 02382/84441, Fax 8086156.

BECKUM: Stadtmarketing, Linnenstraße 14, 59269 Beckum. ✆ 02521/825-725, Fax 825-727. www.stadtmarketing-beckum.de. info@stadtmarketing-beckum.de. **Zeiten:** Di – Fr, So 9.30 – 12.30, 15 – 17, Sa 15 – 17 Uhr. **Anfahrt:** R61 und 361 Ennigerloh – Beckum, ab Münster Hbf mit S30. **Auto:** A2 Abfahrt 20 Beckum, dann B475 Richtung Beckum, oder B64 Telgte – Warendorf – Beckum. **Rad:** 100-Schlösser-Route.

OELDE: Forum Oelde, Herrenstraße 9, 59302 Oelde. ✆ 02522/72800, Fax 72815. www.oelde.de. forum@oel-

@ Schöne Radtouren um Oelde findet ihr unter www.radwandern-muensterland.de/oelde/oelde.htm.

de.de. **Zeiten:** Mo – Fr 8 – 12, Do auch 14 – 18 Uhr. **Anfahrt:** RB Ahlen – Oelde – Gütersloh. **Auto:** A2 Abfahrt 21 Oelde oder von Münster B64 über Warendorf, ab da B475. **Rad:** Europa Radweg R1, 100-Schlösser-Route.

WADERSLOH: **Verkehrsamt,** Liesborner Straße 5, 59329 Wadersloh. ℘ 02523/950-0, Fax 950-179. www.wadersloh.de. gemeinde@wadersloh.de. **Zeiten:** Mo – Fr 8 – 12.30, Mo und Mi 14 – 16.30, Do 14 – 18 Uhr. **Anfahrt:** Bus R72 und 434 ab Beckum, R73 von Lippstadt-Lisborn bis Kirche. **Auto:** A2 Abfahrt 20 Beckum, L586 Richtung Diestedde.

BOCHOLT: **Tourist-Info,** Europa-Platz 26 – 28, 46399 Bocholt. ℘ 02871/5044, Fax 185927. www.bocholt.de. info@tourist-info-bocholt.de. **Zeiten:** Mo – Fr 10 – 12.30, 14 – 17, Sa 10 – 12 Uhr. **Anfahrt:** RE, RB ab Münster, Wesel oder Oberhausen. **Auto:** A31, Abfahrt 34 Borken, B67n Borken – Bocholt. **Infos** auch über: **Stadtmarketing Bocholt,** ℘ 02871/227300. Mo – Fr 8.30 – 12.30, 13.30 – 17.30 Uhr.

© Torsten Rink

Prima Kombi-Möglichkeiten ergeben sich entlang der Bahnstrecken

Unterwegs mit Bus und Bahn

SchöneFerienTicket

DB Reisezentrum Münster, DB Vertrieb GmbH, Berliner Platz 29, 48143 Münster. ✆ 0251/411-1441, Fax -1049. www.nahverkehr.nrw.de. **Zeiten:** Reisezentrum Mo – Sa 6.30 – 20, So 9 – 20 Uhr. **Preise:** Kinder 6 – 15 Jahre sowie alle Schüler allgemein bildender Schulen bis 20 Jahre und Studenten bis 26 Jahre fahren mit dem SchöneFerienTicket ab 16 € in den kürzeren Ferien bzw. 40 € in den Sommerferien.

▶ Alle Ferien wieder gibt es das kostengünstige **SchöneFerienTicket** in NRW. Im ganzen Bundesland NRW mobil mit Bussen, Straßen- und U-Bahnen sowie Nahverkehrszügen der 2. Klasse. Praktisch, da man das Ticket einfach online bezahlen und ausdrucken kann. Für Nachtschwärmer wichtig: Die Nachtbusse in Ostwestfalen-Lippe sind nicht im Preis enthalten!

Nahverkehrszüge in ganz Deutschland kann man mit dem **Schönes-Wochenende-Ticket** nutzen, einen Tag lang mit bis zu 5 Personen.

Fahrplanauskünfte und Informationen

Stadtwerke Münster, Service-Zentrum mobilé, Berliner Platz 22, 48143 Münster. ✆ 01803/504030 (9 Ct./Min, Hotline), Taxibusbestellung 01803/504031, www.stadtwerke-muenster.de. **Anfahrt:** ↗ Münster. Parkhaus Engelenschanze oder Bahnhofstraße. **Rad:** Ortseigenes Radnetz Richtung Hbf. **Zeiten:** Mo – Fr 7 – 19, Sa 9 – 14 Uhr.

▶ Das **Bus- und Bahnnetz** im Münsterland ist sehr gut ausgebaut und bietet für die meisten der hier beschriebenen Ziele gute Zubringermöglichkeiten. Selbst der Transport von Rädern ist in vielen Bussen möglich, solange die Kapazität dies zulässt. Schnellbusse, Regionalbusse, Taxibusse in entlegenen Gegenden und natürlich die Bahnverbindungen vom Ruhrgebiet, aus Niedersachsen und aus den Nieder-

»Münster erfahren inklusive« heißt es ab sofort mit dem **Hotel- und Kongressticket,** das drei Tage lang die Benutzung der Busse und Züge des Nahverkehrs im Stadtgebiet und den kostenfreien Transfer zum Flughafen Münster/Osnabrück gestattet. Touristen, die bei Münster-Marketing ein Arrangement gebucht haben, erhalten die Karte kostenlos als Willkommensgruß, sie ist nicht frei verkäuflich.

Tipp: Die **Schlaue Nummer für Bus und Bahn:** ✆ 01803/504030 (9 Ct./Min. im dt. Festnetz), www.servicezentrale-muensterland.de, info@servicezentrale-muensterland.de. **TaxiBus-Bestellung:** ✆ 01803/504031.

INFO- UND FERIENADRESSEN

Bahnauskunft kostenlos:
✆ 0800/1507090.

 Internettipps zur Orientierungshilfe: www.rvm-online.de www.servicezentrale-muensterland.de www.stadtwerke-muenster.de

 www.vgm-vrl.de: Die Verkehrsgemeinschaften Münsterland und Ruhr-Lippe geben umfassende Infos über Fahrpreise und Tickets.

 www.bus-und-bahn-im-muensterland.de/index2.html – hier kann man die Streckenpläne zum ganzen Münsterland als pdf herunterladen und hat sofort eine umfassende Übersicht über Buslinien und Bahnanbindungen!

landen machen das Münsterland zu einem schnell und problemlos erreichbaren Ferienziel.

Das **Service-Zentrum mobilé** gegenüber dem Hbf hält Broschüren und -fahrpläne des gesamten Münsterlandes bereit, auch im Internet gestaltet sich die Suche nach Fahrplanauskünften und -preisen einfach und umfassend, www.rvm-online.de oder www.stadtwerke-muenster.de. Über die Eingabe von Haltestellennamen, Straßen oder wichtigen Punkten und Zeiten kann schnell die passende Busverbindung herausgefunden werden. Eine praktische und leicht zu bedienende Infoquelle, die zur Reiseplanung und Ermittlung der Fahrtkosten sehr nützlich ist.

Neben **EinzelTickets** und **4erTickets** gibt es die preiswerteren **Tages-, Gruppen-, Wochen-** und **Monatstickets.** Für Reisende, die den Berufsverkehr vermeiden können, sind das **9 Uhr TagesTicket,** mit dem ein Erwachsener mit bis zu drei Kindern bis 14 Jahre einen ganzen Tag lang fahren können, und das **9 Uhr GruppenTicket,** mit dem eine Gruppe von bis zu 5 Personen den ganzen Tag unterwegs sein kann, sehr attraktiv. Samstags, sonntags und an Feiertagen gibt es keine Zeiteinschränkung.

Für alle Leute bis 20 Jahre gibt es das FunTicket, welches an Schultagen ab 14 Uhr und am Wochenende bzw. in den Ferien ganztägig gilt und außerdem noch das SchöneFerienTicket NRW, gültig landesweit für sämtliche Busse, Bahnen und Regionalzüge.

Preiswert fahren lässt es sich auch mit den praktischen NRW-Tickets für Singles oder Gruppen bis zu fünf Personen. Diese Tickets werden auch in den Bussen verkauft. Kinder bis 5 Jahre fahren frei und Fahrräder werden mitgenommen, wenn die Besetzung des Fahrzeugs dies zulässt.

Fahrradverleih

Fahrradverleih Greven

Verkehrsverein Greven e.V., Alte Münsterstraße 23, 48268 Greven. ℰ 02571/1300, Fax 55234. www.greven-tourismus.de. verkehrsverein@greven.net. Sportanlage Schöneflieth. **Anfahrt:** ↗ Greven. **Auto:** B219, Ortseingang rechts Richtung Emsufer. **Rad:** R66/67, 100-Schlösser-Route, Ems-Auen-Weg. **Zeiten:** Über Verkehrsverein Mo – Fr 9 – 12.30 und 14 – 17 Uhr, Mai bis Okt auch Sa 9 – 12.30. **Preise:** 5 – 8 €; Kinder 4 €; Gruppenermäßigung bzw. Transfer auf Anfrage. **Infos:** Rufbereitschaft Wochenende und Feiertage 1. Mai – 15. Okt, ℰ 0160/92374541 (Voranmeldung erforderlich).

▶ Vermittlung von 13 Tourenräder und 55 3-Gang-Tourenräder, 1 Tandem, 1 10er-Tandem, 5 Kinderräder, 1 Rollfiets, 1 Dreirad für Erwachsene, 1 Kindersitz, 1 Kinderanhänger, Transportanhänger für bis zu 22 Fahrräder, Regenponchos und Fahrradtaschen.

Wer mehr zum Thema Inlineskating wissen möchte, kann sich kostenlos bei mobilé, Berliner Platz 22, oder den Verkehrsvereinen der Gegend die Broschüre Vier Räder und acht Rollen besorgen. www.muensterland-tourismus.de. Fahrpläne der Zubringerbusse unter www.westfalenbus.de.

Fahrradverleih Rheine

Verkehrsverein Rheine e.V., Bahnhofsstraße 14, 48432 Rheine. ℰ 05971/162903, Fax 52988. www.rheine.de. verkehrsverein@tourismus.rheine.de. **Anfahrt:** ↗ Rheine. **Rad:** Ems-Auen-Weg, R40, R5. **Zeiten:** Nach Voranmeldung 24-Stunden-Zugang mit Chipkarte. **Preise:** 5 – 8 €, Fahrradanhänger 10 €. **Infos:** Nebenstelle Bentlage, Infozentrum Dreigiebelhaus, Salinenstraße 105, ℰ 05971/9127894, Mai – Okt.

▶ 80 Räder mit 3-Gang-Schaltung, Fahrradanhänger, Regenponchos und Fahrradtaschen, 1 Kindersitz. Kinderräder auf Anfrage.

Tipp: Ein weiterer Fahrradverleih befindet sich Am Hauptbahnhof 64, ℰ 05971/162903.

Fahrradverleih Billerbeck

Radstation in Billerbecks Bahnhof, Am Bahnhof, 48727 Billerbeck. ℰ 02543/238707, Fax 24528. www.billerbecks-bahnhof.de. ibp-coesfeld@t-online.de. **Anfahrt:** ↗ Billerbeck. **Rad:** 100-Schlösser-Route, Sand-

www.radrouten-planer-nrw.de.

steinroute. **Zeiten:** Mo – Fr 5 – 22.45, Sa 6 – 22.45, So 9 – 22.45 Uhr. **Preise:** Rad 5 €/Tag, Anhänger 2,50 €, Kindersitze 2,50 €, Radreparatur und -pflege auf Anfrage; Wochenrabatte möglich.

▶ Solche Öffnungszeiten wünscht man sich! Morgens ganz früh den Radlertag starten und abends den Urlaub bis zur letzten Sekunde ausnutzen – lobenswert! Und im Café könnt ihr euch vor oder nach der Tour auch noch richtig lecker stärken. Wer sich für Kunst interessiert, findet im »Lokschuppen« laufend spannende Ausstellungen.

2rad Center Bergmann, Holthauser Straße 3, 48727 Billerbeck. ✆ 02543/930360, Fax 25428. www.2rad-bergmann.de. frank@2rad-bergmann.de. Nähe Rathausstraße Stadtmitte. **Anfahrt:** ↗ Billerbeck. **Rad:** 100-Schlösser-Route, Sandsteinroute. **Zeiten:** Mo – Fr 8 – 18 Uhr. **Preise:** 5 €/Rad.

Für die Modellbahnfans unter euch bietet Lüdinghausen noch mehr: Die **Dampfzeit** im Alten Münstertorhaus, Münsterstraße 42, verkauft Modelleisenbahnen und Zubehör. Ein Traum für alle Lokführer. Di – Fr 14.30 – 18 Uhr, Sa 10 – 14 Uhr. ✆ 02591/980998 oder www.dampfzeit.de.

Fahrradverleih Lüdinghausen
ADAC-Fahrradstation, Amthaus 10, 59348 Lüdinghausen. ✆ 02591/6251 www.adac.de. **Anfahrt:** ↗ Lüdinghausen, ab Bhf zu Fuß bis zur Burg. Burg Lüdinghausen ausgeschildert. Direkt im Bauhaus der Burg. **Rad:** 100-Schlösser-Route. **Zeiten:** Mo – Fr 9 – 12 und 14 – 18 Uhr. **Preise:** 6 € pro Tag, Tandem 12 €; keine Kinderermäßigung.

▶ Bei 180 Fahrrädern und einem Tandem, vier Damenrädern mit Kindersitz und diversen Kinderfahrrädern ab Größe 20 wird hoffentlich jeder sein richtiges Rad finden.

Ferienwohnungen

TECKLENBURGER LAND: Ferienwohnung im Wasserschloss Marck, Ricarda von Diepenbroick, Haus Marck 1, 49545 Tecklenburg. ✆ 05482/925773, Fax 925774. **Anfahrt:** Kein direkter Bus. **Auto:** ↗ Tecklenburg, Richtung Ibbenbüren, am Kreisverkehr rechts Richtung Tecklenburg, nach Bahnübergang rechts, wieder rechts. Im Navigationssystem Apfelallee eingeben. **Rad:** 100-Schlösser-Route, Töddenroute. Eine FeWo für 4 Personen zu vermieten, 50 € pro Tag.

Ferienwohnungen Haflingerhof, Fam. Feldmann, Hörsteler Straße 69, 49509 Recke-Obersteinbeck. ✆ 05453/8603, Fax 8167. www.haflingerhof-feldmann.de. info@haflingerhof-feldmann.de. **Anfahrt:** RB bis Ibbenbüren-Esch, Abholung von dort nach tel. Anmeldung. **Auto:** A30 Abfahrt 10 Hörstel, durch Obersteinbeck nach Recke, am Ortsausgang Obersteinbeck steht der Fachwerkhof. **Rad:** Mittellandkanal-Route. **Zeiten:** Ganzjährig. **Preise:** FeWo 45 qm ab 45 €, Hunde 2 €, Gastpferde 8 €; Rabatte außerhalb der Ferien, z.B. Schnupperwochenende mit 2 Reitstunden 99 €. Von hier aus könnt ihr Ausflüge zum *Heiligen Meer* machen oder einfach die Tiere auf dem historischen Bauernhof genießen, mit Kettcars um die Wette sausen oder bei schlechtem Wetter ins Hallenbad (April – Okt) abtauchen. Ein eigener Hofladen, Reitmöglichkeiten und Planwagenfahrten ergänzen das Angebot. FeWo 60 – 70 qm mit 4 – 5 Betten, Fahrradverleih, Sauna und Spiel- sowie Grillplatz, Waschmaschine und Trockner gegen Gebühr.

BAUMBERGE: Ferienwohnung Wöstmann, Natrup 10, 48329 Havixbeck. ✆ 02507/1856, Fax 1856. **Anfahrt:** ↗ Havixbeck. **Rad:** Sandsteinroute. **Zeiten:** Ganzjährig. **Preise:** 45 € für 2 Pers/Nacht, jede weitere Person 6 €. FeWo im Parterre mit Terrasse in Ortsrandlage. TV, Kinderbett und Hochstuhl sowie Grillplatz, Küche mit Spül- und Waschmaschine vorhanden.

FERIEN-ADRESSEN

🍎 Der **Laden** des Haflingerhofes ist Di – Fr 17.30 – 19.30 Uhr und Mi, Sa 9 – 12 Uhr geöffnet, in der Spargelzeit sogar durchgehend.

INFO- UND FERIENADRESSEN

Happy Birthday!

Kindergeburtstage auf dem Wiggerhof mit Stockbrot und Grillwürstchen, Dino-Car fahren, Esel reiten und Tierfütterung? Das klingt toll. Oder probiert doch mal, eine Kuh zu melken. Natürlich könnt ihr dort auch Ponyreiten. Ab 7 Kindern 10,50 €, ab 10. Kind 5,50 €.

@ Probiert mal die Internetseite aus. Auf www.mein-ferienhof.de wiehern euch die Pferde schon entgegen!

Ferien auf dem Bauernhof

LINKS UND RECHTS DER EMS: Kinderbauernhof Wigger »Strohherberge«, Maestruper Brook 8, 48268 Greven. ℗ 02571/2759, Fax 953116. www.kinderbauernhofwigger.de. Wigger@KinderbauernhofWigger.de. **Anfahrt:** ↗ Greven, am östlichen Ortsende. **Auto:** Von Münster L587/B161 Schiffahrter Damm bis Greven, kurz vor Ortseingang rechts in der Bauernschaft. **Rad:** Radnetz Rotes Rad auf weißem Grund, Richtung Greven. **Zeiten:** Nach Absprache. **Preise:** ÜF 13 €. **Infos:** Tennenvermietung als Veranstaltungsort 200 €/Abend, Verzehrabnahmepflicht. Über Verkehrsverein 02571/1300 buchbar, verkehrsverein@greven.net. Einmal in duftendem Heu und Stroh schlafen und sich ein bisschen piksen lassen, das möchte doch sicher jeder ausprobieren! Hier könnt ihr es, denn der Kinderbauernhof Wigger hat seit 2004 zusätzlich zu anderen Angeboten auch eine Strohherberge für euch eingerichtet.

Landhotel Ferienhof Große Drieling, Fam. Große Drieling, Hüttruper Straße 189, 48268 Greven. ℗ 02574/208, Fax 9833240. info@mein-ferienhof.de. **Anfahrt:** ↗ Greven, Abholservice telefonisch anfragen. **Auto:** Ab Münster B219, B481 Greven, Richtung Emsdetten/Rheine. An der 2. Ampel rechts, nach etwa 6 km Schild Große Drieling links an der Straße. **Rad:** 100-Schlösser-Route. **Zeiten:** Ganzjährig nach Absprache, aktuelle Ferientermine im Internet. **Preise:** 4 FeWo 4 – 5 Pers 57 – 72 € plus NK, 6 Landgasthauszimmer, ÜF im DZ 33 €; Kinder 18 € im DZ. So richtig was zum Erholen: Wellness für die Großen, Angeln im nahen Gewässer, Spielzimmer für die Kleinen und natürlich Reiten für Pferdenarren. Ihr könnt euch hoch zu Ross führen lassen oder im Gelände ausreiten, wobei ihr immer fachkundige Begleitung habt. Wer nicht reiten möchte, der kann auch Fahrräder mieten. Meerschweinchen dürft ihr streicheln und schauen, ob es neue Kätzchen gibt. Für Mama und Papa stehen eine Sauna und Infrarot-Wärmekabinen zur Verfügung. Das Würstchen vom offenen Grill schmeckt abends besonders gut, wenn der

Bauer selbst die Grillgabel schwingt oder an kälteren Abenden am Kamin alte westfälische Geschichten erzählt.

Sauwohl: Auf einem Bauernhof könnt ihr (fast) alle Freiheiten genießen und viel über Tiere lernen

Pension Harkotten, Fam. Höwel, Hollingen 19, 48282 Emsdetten. ✆ 02572/7157, Fax 97057. www.pension-harkotten.de. kontakt@pension-harkotten.de. **Anfahrt:** Bahn bis Nordwalde oder Emsdetten, Abholung auf Anfrage. **Auto:** B54 Abfahrt Nordwalde, durch Ort Richtung Emsdetten, Vorfahrt links folgen (an Gaststätte Lintels Kotten), nächste Einfahrt Pension Harkotten. **Rad:** 100-Schlösser-Route, Ems-Augen-Weg. **Zeiten:** Ganzjährig buchbar. **Preise:** FeWo 120 qm für 8 – 10 Pers 90 €/Tag, ÜF 24 €, HP 28 €, VP 31 €; Kinderermäßigung bis 50 %. **Infos:** Hausprospekte auf Anfrage, behindertengerecht. Auf dem Bauernhof der Familie Harkotten könnt ihr als Gruppe oder auch als Familie einen zünftigen Bauernhof-Urlaub machen. Die Unterbringung erfolgt in 2 Wohnungen bzw. 14 Gästezimmern, eine Feuerstelle gibt es direkt vor der Tür. Die Border-Collies sind bestimmt aus dem Zirkus, denn sie spielen begeistert Fußball! Auch die anderen Tiere könnt ihr anschauen, streicheln und auf den Ponys sind geführte Ausritte möglich. Ein Planwagen steht für rustikale Ausflüge zur Verfügung. Ein nahe gelegenes Waldstück lädt zu Wanderungen ein. Die Pension bietet feste Wo-

INFO- UND FERIENADRESSEN

chenprogramme, die auch für kleine Schulklassen oder Jugendgruppen attraktiv sind. Natürlich mit Nachtwanderung und Bauernquiz.

BAUMBERGE: **Hof Havixbeck,** Fam. Schulze-Havixbeck, Gennerich 1, 48329 Havixbeck. ℭ 02507/1239, Fax 4729. www.hof-havixbeck.de. info@hof-havixbeck.de. **Anfahrt:** ↗ Havixbeck. Ausschilderung Sandsteinmuseum. **Rad:** Sandsteinroute. **Zeiten:** Ganzjährig. **Preise:** 2 Pers/Nacht 30 – 40 €, zusätzliche Person 5 €. Vier FeWo 55 – 70 qm mit 3 – 5 Betten warten direkt in der Nachbarschaft des ↗ Sandsteinmuseums auf euch. Wie wäre es mit dem Schlafen in einem Sandsteinspeicher? Oder mit Kinderspielgeräten unter dem schützenden Dach, Streicheltieren und Ponyreiten? Klar, dass ihr auch einen Grill nutzen oder Räder leihen könnt. Wer Pferde hat, kann selbst die in den Gastpferdeboxen unterbringen.

Schleiners Hof, Fam. Schleiner, Herkentrup 6, 48329 Havixbeck. ℭ 02507/609, Fax 51609. www.schleinershof.de. mail@schleinershof.de. **Anfahrt:** ↗ Havixbeck. Im Ort Richtung Herkentrup, Herkentruper Straße. **Rad:** Sandsteinroute. **Zeiten:** Ganzjährig. **Preise:** 2 Pers/Nacht 36 – 40 €, zusätzliche Pers 5 €. FeWo 45 – 60 qm mit 2 – 4 Betten auf dem aktiven Bauernhof mit Pferdehaltung und Kleintieren. Ruhig gelegen mit einem traditionellen Garten voller fast vergessener Nutz- und Kulturpflanzen, mit Liegewiese, Spielgeräten, Sandkasten, Reitplatz und Leihrädern verspricht der Urlaub hier so richtig Erholung für die ganze Familie.

Achtung! Besuche der Eltern während des Aufenthaltes sind nicht erlaubt, da sie den Ablauf durcheinander bringen und Heimweh schüren!

Reiterferien

LINKS UND RECHTS DER EMS: Seehof Reiterhof Reuter, Fam. Reuter, Samberg 62, 48629 Metelen. ℭ 02556/7735, Fax 8091. www.seehof-reuter.de. b.reuter@seehof-reuter.de. **Anfahrt:** Stündlich RE Münster – Enschede. B70 Richtung Metelen/Vogelpark, Hinweisschild Seehof Reuter (circa 1,5 km). **Rad:** Vechtetal-Route. **Zeiten:** Wochenweise Sa – Sa in den Ferien und an Christi Himmelfahrt, Pfingsten und Fronleichnam, Reiterwochenenden auf Anfrage (zumeist 2 Termine zwischen den jeweiligen Ferien). Außerhalb der Schulferien auch für Schulklassen und Jugendgruppen geeignet (Preise auf Anfrage). **Preise:** 47 €/Tag für VP (4 Mahlzeiten), Getränke, komplettes Reitprogramm mit Theorie, Freizeitprogramm und Haftpflichtversicherung, Ferienwoche 329 €. Ein Reiterhof, auf dem ihr eine erstklassige Zeit mit Pferden verbringen könnt und trotzdem auf den Badeurlaub nicht verzichten müsst, denn der große Reutersee mit Wasserrutsche liegt sozusagen vor der Zimmertür. Natürlich gibt es Spielgeräte und einen Tischtennisraum, ihr könnt Floß fahren und reiten, reiten, reiten! Dabei stehen den unterschiedlichen Gruppen nach einer Einteilung in Teams, die ungefähr ähnlich gut sind, zwei Reitbahnen, die Reithalle und die freie Natur für Ausritte zur Verfügung. Wenn Freundinnnen im Kurs zusammenbleiben möchten, muss man das vorher nur sagen, dann wird das berücksichtigt. In den Sommerferien gibt es sogar Nachtausritte. Wenn das nicht die Krönung eines Urlaubs für kleine Pferdenärrinnen ist?

Wer nur mal schnuppern möchte, der kann auf dem Seehof ein Reiterwochenende buchen. Fr 14 – 16 Uhr und So Abreise ab 16 Uhr kosten nur 2 Tagesgebührensätze.

BAUMBERGE: Ponyhof Schleithoff, Fam. Schulze-Schleithoff, Herkentrup 4, 48329 Havixbeck. ✆ 02507/1227, Fax 4329. www.ponyhof.de. info@ponyhof.de. Südöstlicher Ortsrand. **Anfahrt:** ↗ Havixbeck. **Rad:** Sandsteinroute. **Zeiten:** Ganzjährig. **Preise:** VP inkl. 2 Reitstunden 50 €, Hauptsaison 54 € pro Person/Tag. **Infos:** FN-Reitschule, Hausprospekt, Fremdboxen und Pferdepension. Für 56 Schlafplätze eingerichteter Ponyhof, auf dem Jungen und Mädchen zwischen 7 und 14 Jahre Reitunterricht mit Ferienprogramm verbinden können. Um den Hof sind weitläufige Reitwege angelegt, und auch auf dem Gelände gibt es reichlich Möglichkeiten in zwei Reithallen und auf drei Außenplätzen bei jedem Wetter das angeblich höchste Glück der Erde zu genießen.

Tipp: Ihr könnt ihr auch eine Ferienwohnung mit der Familie beziehen und dann die Angebote des Ponyhofs nutzen. Die 4-Sterne-FeWo haben einen Grillplatz und liegen 1,5 km vom eigentlichen Ponyhof entfernt. Auskunft erteilt Fam. Schulze-Schleithoff.

PARKLANDSCHAFT WARENDORF: Ponyhof Georgenbruch, Clemens-August und Micaela Schulze-Zurmussen, Müssin-

@ **Für die Reiter** unter euch ist besonders die Reiterroute mit allen wichtigen Adressen interessant, die ihr als pdf-Datei hier herunterladen könnt: www.reitroute.de/fileadmin/tourismus/TAG Reitkarte2004.pdf.

gen 25, 48351 Everswinkel. ✆ 02582/1216, Fax 9333. www.ponyhof-georgenbruch.de. info@ponyhof-georgenbruch.de. **Anfahrt:** Bahn Telgte – Warendorf, Hbf Warendorf oder Everswinkel/Raestrup, Abholung bei Anruf. **Auto:** Münster B51 – Warendorf – L793 Freckenhorst/Everswinkel – 2. Abfahrt Richtung Everswinkel und Warendorf, 4,5 km links. **Zeiten:** Ferientermine zwischen 5 und 14 Tagen, aktuelle Termine im Internet. **Preise:** 55 €/Tag inklusive 4 Mahlzeiten, 2 Reitstunden und Betreuung. **Infos:** Schulklassen pro Tag/Pers 32,50 inklusive 3 Mahlzeiten und 1 Reitstunde, Hausprospekt per Mail. Ferien, Pferde und ganz viele Kinder – das klingt doch paradiesisch, oder? Auf dem Ponyhof könnt ihr in der Reithalle, auf dem Reitplatz oder auf dem Springplatz lernen, wie es sich auf dem Pferderücken so sitzt. Die fortgeschrittenen Pferdenarren dürfen auf den Shetland oder Deutschen Reitponies ins Gelände ausreiten. Zweimal täglich gibt es Reitstunden oder Ausritte. Lehrgänge sowie Hufeisen, Reiterpass oder Basispass und Reiterabzeichen können im Rahmen der Programme abgelegt werden. Neben dem Sport bietet das Haus Ausflüge ins Vitus-Bad, Nachtwanderungen, Rallyes, Grillabende, Lagerfeuer und Parties. Wer ein eigenes Pferd besitzt, kann eine Gastbox mieten.

Jugendherbergen

TECKLENBURGER LAND: Jugendherberge Tecklenburg, Dominik Peters, Am Herrengarten 5, 49545 Tecklenburg. ✆ 05482/360, Fax 7937. www.jugendherberge.de. jh-tecklenburg@djh-wl.de. **Anfahrt:** ↗ Tecklenburg, mit Bus 209 oder 208, danach Aufstieg zu Fuß. **Rad:** Sagenroute, Beschilderung Burg/DJH. **Zeiten:** ganzjährig. **Preise:** Ab 27 Jahre plus 3 € Seniorzuschlag, Kinder 3 – 27 Jahre (Junior) Dez – Feb Ü 15,60 €, VP 24,40 €, März – Nov Ü 14 €, VP 22,80 €. **Infos:** 128 Betten, Bettwäsche im Preis inbegriffen. In der Jugendherberge auf dem Tecklenburger Burgberg könnt ihr nicht nur Ferien oder Klas-

senfahrten verbringen, sondern auch SV-Tagungen abhalten oder Fortbildungen machen, denn die Jugendherberge hat 5 Tagungsräume mit TV, Video, Dia- und Overheadprojektor, Mikrofonen, Klavier und einer Theaterbühne. Für Familien stehen 7 Zimmer zur Verfügung und an trüben Tagen verkrümelt ihr euch einfach ins Bastelzimmer oder spielt Tischtennis. Für die Party gibt es einen Discoraum und draußen Basketballkörbe. Das Programm »Leben im Mittelalter« könnt ihr bei Interesse direkt in der DJH buchen. Dieses Ritterpaket umfasst Willkommenstrunk, Rittermahl, Tecklenburgquiz, Programmbetreuung, Stadtführung, Nachtwanderung und spannende Rollenspiele in Originalkostümen. Ab 20 Personen 4 Ü/VP 123 €, 2 Ü/F 72 €, Dez – Feb 4 Ü/VP 110 €, 2 Ü/F 65 €. Programm Abenteuerteam: erlebnispädagogische Teamer als Gruppenleiter, Kletteraktionen, Sicherungs- und Knotentechnik, Vertrauensübungen, Verantwortungsübungen, Klettergang, Kosten ähnlich wie Ritterpaket.

LINKS UND RECHTS DER EMS: Jugendherberge Rheine, Ulrike Spölgen-Balki, Mühlenstraße 75, 48431 Rheine. ℂ 05971/2407, Fax 13526. www.lvb.westfalen.jugendherberge.de/rheine. jh-rheine@djh-wl.de. **Anfahrt:** ↗ Rheine, ab Bhf Richtung Innenstadt/Ems. Münster – Greven über B481, B65. **Rad:** Emsauenweg, R40, R5. **Zeiten:** Ganzjährig. **Preise:** Bis 27 Jahre ÜF 13,40 – 14,90 €, VP 22,20 – 23,70 €, ab 27 Jahre plus 3 €/Nacht; Kinder 3 – 5 Jahre 30 % Ermäßigung. **Infos:** Mitgliedschaft erforderlich. Mit 53 Betten und 3 Familienzimmern liegt ihr in dieser Jugendherberge genau richtig, denn sie befindet sich mitten im Ortskern und nahe dem Bahnhof. So könnt ihr schnell jeden interessanten Platz erreichen, sei es die Altstadt oder aber der Naturzoo. Einfach den Fußweg entlang der Ems benutzen und schon seid ihr da. Die große Mühle und das Emswehr liegen euch zu Füßen und einen kleinen Wasserfall könnt ihr daher sozusagen vom Fenster aus betrachten. Die Programme der JH sind spitze, denn

Von der mittelalterlichen Tecklenburg ist heute noch die Bastion erhalten sowie der Wierturm, der 1884 in Gedenken an Dr. Johann Weyer errichten worden ist. Er hatte sich im 16. Jhd. als erster in Deutschland öffentlich gegen die Hexenverfolgung ausgesprochen.

Die Schulkinder in Rheine haben einen extra Kinderstadtplan entworfen. Fragt doch beim Verkehrsverein danach, auf ihm findet ihr jeden Spielplatz und viele Tipps.

INFO- UND FERIENADRESSEN

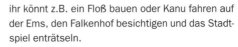 Nachtwanderungen sind besonders spannend. In Bentheim gibt es jeden Mo und Fr und Mai – Sep auch Sa um 21 Uhr einen **Nachtwächterrundgang** durch die historische Altstadt. Treffpunkt: Erstes Burgtor.

Ritter ohne Furcht und Tadel: Auf Burg Bentheim könnt ihr euch dahingehend prüfen

ihr könnt z.B. ein Floß bauen oder Kanu fahren auf der Ems, den Falkenhof besichtigen und das Stadtspiel enträtseln.

GRONAU & ENSCHEDE: **Jugendherberge Bad Bentheim,** Elke Rims, Am Wasserturm 34, 48455 Bad Bentheim. ✆ 05922/2488, Fax 6043. www.jugendherberge.de/jh/badbentheim/Home.htm. jh-badbentheim@djh-unterweser-ems.de. **Anfahrt:** R135, 20 Min Fußweg ab Bhf. ⬈ Bad Bentheim oder A30 Abfahrt 3 Nordhorn/Bentheim – B403 bis Burg. **Rad:** 100-Schlösser-Route, Kastelenroute Ijssel-Ems. **Zeiten:** Ganzjährig, Nov – März nur nach tel. Anmeldung. **Preise:** 6 – 26 Jahre ÜF 15,50 €, HP 20,10 €, VP 22,90 €, ab 27 Jahre plus 3 €, Bettwäsche inklusive; Kinder 3 – 5 Jahre ÜF 13,45 €, HP 15,75 €, VP 16,75 €, Schulklassenprogramme ab 70,50 € pro Person. Mitgliedschaft erforderlich. **Infos:** Elisabeth vor der Straße ist zuständig für die Aktionsprogramme für Kinder, FamVDStrasse@t-online.de. Die Jugendherberge Bad Bentheim erfüllt so manchen Rittertraum, denn sie liegt direkt an einer Burganlage. Obendrein erwarten euch interessante Aktionen der JH in Zusammenarbeit mit dem Verkehrs- und Kulturverein. Ihr könnt z.B. am Schulklassenprogramm »Eine Reise ins Mittelalter« teilnehmen, wo Ritterspiele und mittelalterliche Kostüme auf euch warten. Als Klassenfahrt eignen sich die Programme ganz besonders, da sie als 3-Tage-Programm oder auch als Baustein gebucht werden können. Broschüren und aktuelle Gruppenpreise unter der Info-Adresse erhältlich. Die JH selbst bietet 122 Betten, Spiel- und Bolzplätze, Tischtennis, Sandkiste und Grillplatz, ein *Freibad* befindet sich in der Südstraße.

Jugend- und Gruppenunterkunft

TECKLENBURGER LAND: Clausmeyer Hof, Niederdorfer
Straße 8, 49545 Tecklenburg-Brochterbeck. ✆ 05482/
925893. **Anfahrt:** Ab Bhf Ibbenbüren oder Lengerich
stündlich Bus R45 bis Brochterbeck Kirche, 200 m vom
Haus. Auto: ↗ Tecklenburg, L591 Richtung Brochterbeck.
Rad: Sagenroute. **Zeiten:** Ganzjährig (Fußbodenheizung).
Preise: Auf Anfrage je nach Gruppengröße und Termin.
Infos: Anmeldung auch über Tecklenburg Touristik GmbH,
✆ 05482/93890, Fax 938919. Ein Fachwerkhaus von
1793 hat eine Menge Geschichten zu erzählen. Ihr
könnt ein Teil davon sein, wenn ihr mit eurer Gruppe am Herdfeuer sitzt oder in den seitlichen Deelen-
betten schlaft, wie es die Bauernkinder Jahrhunder-
te lang gemacht haben. Für 33 Personen bietet das
Haus Schlafmöglichkeiten, der Tagungs- und Ess-
raum reicht für maximal 20 Personen und die riesige Deele fasst 100 Gäste. Das Selbstverpfleger-
haus hat eine komplette Küche und 12 Stellplätze,
Esstische für 30 Personen, eine Streuobstwiese für
den Hunger zwischendurch und natürlich auch einen historischen Bauerngarten. Ein toller Ort für
Klassenfahrten oder Jugendgruppen.

Campingplätze

TECKLENBURGER LAND: Campingplatz Bocketal, Im Bocketal 12, 49545 Tecklenburg. ✆ 05455/1760, Fax
962106. **Anfahrt:** Nächste Bahnstation Ibbenbüren. **Auto:**
A30 Abfahrt 12 Tecklenburg-Laggenbeck, Richtung Brochterbeck oder A1 Abfahrt Lengerich, Richtung Ibbenbüren.
Rad: Töddenroute, Hermannsweg. **Zeiten:** Ganzjährig.
Preise: Stellplatz 3 €, Erw 3,50 €; Kinder 1,50 €. **Infos:**
3 ha großer Platz mit vielen Dauercampern. Das Bocketal
ist ein ideales Fleckchen für Wanderer, daher ist
auch der Campingplatz sehr auf deren Bedürfnisse
ausgerichtet. Da unweit im Osnabrücker Land die
Römer ihre vernichtende Schlacht gegen Hermann
den Cherusker geführt haben und auch das Aasee-

INFO- UND FERIENADRESSEN

bad und der Märchenwald mit der Sommerrodelbahn nicht weit entfernt sind, haben hier Familien viel zu tun. Ausflugstipp: Tecklenburgs ↗ Puppenmuseum und ↗ Freilichtbühne an der Burg.

LINKS UND RECHTS DER EMS: **Campingplatz Haddorfer Seen,** Achim Hagel, Haddorf 59, 48493 Wettringen-Haddorf. ℂ 05973/2742, Fax 900889. www.campingplatzhaddorf.de. achim.hagel@freenet.de. **Anfahrt:** Bus Ochtrup – Wettringen, Haltestelle Haddorfer See, etwa 10 Min Fußweg. **Auto:** B70 von Bocholt bzw. Lingen, Richtung Neuenkirchen-Wettringen, im Ort ausgeschildert (noch 8 km). **Zeiten:** Ganzjährig. **Preise:** Familie je Nacht 13 € (Erw 2,60 €), Zelt 2,60 €, Wohnmobil 5,10 €, NK pro Stellplatz und Nacht 1,60 €; Kinder bis 16 Jahre 1,30 €; NK Woche 7,70 €, Dauerplätze möglich 70 – 160 qm. Von einfachen Radlerhütten für 4 Personen über Zeltplätze bis zu Wohnmobilstellplätzen finden hier Dauer- und Kurzzeitcamper gleichermaßen ein Plätzchen. Am See großes Freizeitangebot. Haustiere sind willkommen, ein Bistro-Restaurant und zwei Spielplätze stehen ebenfalls zur Verfügung. Besondere Veranstaltungen im Sommer, An- und Abcampen sind lustige Feieranlässe in den Oster- bzw. Herbstferien.

Campingplatz am Naturfreibad Waldsee, Fam. Haarlammert, Waldseestraße 81, 49549 Ladbergen. ℂ 05485/1816, Fax 3560. **Anfahrt:** Bus 248 bis Waldseestraße. **Auto:** B475 zwischen Saerbeck und Lengerich, Abzweig Waldsee ausgeschildert. **Rad:** Teile der 100-Schlösser-Route. **Zeiten:** Anmeldung ganzjährig Di 8 – 9.30 (danach Ruhetag), Mo, Mi – Fr 9 – 12 und 16 – 20 Uhr, Sa, So und Fei 9 – 12, 14 – 20 Uhr. **Preise:** Stellplatz 6,60 €, Erw 3,60 €; Kinder 5 – 13 Jahre 1,60 €, 14 – 17 Jahre 2,40 €. Der Campingplatz nimmt Wochenendtouristen ebenso auf wie Langzeitcamper. Die familiäre Atmosphäre allerdings ergibt sich aus der großen Zahl Dauergäste. Ein kleiner Spielplatz ist vorhanden und der See selbst ist nur 200 m entfernt. Ideal für einen Kurzurlaub ist die naturnahe Bebauung mit der Kombination aus Wald und Wasser. Der Platz ist in

Tipp: Wer's luxuriöser mag, dem gefallen vielleicht die **Ferienhäuser** am Haddorfer See, Am Haselbusch 13. Buchbar unter www.ferienhaus.unterkunft.de. 40 – 50 € pro Tag.

Tipp: Auch am **Herthasee** in Hörstel finden Campingfreunde eine Bleibe: Erholungsanlage Hörstel, Herthaseestraße 70, 48477 Hörstel. ℂ 05459/1008, Fax 971875. www.herthasee.de. contact@hertha-see.de. Unparzellierter Platz, Erw 4,50 €, Ki 2 €, Zelt 6 €, Wohnmobil 8 €, ab 14 Nächte 10 %, in den Ferien auch Kinderanimation.

mehreren anerkannten Campingführern gelistet. Wer allerdings große Unterhaltungsmöglichkeiten oder moderne Außenanlagen sucht, der sollte sich eher zu touristisch voll erschlossenen Seen wie dem Alfsee nördlich von Osnabrück begeben.

GRONAU & ENSCHEDE: Euregiocamping De Twense Es, Keppelerdijk 200, NL-7534 Enschede. ✆ 0031-53/461-1372, Fax 461-8558. www.twentse-es.nl. info@twentse-es.nl. **Anfahrt:** Nächste Bushaltestelles 1,5 km entfernt. **Auto:** B54/N35 Abfahrt Oostweg, rechts in Waterkerslaan – Vederkruidlaan. **Rad:** Enschede – Glanerbrug über Deichwege oder entlang Gronause Straat, Eschmarke-Route, Luttermarke-Route. **Zeiten:** Ganzjährig. **Preise:** Campingplatz pauschal 21 €, 1 Woche in der Nebensaison 63 €; Nov – März 25 %, Schwimmbadzugang für Besucher 2 €, für Gäste frei. Ein 3-Sterne-Platz zwischen Glanerbrug und Enschede, der euch mit einem Freibad und Fischweiher, Spielplatz und Volleyball ganz in der Nähe der Stadt eine prima Ausgangslage für Erkundigungstouren bietet. Für die kleinen Leute fährt in der Hauptsaison das Bärenboot, die Größeren können das Klootschieten oder eine Geisterjagd ausprobieren. Ob die Geister hier wohl nur niederländisch sprechen? Bei 70 Touristenplätzen und ca. 200 Zeltplätzen findet ihr bestimmt eure persönliche Lieblingsecke.

Recreatiecentrum Twente, Oude Deldenerweg 1, NL-7546 Enschede. ✆ 0031-53/4281355, Fax 084-7394549. www.camping-twente.nl. gbwissink@campingtwente.nl. **Anfahrt:** Mit Bus 20 bis Rutbeekweg, 400 m Fußweg. **Auto:** A35 Abfahrt 26 Enschede-West, an der N18 zwischen Enschede und Haaksbergen. **Rad:** Buurserzand-Route. **Zeiten:** Ganzjährig. **Preise:** 3,25 €, Zelt 3,50 €, Auto 3,25 €, Wohnmobil 6,50 €; Kinder 2 – 10 Jahre 2,50 €. 8 km von Enschede und 5 km von Haaksbergen liegt dieser ruhige und naturnahe Campingplatz am Rande des Schutzgebietes *Buursezand,* wo ihr erstklassige Rad- oder Wandertouren unternehmen könnt. Angeln im Naherholungsgebiet *Het Ruutbeek* ganz

Hunger & Durst

Die Familie Haarlammert betreibt auch die am Platz anliegende **Waldsee-Gaststätte,** die täglich außer Dienstag ganztägig geöffnet ist. Anmeldung und Gaststättenauskunft, ✆ 05485/1816.

 www.citycamps. com/twentsees/du – hier findet ihr alle Infos auf Deutsch und könnt auch eine Broschüre zur Planung bestellen. Auch andere stadtnahe Campingplätze werden auf der Seite vorgestellt.

in der Nähe. Auf dem Platz selbst findet ihr vom Babybaderaum bis zum Schwimmbad genug Freizeitvergnügen. Volleyball, Spielplatz und auch ein Tennisplatz erwarten euch. In der Hauptsaison gibt es organisierte Kinderaktivitäten durch ein Animationsteam.

Camping De Molenhof, Stefanie Kleijsen, Kleijsenweg 7, NL-7667 Reutum-Weerselo. ✆ 0031-541/661-201, Fax 165. www.demolenhof.nl. info@demolenhof.nl. **Anfahrt:** Busanfahrt nur innerhalb NL möglich. **Auto:** A1, Abfahrt 31 Hengelo-Nord, Richtung Deurningen – Werseloo, N343 Richtung Tubbergen oder über A1, Abfahrt 30 Oldenzaal über N343 Richtung Weerselo, im Ort ausgeschildert. **Zeiten:** Ganzjährig. **Preise:** Hochsaison 2 Pers, Auto, Zelt 30 €/

Das spricht Kinder an: Eine Mühle wie aus dem Bilderbuch und Kälber und Ferkel im Waschraum auf dem Campingplatz De Molenhof

Nacht oder 210 €/Woche; Kinder bis 1 Jahr gratis; Wochenend-Pauschalen und besondere Rabatte möglich je nach Saison. **Infos:** Bungalows, Hütten und Familienhäuser bis 18 Pers buchbar. Wenn beim Camping selbst die Toiletten zu einer Erkundungstour der besonderen Art einladen, wenn von den kindgerecht kleinen Waschbecken lustige Schweine grinsen, wenn schon der Weg von der Rezeption zum Platz mit Wasserspielplätzen, bunten Go-Kart-Kühen und einem echten Theater gesäumt ist, dann seid ihr im Erlebnis-Camping De Molenhof angekommen. Hallen- und Freibad, Minigolf, Kiosk und Snackbar und 34 verschiedene Spielplätze lassen einfach keine Chance für Langeweile. Hier fängt der Urlaub direkt vor dem Zelt an! In der Hauptsaison finden regelmäßig Shows im Theater statt und es gibt ein Kinderanimationsteam vor Ort.

BAUMBERGE: Stellplatz für Wohnmobile Billerbeck, Osterwicker Straße 27, 48727 Billerbeck. www.billerbeck.de. info@billerbeck.de. **Anfahrt:** ↗ Billerbeck. **Rad:** 100-Schlösser-Route, Sandsteinroute. **Zeiten:** Ganzjährig geöffnet. **Preise:** Kostenlos. **Infos:** Tourist-Information, ✆ 02543/7373, Fax 963-111. Ein kostenloser Stellplatz für drei Wohnmobile direkt vor den Toren des Freibads – was will man mehr? Strom- und Wasseranschlüsse mit Münzautomaten sind vorhanden, Schwarzwasserentsorgung ist kostenfrei an der Kläranlage möglich, ein Minigolfplatz befindet sich nebenan. Ein idealer Ausgangspunkt für Radtouren und Entdeckungsreisen in die Baumberge! Die Nutzung muss nicht angemeldet werden, jedoch sollte die Verweildauer drei Tage nicht überschreiten.

 Da läuft einem ja das Wasser im Mund zusammen! In Billerbeck befindet sich die Fabrikanlage des Dr. Suwelak, der einer der größten Bonbonhersteller Deutschlands ist. Vor allem Karnevalsbonbons kommen aus seiner süßen Produktion.

Recreatiecentrum De Twee Bruggen, Meenkmolenweg 13, NL-7109 Winterswijk. ✆ 0031-543/565-366, Fax 565-222. www.detweebruggen.nl. info@detweebruggen.nl. **Anfahrt:** Verbindung nur bis Winterswijk (5 km). Auto: ↗ Winterswijjk, dann N318 Richtung Aalten. **Rad:** Entlang N318 Richtung Aalten, Buurtschappen-Route. **Zeiten:** Ganzjährig. **Preise:** Zeltplatz inkl. 2 Pers, Auto, Zelt, Warmwasser,

Strom und Duschen 16 – 33 € je nach Saison und Standard; Kinder bis 4 Jahre gratis; Wochen-, Monats-, Feiertagspauschalen buchbar. **Infos:** Hallenbad gegen Gebühr, bei Reservierung einer Woche gratis inklusive. Die Niederländer verstehen Campingplätze oft als Erholungszentrum für die ganze Familie. Wundert euch also nicht, dass ihr hier ein Freibad, ein überdachtes Schwimmbad, Spielplätze, Bowling, Whirlpools und Saunen, Minigolf und Fahrradverleih unter einem Dach findet. Wer hier keinen Spaß hat, der ist selbst Schuld! Wer nicht zelten möchte, der kann sich in Bungalows und Ferienhütten einmieten.

LIPPE – STEVER: Campingplatz Yachthafen Kranencamp, Industriestraße 14, 48308 Senden-Gettrup. ✆ 02597/239, Fax 690490. www.kranencamp.de. post@kranencamp.de. **Anfahrt:** Bus 612 ab Münster oder Lüdinghausen, Haltestelle 1,2 m entfernt. **Auto:** A1 Abfahrt Ascheberg, Richtung Ottmarsbocholt/Senden, links auf B235, am Ortsausgang rechts A43 Abfahrt Senden, in Senden über Kanalbrücke, 600 m rechts ab. **Rad:** 100-Schlösser-Route. **Zeiten:** April – Okt täglich, Nov – März nur Wochenende. **Preise:** Stellplatz 3,50 – 4,50 €, Erw 4 €; Kinder bis 8 Jahre frei. **Infos:** Kurzcamper sollten unbedingt vorher anrufen, ob noch Kapazitäten vorhanden sind. 25 kurzfristige Wohnmobil- und Zeltplätze vorhanden, 3,2 ha, zumeist Dauercamper. Grillhütte, Bolzplatz, Baden und Paddeln im Kanal, Bootsverleih sowie eine Kegelbahn im Restaurant. Die Spielwiese eignet sich für Fußball oder Volleyball, bei Regen wartet die Tischtennisplatte auf euch. Besonders geeignet ist der Platz für Bootsbesitzer, die hier an der »Alten Fahrt« direkt anlegen können.

Campingplatz Kanalufer, Gertrud Sikora, Ondrup 16, 59348 Lüdinghausen-Seppenrade. ✆ 02591/8219, Fax 2591. www.campingplatz-kanalufer.de. kanalufer@freenet.de. **Anfahrt:** ↗ Lüdinghausen. Über B58 Richtung Lüdinghausen, am 3. Kreisverkehr rechts Richtung Dülmen, nach 500 m am großen Stromhaus wieder rechts, circa 900 m links den Schildern folgen. **Rad:** Ortseigene Radnetze.

Zeiten: Ganzjährig. **Preise:** Stellplatz Caravan 4 €, Zelt 2,50 €, Erw 2,50 €; Kinder bis 14 Jahre 1,60 €/Nacht. Circa 4 km von Lüdinghausen und 3 km von Seppenrade entfernt liegt dieser Campingplatz beschaulich an einem Seitenarm des Dortmund-Ems-Kanals. Er hat einen eigenen Badesteg, einen großen Spielplatz, eine Bolzwiese und einen Kiosk. Auch ein großer Aufenthaltsraum steht zur Verfügung. Ein Wanderweg führt vom Platz direkt am Kanal entlang. Bei Großveranstaltungen wie der Weltmeisterschaft gibt's auch schon einmal Leinwandspaß für alle – da freut man sich doch doppelt über jedes Tor!

Campingplatz Große Heide, August Schwerdt, Heideweg 5, 59399 Olfen-Vinnum. ✆ 02592/4766, 0160/94768843, Fax 240957. www.grosseheide.de. campingplatz@grosseheide.de. **Anfahrt:** Bahn Dortmund – Gronau bis Selm, Busse und Taxibusse aus Lüdinghausen, Lünen, Olfen, Nordkirchen bis Selm. **Auto:** A43 bis Abfahrt 3 Senden, B235 bis Lüdinghausen, B58 Valve Richtung Selm, in Selm auf B236, dann auf K2 Römerstraße, nach circa 5 Min Heideweg. **Rad:** Ab Selm circa 2 km, ab Nordkirchen circa 9 km neben Kreis- und Bundesstraßen. **Zeiten:** Ganzjährig. **Preise:** Stellplatz 4 €, Wohnmobil 4,50 €, Erw 4 €; Kinder bis 16 Jahre 3 €. **Infos:** Warmduschen kostenlos. 350 Plätze, davon 300 Dauer- und 50 Kurzzeitcamper. Fußballplatz und große Zeltwiese, Einkaufsmöglichkeit, Gaststätte und Kinderspielplatz vorhanden, Stellplätze für Wohnmobile, Badesee in der Nähe.

PARKLANDSCHAFT WARENDORF: Campingpark Eichenhof, Feldmark 3, 48336 Sassenberg. ✆ 02583/1585, Fax 940537. www.campeichenhof.de. info@campeichenhof.de. Südöstliches Naturschutzgebiet Füchtorfer Moor. **Anfahrt:** Ab Warendorf mit Bus 315 bis Füchtorfer Straße oder mit Bus 312 bis Ferienpark Waldesruh, ab da zu Fuß. ↗ Sassenberg. **Zeiten:** ganzjährig. **Preise:** Übernachtung Erw 3,50 €; Kinder 3 – 15 Jahre 1,75 €, Stellplatz für Wohnmobil/Wohnwagen inklusive Pkw 7 €, Zelt 3 – 5 €. **Infos:** Verkehrsamt Sassenberg, ↗ Infostellen. 295 Stellplätze (davon 40 Kurzzeitplätze), Waschmaschine, Toilet-

ten auch für Rollstuhlfahrer, Strom- und Wasseran-
schluss für Caravan, Ausguss für Chemietoilette,
Gaststätte/Imbiss, Spielplatz, Strandbad, Aufenthaltsraum, Tennis, Tischtennis. Hunde erlaubt.

Campingplatz Heidewald, Versmolder Straße 44, 48336
Sassenberg. ℰ 02583/1394, Fax 300979. www.camphei-
dewald.de. campheidewald@web.de. **Auto:** Ab Münster
B64 Richtung Bielefeld, bei Sassenberg Ausschilderung
Freizeitgebiet Feldmarksee folgen. **Rad:** Über Radweg Kultur-Parcours Warendorf. **Zeiten:** ganzjährig. 80 Stellplätze, davon 40 Kurzzeitplätze, Strom- und Wasseran-
schluss für Caravan, Waschmaschine, Ausguss für
Chemietoilette, Spielplatz, Strandbad 500 m. Hunde erlaubt.

IMPRESSUM

Unsere Inhalte werden ständig gepflegt, aktualisiert und erweitert. Für die
Richtigkeit der Angaben kann der Verlag jedoch keine Haftung übernehmen.

© 1. Auflage 2007 | **Post bitte an:** pmv Peter Meyer Verlag, Schopenhauerstraße 11,
60316 Frankfurt am Main | www.PeterMeyerVerlag.de, info@PeterMeyerVerlag.de

Umschlag- und Reihenkonzept, insbesondere die Kombination von Griffmarken
und Schlagwort-System auf dem Umschlag, sowie Text, Gliederung
und Layout, Karten, Tabellen und Illustrationen sind urheberrechtlich geschützt.

Druck & Bindung: Kösel, Krugzell; www.KoeselBuch.de | **Umschlaggestaltung:** Agentur 42,
Mainz, www.agentur42.de | **Fotos:** Hilla Finkeldei, pmv Archiv sowie mit freundlicher
Genehmigung Torsten Rink, dzt, Archiv Münsterland Touristik, LWL | **Karten:** pmv Peter Meyer
Verlag, Lizenzen auf Anfrage | **Lektorat & Layout:** Annette Sievers | **Bezug:** über Prolit,
Fernwald-Annerod, oder über den Verlag, vertrieb@PeterMeyerVerlag.de

ISBN 978-3-89859-424-0

KARTEN & REGISTER

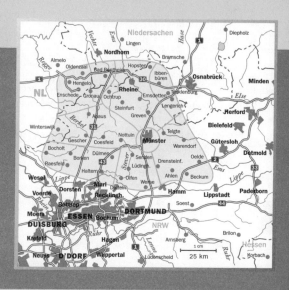

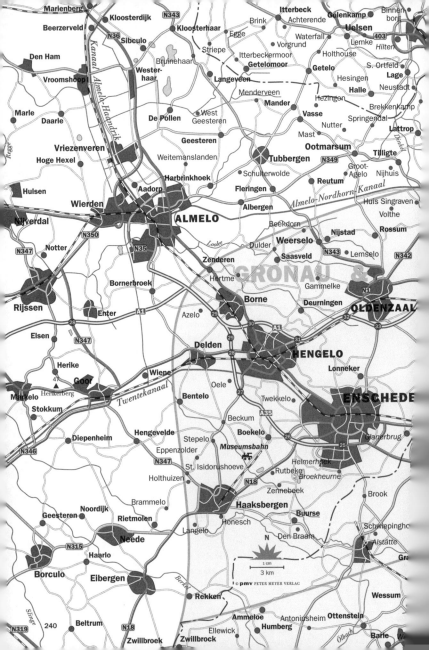

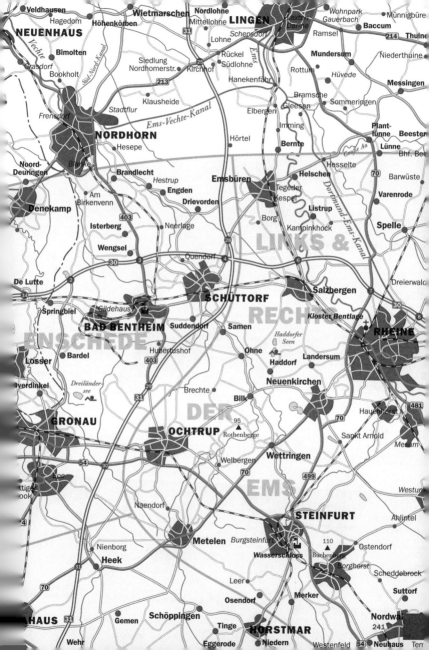

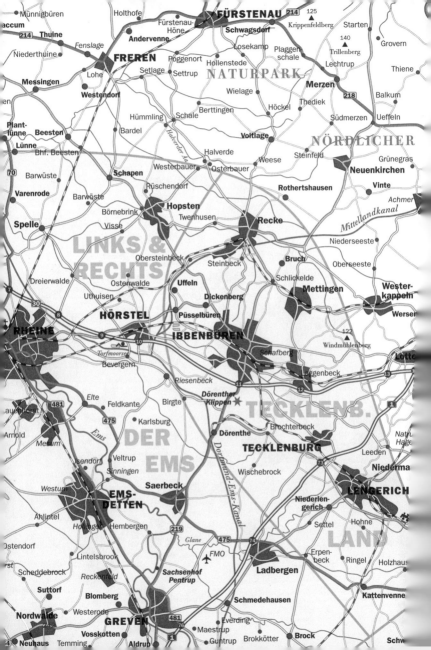

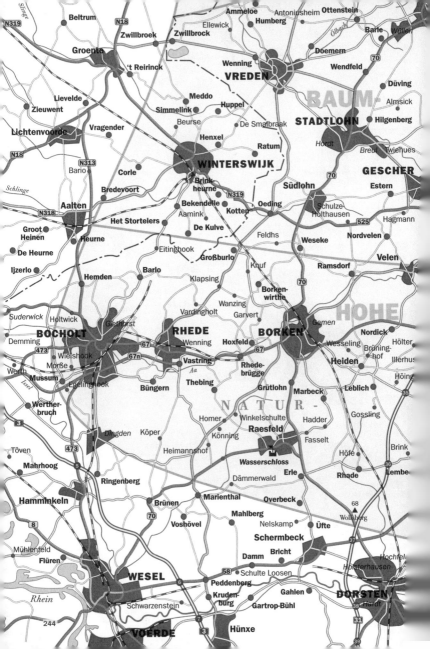

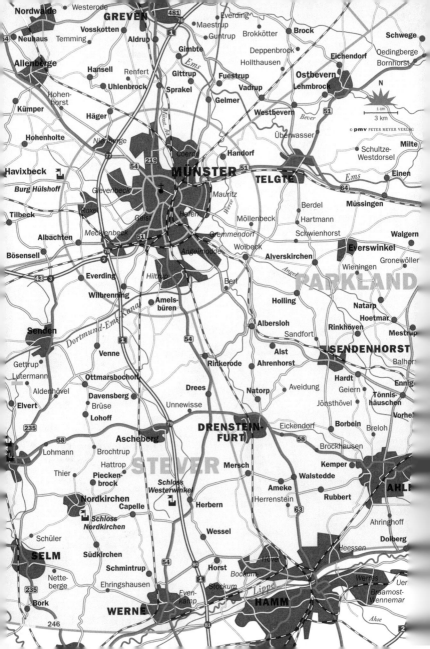

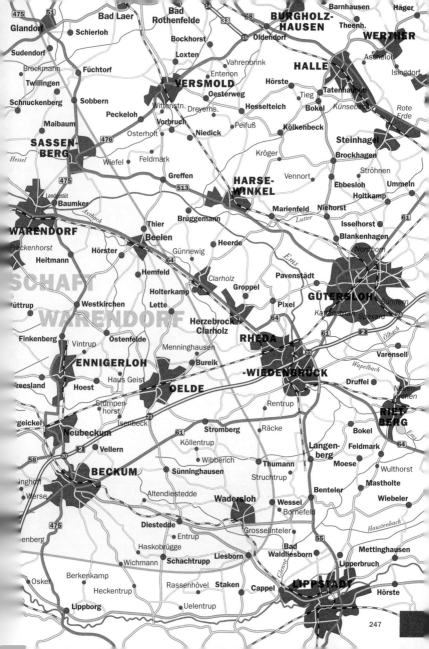

RegionalBusse im Münsterland

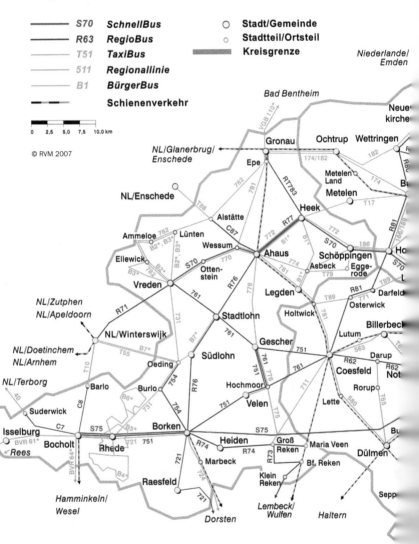

——	S70	**SchnellBus**
——	R63	**RegioBus**
——	T51	**TaxiBus**
——	511	**Regionallinie**
——	B1	**BürgerBus**
——		**Schienenverkehr**

○ **Stadt/Gemeinde**
○ **Stadtteil/Ortsteil**
━━ **Kreisgrenze**

0 2,5 5,0 7,5 10,0 km

© RVM 2007

*Niederlande/
Emden*

NL/Glanerbrug/
Enschede ←

NL/Enschede

NL/Zutphen
NL/Apeldoorn

NL/Doetinchem ←
NL/Arnhem

NL/Terborg

In allen Bussen und Bahnen des Nahverkehrs gelten die Preise der Verkehrsgemeinschaft Münsterland, außer in den mit * versehenen Linien. Im Plan werden in der Regel Linien mit mindestens häufiger Bedienung dargestellt.

Datte

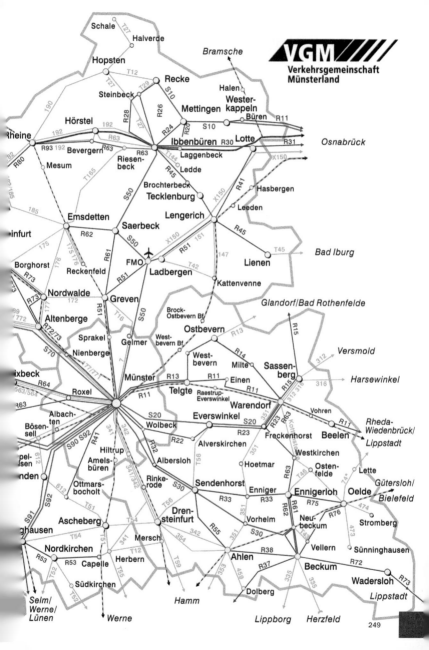

REGISTER

Orte & Sehenswürdigkeiten
  schwarz
Person orange
Natur grün
Stichwort blau

KARTEN & REGISTER